师范教育精品课程系列教材

新编心理学教程

主　编　裴德金
副主编　林　芸　李振华　胡　兰
　　　　高欢梅　付文梅

北京理工大学出版社
BEIJING INSTITUTE OF TECHNOLOGY PRESS

内容简介

本书是作者根据教师教育课程改革的趋势和要求，为提高师范生的教育基本理论水平而编写的高等师范院校公共课心理学教材。本书共十三章，主要包括意识与注意，感觉和知觉，记忆，思维与想象，情绪和情感，意志，个性倾向性、能力，气质与性格等专业内容，不仅系统阐述了心理学的一些基础知识，还详细介绍了心理学理论的实际应用方面的相关知识，书中既包括基础心理学的传统理论，也反映了大量的心理学最新研究成果。

本书语言通俗易懂、脉络清晰、结构完整、布局合理，注重学科体系的完整性、体现知识衔接的趣味性、强调学科知识的应用性，可激发学生的学习兴趣，有助于学生在快乐学习的同时掌握相关心理学专业知识。

本书可作为高校本、专科师范类学生的心理学教材，也可作为各级教育学院、教师进修学校的培训教材，还可作为各类人士参加教师资格证考试的参考用书。

版权专有　侵权必究

图书在版编目（CIP）数据

新编心理学教程／裴德金主编．--北京：北京理工大学出版社，2021.9
ISBN 978-7-5763-0276-9

Ⅰ．①新… Ⅱ．①裴… Ⅲ．①心理学-高等师范院校-教材 Ⅳ．①B84

中国版本图书馆 CIP 数据核字（2021）第 177588 号

出版发行／北京理工大学出版社有限责任公司
社　　址／北京市海淀区中关村南大街 5 号
邮　　编／100081
电　　话／（010）68914775（总编室）
　　　　　（010）82562903（教材售后服务热线）
　　　　　（010）68944723（其他图书服务热线）
网　　址／http：//www.bitpress.com.cn
经　　销／全国各地新华书店
印　　刷／北京国马印刷厂
开　　本／787 毫米×1092 毫米　1/16
印　　张／13.5　　　　　　　　　　　　　　责任编辑／李　薇
字　　数／314 千字　　　　　　　　　　　　文案编辑／李　硕
版　　次／2021 年 9 月第 1 版　2021 年 9 月第 1 次印刷　责任校对／刘亚男
定　　价／41.50 元　　　　　　　　　　　　责任印制／李志强

图书出现印装质量问题，请拨打售后服务热线，本社负责调换

前　言

"心理学"作为师范类专业的必修课程，是提高师范类专业学生自身综合素质、适应教师教育专业发展、推进教育教学水平不断提升的重要基础。为了更好地促进学生对课程的理解和认识，提升学生对"心理学"课程的学习兴趣，编者以师范专业的教学特点和培养目标为依据，并根据教育部下发的《关于印发〈幼儿园教师专业标准（试行）〉〈小学教师专业标准（试行）〉和〈中学教师专业标准（试行）〉的通知》（教师〔2012〕1号）精神，结合教师资格证考试的相关标准与要求，在总结本课程长期教学经验的基础上组织编写了本书，力求内容具有科学性、趣味性、应用性和前沿性。

本书系统地阐述了人类心理活动的一般规律，以及中小学生心理特点、心理辅导等心理学基本理论体系知识。学生通过学习本书，可以掌握心理学的基本概念、基本原理和基本理论，为进一步学习心理学其他分支学科打下必备的基础。

本书在编写过程中，注重理论与实践相结合，具有以下特点。

第一，具有完整的理论体系。本书涵盖了普通心理学、教育心理学、心理健康及教师职业心理，这些内容与教师职业密切相关，且自成体系，便于学生全面掌握心理学理论，有助于提高学生利用综合知识理解教育教学现象、解决教育教学实际问题的能力。

第二，重在培养学生能力。作者在书中设置了大量练习题，使教师在教学过程中可以讲练结合，以练促讲，既能帮助学生掌握教育教学理论，又能通过实际案例来培养学生主动学习的能力。

第三，贴近教育实践。本书选取的案例取材于当今的教育实践，使学生在学习的过程中不仅能了解教育理论的实用价值，还能在学习的同时增强自己作为师范生的责任感和使命感。

为师范生开设心理学课程，并不是让学生死记几个术语，几个原理，而是要注重培养学生发现问题、分析问题和解决问题的能力，让他们学以致用。

本书由裴德金担任主编，在编写过程中，参考了国内外许多心理学专家的著作、文献材料，并引用了部分内容，在此对有关作者表示诚挚的谢意。

由于作者水平有限，书中不足之处在所难免，恳请广大读者批评指正！

编　者
2021年6月

目 录

第一章　绪论 …………………………………………………………………… (1)
　　第一节　心理学研究的对象和任务 ………………………………………… (1)
　　第二节　心理学的发展 ……………………………………………………… (5)
　　第三节　心理学研究的原则和方法 ………………………………………… (10)
第二章　意识与注意 …………………………………………………………… (15)
　　第一节　意识概述 …………………………………………………………… (15)
　　第二节　注意概述 …………………………………………………………… (21)
　　第三节　注意品质的培养 …………………………………………………… (25)
第三章　感觉和知觉 …………………………………………………………… (30)
　　第一节　感觉和知觉概述 …………………………………………………… (30)
　　第二节　感知觉规律在教学中的运用 ……………………………………… (44)
第四章　记忆 …………………………………………………………………… (49)
　　第一节　记忆概述 …………………………………………………………… (49)
　　第二节　记忆的基本过程 …………………………………………………… (55)
　　第三节　遗忘 ………………………………………………………………… (60)
　　第四节　记忆规律在教学中的运用 ………………………………………… (64)
第五章　思维和想象 …………………………………………………………… (70)
　　第一节　思维概述 …………………………………………………………… (70)
　　第二节　想象概述 …………………………………………………………… (74)
　　第三节　思维规律在教学中的运用 ………………………………………… (76)
第六章　情绪与情感 …………………………………………………………… (83)
　　第一节　情绪、情感概述 …………………………………………………… (83)
　　第二节　情绪、情感的分类 ………………………………………………… (87)
　　第三节　情绪、情感在教育中的应用 ……………………………………… (91)
第七章　意志 …………………………………………………………………… (97)
　　第一节　意志概述 …………………………………………………………… (97)

第二节　意志的生理机制 …………………………………………（100）
　　第三节　意志行动及其过程 ………………………………………（100）
　　第四节　意志品质的特征与培养 …………………………………（105）

第八章　个性倾向性 ……………………………………………（110）
　　第一节　需要 ………………………………………………………（110）
　　第二节　动机 ………………………………………………………（116）
　　第三节　兴趣 ………………………………………………………（123）

第九章　能力 ……………………………………………………（126）
　　第一节　能力概述 …………………………………………………（126）
　　第二节　能力的个别差异 …………………………………………（134）
　　第三节　能力的形成和发展 ………………………………………（137）

第十章　气质与性格 ……………………………………………（141）
　　第一节　气质概述 …………………………………………………（141）
　　第二节　性格概述 …………………………………………………（148）
　　第三节　气质和性格评定的方法 …………………………………（156）

第十一章　中小学生心理特点 …………………………………（161）
　　第一节　小学生心理特点 …………………………………………（161）
　　第二节　中学生心理特点 …………………………………………（167）

第十二章　心理健康 ……………………………………………（185）
　　第一节　心理健康概述 ……………………………………………（185）
　　第二节　心理辅导 …………………………………………………（189）

第十三章　教师职业心理 ………………………………………（200）
　　第一节　教师的职业角色心理和成长心理 ………………………（200）
　　第二节　教师的职业期待与职业倦怠 ……………………………（205）

参考文献 …………………………………………………………（208）

第一章 绪 论

学习目标
1. 识记心理学的概念、研究内容。
2. 了解心理学的产生和发展。
3. 掌握心理学的主要流派。
4. 掌握心理学常用的研究方法。

在还没有开始学习心理学之前，如果有人问你：什么是心理学？你对心理学有什么认识和期望？你希望通过学习心理学解决什么问题？你可能给不出很圆满的回答，但头脑中会想到如何提高记忆效果、怎样调节自己的情绪状态、如何塑造良好的个性品质等问题。这些问题都与心理学有关。通过本章的学习，你会发现，原来心理学的涉及面极广，内容很丰富，它探讨人多方面的心理活动规律，并用以指导实践，是与你、与我、与现代社会生活紧密联系的一门科学。

第一节 心理学研究的对象和任务

心理学是研究人的心理现象及其发生、发展规律的科学。

人的心理是以不同的形式能动地反映客观事物及其相互关系的活动。科学的心理学要求从心理现象的描述过渡到心理现象的说明，并解释它的规律。心理学是对心理现象的阐述并揭示其本质和规律的科学。

人的心理现象很复杂，包括联系紧密的两个方面：心理过程和个性心理。

一、心理学研究的对象

（一）心理过程

人的心理过程就其性质与功能来说可以分为认识过程、情绪、情感过程和意志过程三个方面。

1. 认知过程

认知过程是指人由表及里、由现象到本质的反映客观事物的特性与联系的心理活动。认知过程包括感觉、知觉、记忆、思维、想象、注意等过程。注意是心理过程的共同特征，用以保证人各项活动的顺利进行。

2. 情绪、情感过程

情绪、情感过程是指人对客观事物是否满足自身的需要而产生的主观体验，它反映的是客观事物同人的需要之间的关系，如愉快、满意、喜悦、难过、气愤、痛苦等。

3. 意志过程

意志过程是指人为了满足某种需要，在一定动机的激励下，自觉确定目标，克服内部和外部困难并力求实现目标的心理活动。意志过程是人的意志能动性的表现，即人不仅能认识客观事物，而且还能根据对客观事物及其规律的认识自觉地改造世界。

人的认识过程、情绪、情感过程和意志过程统称为心理过程，它们在人的心理活动中并不是单独存在的，而是相互联系、相互影响的统一的心理活动过程。人的认识过程是人的情绪、情感和意志产生的基础，没有人的认知活动，人既不会产生喜怒哀乐的情绪感情，也不可能有自觉的、坚强的意志。情绪、情感和意志又反作用于认识过程，没有人的情绪、情感的推动或者缺乏坚强的意志，人的认识活动就不能发展和深入。可见，人的认识过程和意志过程总是伴随着一定的情绪、情感活动，意志过程又总是以一定的认识活动为前提，而人的情绪、情感和意志活动又促进了人的认识的发展。

人的认识过程、情绪、情感过程和意志过程都有其发生、发展及其变化的规律，人的心理过程发生、发展的规律性是心理学研究的对象之一。

(二) 个性心理

人的心理过程具有共同规律性。例如，人们认识客观事物都是先由感觉、知觉进而发展到思维，即由对现象的感知到事物本质的揭示，这是人们认识过程的共性。情绪、情感过程和意志过程的发生和发展存在着共性；但由于每个人的先天素质和后天环境不同，心理过程在每个人身上发生和发展时又总是带有个人的特征，从而形成了个人不同的个性。

个性是指一个人的整个心理面貌，它是个人心理活动稳定的心理倾向和心理特征的总和。个性心理结构主要包括个性倾向性和个性心理特征两个方面。

1. 个性倾向性

个性倾向性是指人所具有的意识倾向，它决定着人对现实的态度以及对认识活动对象的趋向和选择。

个性倾向性是人从事活动的基本动力，主要包括需要、动机、兴趣、理想、价值观和世界观等。这些心理倾向在整个个性倾向中的地位，随着个人的成熟与发展的阶段而有所不同。例如，在儿童时期，兴趣是支配他们的心理活动与行为的主要心理倾向；在青少年时期，理想上升到主导地位；在青年后期和成年期，人生观与世界观成为主导的心理倾向并支配着人的整个心理活动与行为。

人的个性倾向性是在社会实践中形成、发展和变化的，它反映了人与客观现实的相互关系，也反映了一个人的生活经历。当一个人的个性倾向性成为一种稳定而概括的心理特点时，就构成了一个人的个性心理特征。

2. 个性心理特征

个性心理特征是指一个人身上经常地、稳定地表现出来的心理特点，包括个体的能力、气质和性格。人的个性心理特征是存在着差异的,例如,有的人有数学才能,有的人有写作才能,有的人有音乐才能,这是能力方面的差异;而有的人活泼好动,有的人沉默寡言,有的人热情友善,有的人冷漠无情,这些都是气质和性格方面的差异。能力、气质和性格统称为个性心理特征。

人的心理过程和个性是彼此密切联系的。一方面,没有心理过程,个性是无法形成的。如果没有对客观事物的认识,没有对客观事物与人的需要之间的态度体验而产生的情绪和情感,没有对客观事物的积极改造的意志过程,个性就会成为无本之源。另一方面,已经形成的个性倾向性和个性心理特征又制约着心理过程,并在心理活动过程中得到体现,从而对心理过程产生重要的影响,使之带有个人独特的特点。因此,既没有不表现在心理过程中的个性倾向性和个性心理特征,也没有不带有个性倾向性和个性心理特征的心理过程。心理过程和个性是心理现象的两个不同方面,在了解一个人的心理全貌时,必须把两者结合起来进行考察。具体来说,心理学是研究人的心理过程发生、发展的规律性,研究个性形成、发展和变化的规律性,研究心理过程和个性心理两者之间相互关系的规律性的科学(见图1-1)。

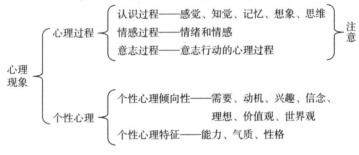

图1-1　心理现象的构成

二、心理学研究的任务及其意义

(一) 心理学的任务

人类认识世界和改造世界的实践活动,都是在人的心理活动的参与下进行的,也都是在人的心理的调节指导下完成的。因此,要想把工作和学习任务向前推进,就必须遵循人的心理活动的规律性,以提高人的实践活动的效率。

影响人的心理活动的因素很多,但概括起来主要有三类:

(1) 环境因素,即人所接触到的周围事物的变化;

(2) 生理因素,如人的体温高低,饥或渴等;

(3) 心理因素,即自己的心理活动对心理的影响。

心理学就是要探索这三类因素的变化对心理活动的影响。因此,心理学研究有以下三项基本任务。

第一项任务是揭示和描述人的心理现象。人的心理活动的本质和发展规律若不能被揭示,就不能被理解和控制,有时甚至会被看成是任意发生的、主观自觉的、不受因果规律支配的。为此,心理学大量的工作是测量、描述和揭示人的行为以及心理如何调节和支配人的活动的规律性。例如,心理学通过大量测量揭示了人类遗忘的规律,这样就可以解释为什么有的人记得又快又牢固,而有的人则记忆效果差,并提出有助于记忆的方法,控制和避免有害于记忆的因素。

第二项任务是预测和控制人的心理活动。科学的重要作用在于预测和控制人心理活动的规律，从而根据客观现实的需要去预测和控制心理活动。例如，知道了某个学生的智力水平，就能够较准确地预测该学生的某些作业成绩。另外，了解了影响人的心理活动的因素，就能够尽量消除不利因素，创设有利情境，改变和控制个体的行为，使活动效率提高。

第三项任务是理解和说明人的心理活动。理解和说明人的心理活动，实际上就是找出产生所观察到的某些心理现象的原因。这个过程既包括把已知事物组织起来以形成与事实相符的说明，也包括就事件之间的关系提出需要证明的假设。心理学是一门研究人的行为和心理活动规律的科学，可以说，我们自身和周围所有的人都可以成为心理学的研究对象。学习心理学，目的就是了解人类的心理活动规律，把心理学知识直接用于实际工作，提高工作效率。它既有助于对自己形成比较清晰的了解和认识，调节控制自己的行为，又有利于我们知己知彼，搞好人际关系，对社会发展、人类进步起一定的促进作用。

心理学的任务是探索和揭示心理活动的规律性，并利用这些规律为人类的实践活动服务。

（二）心理学的理论与实践意义

1. 理论意义

心理学的理论基础是马克思主义哲学，心理学的研究成果（心理活动的发生、发展的规律以及客观现实与人的心理的关系、客观事物的影响如何转化为人的主观意识）论证和丰富了辩证唯物主义和历史唯物主义的基本原理。在物质和意识的关系问题上，心理学以其确凿可靠的研究成果表明，人的心理对物质世界的依赖关系，是客观现实与人脑相互作用的结果，从而进一步具体地论证了物质第一性、意识第二性的哲学理论。意识是高度组织起来的物质的产物，是对客观现实的反映等辩证唯物主义的哲学命题，为辩证唯物主义彻底战胜唯心主义和二元论提供了有力的武器。同时，心理学的研究也为辩证唯物主义哲学提供了自然科学的基础，使人们能够更深入、更具体地领会马克思主义哲学的基本原理，自觉地树立辩证唯物主义和历史唯物主义的世界观。正因为如此，列宁把心理学列为"构成认识论和辩证法的知识领域"，并说："心理学所提供的一些原理已使人们不得不拒绝主观主义而接受唯物主义。"

2. 实践意义

（1）认识内外世界。

通过学习心理学，可以知道自己为什么会做出某些行为，这些行为背后究竟隐藏着什么样的心理活动，以及自己现在的个性、脾气、特征又是如何形成的。例如，学习了遗忘规律，你就可以知道自己以往的背单词方法存在哪些不足；了解了感觉的适应性，就可以解释为什么"入芝兰之室，久而不闻其香"了。

同样，你也可以把自己学到的心理活动规律运用到人际交往中，通过他人的行为推断其内在的心理活动，从而形成对外部世界更准确的认知。例如，作为教师，如果你了解了学生的知识基础和认知水平，以及吸引学生注意力的条件，你就可以更好地组织教学，从而收到良好的教学效果。

(2) 调整和控制行为。

心理学除了有助于对心理现象和行为作出描述性解释外，它还向我们指出了心理活动产生和发展变化的规律。人的心理特征具有相当的稳定性，但同时也具有一定的可塑性。因此，我们可以在一定范围内对自身和他人的行为进行预测和调整，也可以通过改变内外因素实现对行为的调控。也就是说，可以尽量消除不利因素，创设有利环境，引导自己和他人进行积极行为。例如，当我们发现自己存在一些不良的心理习惯时，就可以运用心理活动规律，找到诱发这些行为的内外因素，积极地创造条件改变这些因素，实现对自身行为的改造。再如，奖励和惩罚就是运用条件反射的原理，在培养儿童的良好习惯和改造儿童的不良行为与习惯方面发挥着重要作用。

(3) 直接应用在实际工作上。

前面我们已经提到，心理学分为理论研究与应用研究两大部分。理论心理学多以间接方式指导着我们的各项工作，而应用研究的各个分支在实际工作中则可以起直接作用。教师可以利用教育心理学的规律来改进自己的教学实践，或者利用心理测量学的知识设计更合适的考试试卷等；商场的工作人员可以利用消费和广告心理学的知识重新设计橱窗、陈设商品，以吸引更多的顾客；经理可以利用组织与管理心理学的知识激励员工、鼓舞士气等；这方面的应用很多，我们可以在自己的工作中有意识地加以体会和利用。

第二节　心理学的发展

一、心理学的历史和流派

许多闻名于世的古代学者的著述中都有过人类心理问题的相关论述。因此，心理学可以说是一门既古老又年轻的科学。古希腊哲学家亚里士多德（Aristotle）的《论灵魂》和中国古代的《论语》中就有许多关于人的心理的论述。在一个很长的时期内，心理学一直包含在哲学的母体中。也就是说，几千年来，心理学一直是哲学的一部分。直到1879年，德国哲学家、心理学家冯特（Wilhelm Wundt）在莱比锡大学建立了世界上第一个心理学实验室，用自然科学的方法研究心理学现象，使心理学从哲学中脱离出来，成为一门独立的学科，这标志着心理学的诞生。但心理学到今天才只有100多年的历史，与其他学科（物理学、化学、生物学等）相比，它是一门很年轻的、正在发展中的学科，德国著名心理学家艾宾浩斯（Hermann Ebinghaus）曾说："心理学有一个漫长的过去，但只有短暂的历史。"

在心理学的发展过程中，各种派别纷争对峙，新的派别不断兴起。可以说，心理学每前进一步，都有新兴学派产生。早期的学派有构造主义、官能心理学、联想心理学、机能主义等，形成了百家争鸣、学派林立的局面。对心理学发展造成影响的学派主要有行为主义学派、格式塔心理学派、精神分析学派、人本主义心理学派、认知心理学派，了解它们，也就抓住了近现代心理学历史发展的线索。

1. 行为主义学派

行为主义学派是现代心理学中影响很大的一个学派，其创始人是美国心理学家华生（J. Waston）。1913年，华生在《心理学论坛》上发表了名为《行为主义者所见的心理学》

的论文，正式举起了行为主义的旗帜。在这篇宣言性的论文中，他提出，心理学是行为的科学，而不是意识的科学。心理学的研究对象是人类和动物的行为，而较简单的动物行为比复杂的人类行为更具有根本性。他坚决反对冯特提出的"意识"和"内省"这两个基本概念，认为只有能被直接观察到的东西才能成为科学研究的对象，只有客观的方法才是科学的方法。而意识不能被直接观察，因而就不能成为心理学的研究对象；冯特的内省法不能提供客观的事实材料，因而不能作为心理学的研究方法。他主张只有从可观察到的刺激和反应方面去研究，心理学才能成为像生物学、物理学、化学那样的自然科学。刺激-反应（S-R）是华生提出的行为主义的公式。他主张把人的心理彻底生物学化和动物学化，人的行为和动物的行为必须在同一层面来考虑。他特别重视行为的分支概念，即将行为看作许多生理细节的组合。华生认为，传统心理学中的意识、感觉、知觉、意志、表象等是一大堆无用的概念，应彻底予以摒弃，而代之以刺激、反应、习惯形成、习惯联合等概念。他认为，心理学研究的目的是寻找预测和控制行为的途径。

虽然华生的主张没有被人们全盘接受，但是行为主义在美国得到了广泛的传播，使其成为心理学中的一个重要派别并固定下来。虽然新行为主义与旧行为主义相比，不论在外表上还是意向上都有很大的差别，但是仍然遵循着一个信条：对行为进行探讨，而无须涉及意识。

华生彻底否认人的主观世界，以生理反应代替心理现象，把动物和人等同起来，都看成"有机的机器"，这显然是与人类的常识相违背的，是错误的。但是，行为主义对心理学的发展也有一定的积极意义，例如，华生竭力主张客观的研究方向，有助于心理学摆脱思辨的性质；他所强调的刺激-反应模式，容易对心理现象做数量上的描述。

2. 格式塔心理学派

格式塔心理学于1912年在德国诞生，后来在美国得到进一步发展，其创始人是魏特墨（M. Wertheimer）、考夫卡（K. Koffka）和苛勒（W. Kohler）。

"格式塔"是德文gestalt的译音，意为完形、样式、结构、组织。格式塔心理学派是以似动现象的实验起家的，主持这个实验的是魏特墨，观察者是考夫卡和苛勒，该实验用速示器将A和B两条发亮的直线先后投射在黑色背景上，若两条线放映的时间间隔过长，如2000毫秒或200毫秒，观察者看到的是先后出现两条线；若两条线放映的时间间隔过短，如30毫秒，观察者看到的是两条线同时出现；若两条直线放映的时间间隔在60毫秒左右，观察者便可以看到直线A向直线B移动。这是一种似动现象。他们认为，这种知觉显然是无法用感觉元素的联合来解释的，每一种心理现象都是一个格式塔，都是一个"被分离的整体"。整体不等于部分的总和，整体不是由若干元素组合而成的；相反，整体先于部分存在并且制约着部分的性质和意义。

那么，为什么每一种知觉都是一个"被分离的整体"呢？格式塔心理学家认为，这并不完全决定于外界事物，而是由于人脑中有一些力量把它们组织起来。当时，物理学中"场"的理论盛行，于是，他们认为人的头脑中也有一个"场"，这个"场"中的力量分布决定了人把外界的东西看成什么样的。他们提出了知觉中的许多组织原则，试图解决格式塔原理中的生理基础问题。

格式塔心理学家认为，学习和问题解决也像知觉一样，是通过整体进行的。魏特墨在《创造性思维》一书中把格式塔原理应用于人类的创造性思维，他认为，学生在解决问题时之所以会迷惑不解，是因为没有把问题的细节方面与问题的整个情境联系起来考虑；一旦其把问题看成一个有意义的整体，就会产生顿悟，问题也就能解决了。

尽管格式塔心理学派的理论基础是错误的主观唯心论，但是，该学派反复强调整体并不等于部分的总和，整体先于部分而存在并制约着部分的性质和意义的理论观点是正确的。该学派关于知觉的组织原则，以及学习和思维中的研究成果至今仍有积极的意义。

3. 精神分析学派

精神分析学派的创始人是弗洛伊德（Sigmund Freud）。他是奥地利的一位精神病学家，代表作有《梦的解析》《精神分析新引论》《精神分析纲要》等。弗洛伊德把一个人的人格分为本我、自我和超我三个部分。本我是人先天具有的，其唯一目的是消除或减轻机体的紧张以获得满足和快乐；超我是内化了的道德标准，会竭力压抑本我的盲目冲动；自我介于两者之间，负责理智地调节本我、超我和外界三者的关系。一个人的精神状态就是本我、自我、超我三个部分相互矛盾、冲突的结果。当自我能很好地平衡三个部分的关系时，人格便处于正常状态；当自我失去对本我和超我的控制时，人就会产生各种焦虑。为了减轻焦虑，自我便发展出了各种无意识的防卫机制。在弗洛伊德看来，意识仅仅是人的整个精神活动中位于表层的一个很小的部分；无意识才是人的精神活动的主体，处于心理的深层。无意识是正在被压抑的或从未变成意识的本能冲动，它对人的精神和行为有着重大的影响，通过对失言、梦等的分析可见一斑。

弗洛伊德把心理区分为意识和无意识，注意心理动力因素如需要、动机等对心理的影响，这些是值得肯定的；但是，他把人的一切活动都归因于被压抑的性欲，认为无意识决定着意识，甚至决定社会的发展，这些观点是缺乏科学依据的。

4. 人本主义心理学派

人本主义心理学产生于20世纪50年代，是美国一些学者出于对当时影响最大的精神分析和行为主义这两个心理学派的不满，从社会科学的角度强调人的独特性而提出的一种理论，其代表人物是美国心理学家马斯洛和罗杰斯。因为人本主义心理学兴起的年代较精神分析学派和行为主义学派晚，故而被称为现代心理学上的第三势力学派。

人本主义心理学派既反对精神分析学派贬低人性，把意识经验还原为基本驱动力的观点，又反对行为主义学派把意识看作行为的副现象的观点，主张研究人的价值和潜能的发展。人本主义心理学强调，人在充分发展自我潜力时，力争满足自我的各种需要，从而建立完善的自我，并追求建立理想的自我，最终达到自我实现。人在争得需要满足的过程中，能产生人性的内在幸福感和丰富感，给人以最大的喜悦，这种感受本身就是对人的最高奖赏。人本主义心理学派认为，从探讨人的最高追求和人的价值角度看，心理学应当改变对一般人或病态人的研究，而成为研究"健康"人的心理学，揭示发挥人的创造性动机，展现人潜能的途径。在研究方法上，人本主义心理学派并不排除传统的科学方法，而是扩大科学研究的范围，以解决过去一直排除在心理学研究范围之外的人类信念和价值问题。人本主义心理学是一门尚处在发展中的学说，其理论体系还不完备，但其代表着现代心理学发展的一个新方向。

5. 认知心理学派

认知心理学派是20世纪50年代在西方兴起的一个心理学流派，现已成为当前心理学研究的主要方向。从广义来说，心理学中凡侧重研究人的认知过程的学派都可称为认知心理学派，如皮亚杰（J. Piaget）学派也被认为属于认知心理学派。但目前在西方，认知心理学大多数指狭义的认知心理学，即用信息加工的观点研究人的认知过程的科学，因而也被称为认知加工心理学，确切地说，它研究人接受、编码、操作、提取和利用知识的过程，即感知觉、记忆、表象、思维、言语等。它强调人已有的认知结构对当前认知活动的决定作用，像研究计算机程序的作用那样在较为抽象的水平上研究人对各个阶段信息加工的特点，以揭示心理活动的规律。因此，把关于人的认知过程的一些设想编制成计算机程序，在计算机上进行实验验证的计算机模拟，也就成为认知心理学的一个重要研究方法。

心理学经过了一个漫长的萌芽期，在近100多年才蓬勃发展，而各个心理学派则在彼此融合的过程中，又为各自的发展注入了生机和活力，有力地推动了整个心理研究的科学进程。正如美国当代心理学史专家黎黑（T. H. Leahey）所说："心理学有一个长期的过去，一个短暂的历史和一个不确定的未来。如果心理学家能够给不同的研究对象下定义，而且用这种研究对象所要求的方式单独地研究它，认为它最终能够解释每一种事物，那么心理学就可能进步。"

二、心理学的发展现状

20世纪30年代以来，心理学进入了一个新的发展时期，这个时期的心理学发展特点可以归纳为以下几点。

1. 派系融合，兼收并蓄

新行为主义学派修正了行为主义学派中的极端观点，正视意识、内部加工过程的存在，承认在刺激和反应之间存在中间变量，并将行为主义的公式 S-R 修正为 S-O-R；后来的格式塔学派也承认了后天经验的作用，修正了格式塔学派过分强调先天倾向的极端观点；新精神分析学派的学者不像弗洛伊德那么强调先天倾向和性欲的动力作用，而更多重视社会文化因素的作用，强调了环境与人的关系和对人的影响。各派的棱角逐渐被新认识、新观点磨掉，派系之间的区别逐渐缩小，不同学派的特色开始消失。现在，我们再也看不到一本像20世纪30年代前高举某个派系旗帜的书籍，现代的心理学教科书总是把行为主义、格式塔、精神分析等各学派的观点加以逐一介绍或分散到各章中加以评价。尽管各学派的观点继续流传，但是学派已成为历史，而新观点、新的发展则建立在兼收并蓄各学派精华的基础之上。例如，20世纪50年代兴起的认知心理学，就是吸收了各学派之长而蓬勃发展的，现代认知心理学既承认中间环节，即经验的作用，也考虑认知的能动性，力图探明知识从获得、储存、转换直至使用的规律。

由于心理学历史短暂，基础薄弱，加之研究对象的极端复杂性，现代心理学仍需要各学派的共同努力，排斥哪一个学派和哪一种方法都会使这门学科的科学性有所逊色；同时，心理学的进一步发展需要它摆脱历史争论，求同存异，互相补充，互相增益。只有这样，心理学才能走上新的发展阶段，现代心理学正处在这个新的发展阶段。

2. 学科融合，相互促进

心理学吸收了其他学科尤其是新兴学科的新成果、新技术，促进了自身内部的发展，拓宽了研究的范围并加深了研究的深度。

计算机科学、信息论、系统论等新兴学科对现代心理学的发展产生了重大的影响。计算机科学提供的机器模拟法为探索人的内部心理过程和状态提供了新的途径,现代认知心理学采用了在观察的基础上提出对认知的内部加工过程和结构的概念化模型,根据这种模型进行假设和预测,然后按验证结果调整模型本身,使一直困扰心理学家的"黑箱"有了探索的新途径。信息论提供信息、信息量、信息编码等有用的概念和测量信息量的方法,使研究人的认知过程可采用信息和信息量的概念来描述和说明,避免了笼统的"刺激"概念。控制论的"反馈"概念对说明人类行为的自我调节过程产生了根本性的影响,使传统的"反射弧"概念变为"反射环"概念。计算机、脑电图技术、脑功能成像、录音、录像等现代化手段和各种现代心理仪器,使心理学研究有了先进的手段。随着现代科学的发展,心理学日益渗透到各个研究领域,并和其他学科融合,促使新兴的边缘学科陆续出现,例如,认知心理学与计算机科学结合产生了人工智能,语言学与认知心理学结合产生了心理语言学,神经生理学与心理学结合产生了神经心理学等,这种发展趋势标志着心理学正朝纵深和横向方向发展。

3. 注重应用,日益广泛

随着社会生产和社会生活的发展,人们对心理学的需要日益迫切,促使心理学从大学讲坛和研究机构的实验室里走出来,与实际生产、生活相结合。政府应用心理学为政策制定提供参考性的意见,如欧洲共同体以"消费者态度指数"作为预测商业周期转折的指标,并用于制定经济规划。政府还可运用心理学进行市场预测和政府政策的态度测量,取得人、财、物等多方面的资料,从而更准确地把握社会发展动向。例如,美国工业界对工业心理学十分重视,大公司一般都设有工业心理学研究机构,拥有现代化设备的实验室。美国电报电话公司有心理学家300多人,他们的工作在改进产品、协调人际关系、提高工作效率、防止事故、提升人事管理水平、合理使用人力资源等方面起了重大的作用。

保障人的心理卫生成为心理学实际应用的另一个重要方面,例如,应用心理治疗技术对精神病病人提供临床服务和对心理失调者提供咨询服务;在心理学比较发达的国家,如西欧和北美国家,以及日本、澳大利亚等国家,应用心理学为劳动者提供职业选择和训练,提高他们(劳动者)对工作的适应能力,减少事故和减轻工作中的紧张情绪,帮助人们正确评估和改善工作的满意程度。应用心理学为在校学生提供心理调节、心理健康服务,为社会人士提供戒毒、戒烟、戒酒等服务。

心理学最早开始在教育教学中应用,在当前更有了迅速的发展,许多教学原则、教育方法都离不开心理学原理。在许多国家,心理学是教育者的必修课。

心理学的广泛应用促使心理学的新分支越来越多,工业管理和组织的需要产生工业心理学,商业流通的需要产生商业心理学,学校教育的需要产生教育心理学,太空探索的需要产生航天心理学等,各种应用性心理学的产生又进一步提升了心理学的实用性。现代心理学再也不是少数哲人思考的问题和言论,它和人们社会生活的关系越来越密切。

现代心理学呈现蓬勃兴旺的发展趋势。虽然客观地说,心理学不如数学、物理学、化学那样成熟,它还不是一门成熟的学科,还需要进行不断的探索,但是现代心理学的兴盛已属必然。

第三节 心理学研究的原则和方法

研究方法对于一门学科的重要性不言而喻。对于心理学来说，研究方法的运用更具有特殊的意义，当初心理学之所以能脱离哲学思辨的范畴，成为一门独立的学科，就是得益于自然科学的研究方法被引入心理学领域。我们在学习心理学时，了解心理学的研究方法，不仅有助于更好地认识心理学，知道心理学的许多规律的来源，从而进一步消除对心理学研究工作的神秘感，更为重要的是，它可以为我们在以后的工作实践中研究有关心理学问题，提高工作质量打下必要的基础。

一、心理学研究的基本原则

在心理学的研究中，必须贯彻以下几个基本原则。

1. 客观性原则

客观性原则是任何科学研究都必须遵循的重要原则。所谓客观性原则，是指研究者要尊重客观事实，按照事物的本来面貌来反映事物。对心理学研究来说，就是要从心理活动产生所依存的客观条件及其表现和作用来揭示心理的发生、发展规律。在研究心理学的过程中，严格遵循客观性原则有特别重要的意义。心理是人脑对客观现实的反映，是在外部条件与内部因素的制约下，在头脑中产生、发展、变化并以言行等方式表现的过程，它不以个人的意志为转移，是有规律可循的。因此，心理完全可以作为科学的对象被人客观地加以研究。在心理学研究中坚持客观性原则，要求对人的任何心理活动的研究，都必须依据别人可以观察并加以检验的客观事实。人的心理活动是由客观存在引起、通过一系列生理变化实现的，是表现在人的实践活动之中的。因此，在心理学研究中，必须从心理产生所依存的这些方面的物质过程去揭示心理发生、发展的规律；必须如实地记录对受试者的外部刺激、受试者的反应与受试者主观体验的口头报告，切不可以自己的主观体验、主观感受来代替客观观察到的事实或附加在观察到的客观事实上面。在做结论时，要根据客观的资料和事实判断，切不能凭主观臆测来肯定或否定某种结论。实践是检验真理的唯一标准，心理学研究的成果和结论是否合乎实际，必须在社会实践中经受检验，在社会实践中发展。

2. 发展性原则

所谓发展性原则，是指要在发展中研究心理现象和用发展、变化的眼光去观察心理现象。辩证唯物主义认为，客观事物永远处于不断的运动和变化之中，作为人脑对客观现实的反映的心理活动，当然也不是固定的、静止的。人类的心理、意识从动物演化而来，是人类长期发展的产物。个体从出生到成人，其心理活动也经历着从简单到复杂，从低级到高级的发展过程。这就要求我们把心理看作一个发展、变化的过程，在发展中研究心理活动，也就是要研究个体在不同年龄阶段心理的发生和发展。在研究中，不仅要注意那些已经形成的心理特点，而且要注意新产生的心理特点；不仅要看到心理发展的现状，还要看到心理发展的前景。如果不是以发展的观点，而是以静止不变的眼光来看待问题，就无法揭示心理现象的本来面目，发现其客观规律。

3. 系统性原则

所谓系统性原则，是指在对人的心理现象进行研究时，必须考虑各种内、外因素相互之间的关系和制约作用，把某一心理现象放在多层次、多因素和多维度的系统中进行分析。这是因为人的心理是一个极其复杂的、动态的系统，在其内部系统的各因素之间，心理系统与外部环境之间均存在着密切的联系，只有系统地研究这些联系，才能真正把握心理现象的规律。

4. 教育性原则

所谓教育性原则，是指从有利于教育和有利于个体身心健康的角度来设计和实施研究工作，不能做出有损于教育和个体身心健康的事。对于师范专业的学生来说，还应注意研究方向上的价值取向，使心理学研究与人的身心健康紧密结合。

二、心理学研究的方法

（一）观察法

观察法分为自然观察法和控制观察法。此处所说的观察法为自然观察法，是指在自然情境中对被观察者的行为做系统的观察记录，以了解其心理的一种方法。观察法通常是由于无法对被观察者进行控制，或者由于控制会影响其实际行为表现或有碍于伦理道德而采用的。例如，观察学生在听课时的表现，以了解其注意力的集中情况。

从观察者和被观察者之间的关系来看，观察主要有两种形式：参与观察和非参与观察。前者是观察者成为被观察者活动中一个正式成员，其双重身份一般不为其他参与者所知晓；后者是观察者不参加被观察者的活动，不以被观察者团体中的一个成员而出现。无论采用哪种形式，原则上都应在被观察者不知晓的情况下对其进行观察为宜。观察者可通过单向透光玻璃或闭路电视录像装置进行观察，被观察者觉察不到有人在观察，就可以观察到其自然、真实的行为。

根据观察要求的不同，观察法可以分为长期观察和定期观察。长期观察是指在相当长的时期内进行系统性观察，有计划地积累资料；定期观察是指在某一特定的时间里进行观察、记录，例如，在每周中几个特定时间里观察小学生的课业责任心行为表现，待资料积累到一定程度再进行分析、整理，并得出结论。

为了避免观察的主观性和片面性，保证能够获得真实的资料，在使用观察法时，观察者应遵循以下几项原则：

（1）观察必须有明确的研究目的，对拟观察的行为特征要加以明确界定，做好计划，按计划进行观察。

（2）观察必须是系统的，而不是零星、偶然的。

（3）观察时必须随时如实做好记录，严格地把传闻与事实、描述与解释区分开来。

（4）应在被观察者处于自然状态的情况下进行观察。

观察法是常用的收集资料的方法。它使用方便，有经验的教师如能有效运用，是可以收集到所需资料的。但观察法获得的资料只能说明是什么，而不能解释为什么。因此，由观察所发现的问题，尚需用其他方法做进一步的研究。

（二）调查法

调查法的主要特点是以问问题的方式，要求被调查者就某个或某些问题回答自己的想法。调查法可以用来探讨被调查者的机体变量（如性别、年龄、教育程度、职业、经济状况等）、反应变量（对问题的理解、态度、期望、信念、行为等）以及它们之间的相互关系。根据研究的需要，可以向被调查者本人做调查，也可以向熟悉被调查者的人做调查。调查法可分为书面调查和口头调查。

1. 书面调查

书面调查即问卷法，是指研究者根据研究课题的要求设计调查问卷，让被调查者填写，收回问卷后进行整理、分析的一种方法。这种方法的优点是：可同时向多人收集同类型资料，方便对调查结果进行定量研究；其缺点是：发出去的调查问卷难以全部收回；只能获取书面的社会信息，而不能了解到生动、具体的社会情况，很难做深入的定性调查，被调查者可能在从众心理的驱使下按照社会主流意识填答，不能保证调查资料的真实性。

书面调查要获得好的效果，在设计调查问卷时应注意以下几点：

（1）针对调查的目的来设计调查问卷。

（2）提出的问题要适合于调查的目的和被调查的对象。

（3）调查问卷使用方便，所获信息便于整理、分析。

2. 口头调查

口头调查即晤谈法，是指研究者根据预先拟好的问题向被调查者提出，以一问一答的方式进行调查的一种方法。要使口头调查富有成效，首先应创造坦率和信任的良好气氛，使被调查者做到知无不言；同时，研究者应当有良好的准备和训练，预先拟好问题，尽量使谈话标准化，所记录指标的含义保持一致。

与问卷法相比，口头调查的优点是：可以直接向被调查者解释晤谈的目的，提高他们回答问题的准确程度；研究者可以控制晤谈进程，使调查中的遗漏大为减少；可以用不同的方式考察被调查者回答问题的真实程度；可以根据被调查者的反应提出临时应变的问题，有可能获得额外有价值的资料。

口头调查的主要缺点是：由于在一定时间内只能晤谈数量有限的对象，要收集较多对象的资料时间成本高；研究者必须训练有素，才能掌握该方法；如果研究者的言语不当，被调查者有可能拒答或做出不真实的回答；研究者的行为，甚至是无意的行为也可能会对被调查者回答产生暗示作用。

（三）测验法

测验法就是用标准化的量表来测量被试者的智力、性格、态度、兴趣及其他个性特征的方法。测验法的种类很多，按一次测量的人数划分，可把测验法分为个别测验（一次测一人）和团体测验（一次同时测多人）；按测验的目的划分，可把测验法分为智力测验、特殊能力测验（性向测验）和人格测验等。

用标准化的量表来测量心理特征时应注意以下几点：

（1）选用的测量工具应适合于研究目的的需要。

（2）主持测验的人应具备进行测验的基本条件，如口齿清晰，态度镇静，有严格控制时间的能力，会按测量手册上载明的实施程序进行测验等。

（3）严格按测验手册上载明的方法记分和处理结果。

（4）对测验分数的解释有一定的依据，不能随意解释。

（四）实验法

实验法就是在控制的情境下系统地操纵某种变量的变化，研究此种变量的变化对其他变量所产生影响的方法。由实验者操纵变化的变量称为实验变量或自变量，由实验变量而引起的某种特定反应的变量称为因变量。实验须在控制的情境下进行，其目的在于排除实验变量以外一切可能影响实验结果的因素。在实验中，实验者系统地控制和改变实验变量，客观地观测因变量，然后考察因变量受实验变量影响的情况。

用实验法研究心理学问题时，首先，应设立实验组和对照组，并使这两个组在机体变量方面大致相同，控制实验条件大致相同；其次，对实验组施加实验变量的影响，对对照组则不施加影响；最后，考察并比较这两组的反应是否相同，以确定实验变量的效应。

除了在严密控制实验条件下的实验室实验，还有所谓的自然实验。自然实验也称为现场实验，是在实际生活情境中对实验条件做适当控制所进行的实验，例如，要研究小学一年级学生普遍存在的感知算式错误（把加法做成减法，或把减法做成加法）的原因，实验者在一个班里按一定的计划加强实验性训练，对另一平行班则不进行这种实验性训练，然后对获得的材料加以整理和分析，就可以找出影响这些小学一年级学生感知算式错误的原因。

自然实验的优点是，把心理学研究与实际的情境结合起来，具有直接的实践意义，较好地避免了实验室实验的情境人为性。其缺点是，容易受无关因素的影响，不容易严密控制实验条件。实验者要精确地控制实验条件，还需用实验室实验。

观察法、调查法和测验法都属于研究心理学问题的常用方法。这些方法可以用来发现两个或几个变量之间的相关程度，但不能确定它们之间是否存在着因果关系，确定变量之间的因果关系必须借助于实验法。

（五）作品分析法

作品分析法，也叫劳动产品、活动产品分析法，因为人的任何活动都会在客观现实中留下痕迹，不同的人进行同样的活动甚至同一个人在进行多次同一活动中，由于不同的个性、不同的认识和情绪，就会留下不同的痕迹。例如，人的作文、日记、绘画、书写、手工，甚至扫过的地、擦过的玻璃窗子，都可以在一定程度上反映出人的心理规律和特点。用这种方法可以揭示被测试者对待此项活动的态度，以及被测试者对此项活动的技能和熟练程度、知识范围和活动中注意力的集中情况等。往更深层分析，就不仅限于从活动产品特点分析被测试者的心理状况和特点，还要进一步分析此项产品的产生过程，因为产品的产生过程能更明显地反映一个人的创造思维和对活动的态度。

作品分析法作为一种辅助方法，通常与观察法、实验法、测验法结合应用，而不单独进行心理学研究。

思考练习

一、单项选择题

1. 看同一部电影或上同一堂课，不同的人感受也不同，这说明人的心理具有（　　）。
   A. 客观性　　　　B. 主观性　　　　C. 现实性　　　　D. 能动性
2. 我们聚精会神地看书时，对周围有人走动或出现其他情况，往往是"视而不见、听而不闻"。这是（　　）。

A. 兴奋　　　　　B. 负诱导　　　　C. 正诱导　　　　D. 抑制诱导
3. 在西方历史上，最早论述心理现象的专著是（　　）。
A. 柏拉图的《理想国》　　　　　　B. 亚里士多德的《论灵魂》
C. 冯特的《生活心理学原理》　　　D. 弗洛伊德的《梦的解析》
4. 最早对无意识现象进行深入研究的心理学派是（　　）。
A. 精神分析心理学派　　　　　　　B. 机能主义心理学派
C. 人本主义心理学派　　　　　　　D. 构造主义心理学派
5. 被称为西方心理学"第三势力"的是（　　）。
A. 行为主义心理学　　　　　　　　B. 精神分析心理学
C. 人本主义心理学　　　　　　　　D. 认知心理学
6. 在心理学研究中提出"意识流"概念的心理学派是（　　）。
A. 构造主义心理学　　　　　　　　B. 机能主义心理学
C. 精神分析心理学　　　　　　　　D. 认知心理学

二、填空题

1. 心理现象划分为_____和个性心理两个方面。
2. _____年，德国心理学家冯特在莱比锡大学建立了第一个心理学实验室，标志着心理学的诞生。
3. "心理学有一个漫长的过去，但只有短暂的历史"的提出者是_____。
4. 精神分析学派的代表人物是_____。
5. 被称为现代心理学第三势力的学派是_____。

第二章 意识与注意

> **学习目标**
> 1. 了解意识、注意的概念，掌握意识的几种状态，注意的种类。
> 2. 理解自我意识的表现形式和青少年自我意识发展的主要特点。
> 3. 掌握注意的规律在教学中的运用，能培养学生良好的注意品质。

第一节 意识概述

一、意识的概念和内容

1. 意识的概念

心理学和哲学都讲意识，但两者所讲的意识内涵不同。哲学中的意识是指与物质世界相对的精神世界，强调的是意识的内容。心理学中所讲的意识有两种含义：一种是把它当作心理的同义词使用，例如，构造主义心理学的创始人冯特就把心理学当作研究意识的科学，以分析意识构成的基本要素为研究目的；另一种含义是把意识当作心理的高级层次，例如，20世纪50年代以后，随着认知心理学和人本主义心理学的兴起，意识再度成为心理学研究的重要课题，并被看作心理的高级层次。本章所讲的意识，就是指心理学范畴中意识的第二种含义，即意识是人类所独有的高层次心理活动，是指个体运用感觉、知觉、思维、记忆等心理活动，对自己内在的身心状态和环境中外在的人、事、物的变化的觉知。

2. 意识的内容

我国著名心理学家张厚粲指出，意识活动的内容主要包括以下几个方面：

（1）对外部事物的觉知。指个体觉察到外部发生的事情，例如，一个人觉察到门外有人走动。

（2）对内部刺激的觉知。指个体感觉到自身内部发生的事情，例如，一个人吃了不卫生的食品，感到肚子不舒服。

（3）对自身的觉知。指个体觉知自己是各种体验的主体，这时个体把自己当成一个客体来认识,是对由这些体验所引起的思维活动的觉知,例如,一个医生认为在针灸技术方面,由于自己练习不够,与他人相比自愧不如。

二、意识的特点

1. 自觉性和主动性

意识的自觉性和主动性是指意识能够借助语言实现对客观现实的反映和认识。人可以借助语言把自己和环境区分开来,进而认识自身和环境的关系。这样一来,人类个体适应环境,从而获得生存、发展的过程就不是完全被动的了,会带有自觉性和主动性。

2. 抽象性和概括性

意识的抽象性和概括性是指意识能够借助语言实现对事物内在本质属性的认识和反映,进而认识事物的规律性和各类事物之间的关系,显示出较强的抽象性和概括性。

三、意识的状态

现代科学研究的结果发现,在正常条件下,意识本身具有以下几种不同的状态。

1. 可控制的意识状态

在这个状态里,人的意识最清晰,最能集中注意力,能够有意识地去完成一件事情。也就说,个体在行为进行的过程中,能够觉知本体正在做某件事情,并可以对自己的行为进行调控。

2. 自动化的意识状态

人有时对自己的行为似乎有所意识,但又不太清晰。例如,你现在一边听课,一边做笔记,你能够意识到在写字,但并不需要清楚每个字怎么写,不用十分努力就能做好笔记,这与在小学时的听写有本质的区别,因为你听写的时候要注意字的每一笔是怎么写的。自动化的意识状态是意识的第二种状态,它本身要求很少的注意,并且不妨碍同时进行的其他活动。

3. 白日梦状态

你是否有过这样的情况?上课的时候,听着听着就走神了,正当你想入非非的时候,恰巧老师叫你回答问题。受到刺激,你马上站了起来,至于老师刚刚提的是什么问题,你可能一个字都不知道。这就是意识的第三种状态——白日梦状态。它是只包含很低水平意志努力的状态,介于主动的意识状态和睡眠中做梦两者之间,似乎是一方面清醒着,一方面在做梦,通常在不需要集中注意力的情况下自发产生。我们不能认为白日梦状态是无意识的,因为你这个时候还有一定的意识活动,尽管老师在讲什么你没有完全听清楚,但是你还知道老师在讲课,一旦老师叫你的名字,你也可以听到。白日梦的内容与未来的活动有关,带有计划或排练的性质,而且只有自己懂得白日梦不是真正在做梦,而是意识处于一种迷糊状态。白日梦的内容无所谓好坏,一个人的意识实际上是在不断变化的,精力集中是一种,迷迷糊糊又是一种,人在临入睡而没有真正睡着的时候,意识也是处于一种迷糊状态的。

4. 睡眠状态

意识的第四种状态就是睡眠状态。过去一般认为睡眠的时候意识是停止活动的,而大量研究结果表明，人在睡眠时意识并没有完全停止活动。关于睡眠的研究主要是通过脑电波来实现。当人进入睡眠状态时，脑内神经细胞的电位差仍在变化，只是出现了不同的波形，人在做梦的时候脑电波的变化更为明显。这些都证明，人在睡眠的时候是有意识活动的。当然，对此我们自身并没有意识到。

以上所述的是人在正常情况下所出现的四种意识状态。有时候，通过药物可使人产生一种特殊的意识状态。例如，打麻醉针或吃某些药物会使人进入一种迷迷糊糊的状态；这是一种意识的扭曲状态；心理学中的催眠实际上是一种受暗示的状态，是一种似睡眠又非睡眠的特殊意识状态。

四、自我意识

（一）自我意识的概念

自我意识是意识的重要表现形式。所谓自我意识，是指个体对自己身心状态的认识、体验和愿望，以及对自己与周围环境之间关系的认识、体验和愿望。自我意识包括以下三个部分。

（1）个体对自己的身体、生理状态的认识和体验，也就是对生理的自我认识。例如，个体对自己身高、体重、容貌的认识，以及对温饱感、舒适感、病痛的体验等。

（2）个体对自己的心理活动、个性特点、心理品质的认识、体验和愿望，也就是对心理的自我认识。例如，对自己的智慧、能力、性格、气质、兴趣、爱好、意志等的认识。

（3）个体对自身与外界客观事物和人的关系的认识、体验和愿望，也就是对社会的自我认识。它包括个体对周围客观环境和人的影响、作用的认识和体验，也包括对自身在客观世界中的地位、责任、力量的认识和体验。

（二）自我意识的表现形式

1. 自我认识

自我认识包括自我感知、自我观察、自我概念、自我分析、自我评价等心理成分，其中，自我评价集中代表自我认识的发展水平，是自我意识的核心。自我评价是个体对自己身心特征的判断和评论，对个人的社会生活和人际关系的协调尤为重要。个体形成自我评价的途径包括社会上他人对自己的态度与评价、与条件相仿者比较、个人对自己的心理活动的特点分析。

自我概念的内容包括现实自我、投射自我和理想自我。现实自我是个体从自身立场出发对现实中自我各种特征的认识，包括对自己的躯体特点、行为特点、人格特点、角色特点等的认识。现实自我又称为个人自我，纯属个体对自己的看法，主观性强，是自我概念中最重要的内容。投射自我是个体所认为的他人对自己的认识。现实自我和投射自我不一定相同，两者之间可能会有距离，当这个距离相差较大时，个人便会感到别人不理解自己，因而产生隔阂。理想自我是个体从自身立场出发构建将来自己要达到的理想标准，它引导个体实现理想中的自我。自我认识主要涉及"我是谁"或"我是怎样一个人"等问题。

2. 自我体验

自我体验是指个体在自我评价的基础上，对评价结果是否符合自己的需要而产生的一种情感体验，主要包括自爱、自尊、自信、自卑、羞耻感、责任感、义务感、优越感等。自我体验主要涉及"对自己是否满意""是否悦纳自己"等问题。

3. 自我调节

自我调节是指个体在自我评价的指导和自我体验的推动下，对自己心理行为自觉和有目的的调节、控制，以达到理想自我的目标，其集中体现自我意识在改造主体和主客体相互关系中的主观能动作用。自我调节包括自主、自强、自我监督、自我激励、自我控制等心理成分，其中，自我控制是最集中的调节手段，也是个体是否具备自我控制的良好心理品质和主动、积极的心理行为的重要功能表现。自我调节主要涉及"我应当成为一个怎样的人""我怎样改变现状来成为理想中的那种人"等问题。

4. 自我实现

自我实现是指通过自我评价及理想自我的构建，由此产生的自我体验、自我调节，不断提升自我修养、磨炼意志，达到自我完善的状态，即达到自我实现的心理成熟阶段。

(三) 自我意识的心理意义

一个人的心理发展历程一般都要经历从幼稚到成熟的过程。形成正确的自我意识是一个人心理成熟的标志，对心理健康起着重要的作用。自我意识的心理意义体现在以下几个方面。

1. 促进社会适应，和谐人际关系

大量的心理学实践证明，许多人社会适应不良及人际关系不协调，是由于自我意识不健全或不正确。如果一个人对生理的自我、心理的自我和社会的自我认识、体验不正确，尤其是在自我评价及自我概念上与客观现实的差距太大时，就会造成社会适应不良和人际关系不协调，从而影响人的心理健康。

个体正确的自我意识通过正确的自我评价产生合理的理想自我，并且通过正确认识自己与他人、个体与群体的不同地位和需要，进而采取不同的策略，主动调节人际关系，从而保持良好的社会适应和人际关系，保持心理健康。

2. 促进自我实现，创造最佳的心理质量

健全的自我意识通过合理的自我认识，良好的自我体验，自觉的自我调节和控制，从而促进自我实现，按照心理学家马斯洛的观点来说就是"自我实现是心理最健康和心理质量最佳的标志"。

3. 有助于自我教育和自我完善

当现实自我和理想自我不能统一，或理想自我在实现过程中受挫时，有健全自我意识的人能够自省自觉地寻找原因。一方面，通过自我调节、控制，纠正心理偏差，努力缩小理想自我与现实自我的差距；另一方面，调整认识，形成新的理想自我，使自己的心理行为的个体化与社会化发展不断协调、平衡和完善。

五、青少年自我意识的发展与培养

青少年时期是个体自我意识迅速发展并趋向成熟的关键时期。在这个时期，青少年的自我意识经历着一个特别明显的、典型的分化、矛盾、统一和转化的过程。

(一) 青少年自我意识的发展

随着个体心理的不断发展，青少年自我意识的发展达到了新的水平，独立感、自尊心、自信心、好胜心等逐步趋于成熟；自我认识、自我体验、自我控制趋于协调发展；自我意识的核心——世界观和人生观逐渐确立。青少年自我意识的发展主要表现出以下几个方面的特点。

1. 青少年自我意识发展的主要表现

随着学习、生活方式的不断变化和心理的发展，青少年的自我意识有了明显的变化，出现了理想自我和现实自我的分化，并且迅速发展，导致矛盾冲突日益明显。自我意识的分化使青少年主动、迅速地对自己的内心世界和行为有了新的认识，开始意识到自己从来没有被注意到的"我"的许多细节。青少年对自己的生活充满信心，对未来抱有幻想，而现实往往不是他们所想象的，于是就出现了所谓理想自我和现实自我的矛盾。当理想自我占优势时，往往会将"客体我"萎缩到实际能力以下，总认为自己事事不如人，从而产生较强的自卑感，甚至放弃努力，形成自我怜悯或伤感的心理状态。相反，当现实自我占优势时，往往表现出较强的虚荣心和自我陶醉，特别在乎别人对自己的评价，担心暴露自己的缺点。另外，青少年自我投射意识成分明显增强，人际关系也因此变得较为复杂，同学之间的矛盾日益增多，常常要求别人理解自己。

2. 青少年自我认识发展的特点

（1）自我认识的广度和深度大大提升。现代社会的飞速发展为青少年提供了一个广泛涉猎知识、自由发展、张扬个性、自我实现的广阔天地，为青少年的自我认识向广度和深度发展提供了有利的条件。

（2）自我认识的自觉性和主动性明显增强。随着年龄的增长，青少年往往会思考许多深刻的问题，如"我将来做个什么样的人""成就什么事业""我能为社会做些什么贡献"。具有强烈求知欲的青少年，总是十分感兴趣而又急切地思考着这些问题，强烈地期待着一个满意的答案，这种思考比儿童时期更主动、自觉，具有较高的水平。

（3）自我评价能力不断提高。随着青少年的知识和社会经验日益丰富，大多数青少年对自己的分析、评价逐渐全面、客观和主动，对自己的优缺点有了较正确的认识和评价，并能选择自己的长处进行发展，开始具备在自觉基础上的自知之明。但是，青少年自我评价的能力有很大的个体差异，不少青少年存在自我评价过高的倾向，也有部分青少年存在自我评价偏低的倾向。

（4）自我概念有了明显的变化。随着青少年年龄的增长、知识的积累、社会经验的日益丰富、青少年自我认识和自我评价水平的提高，其自我概念更具有丰富性、完整性、概括性和稳定性。

3. 青少年自我控制发展的特点

（1）自我控制能力逐渐提高。随着知识的积累，生活阅历的增加，青少年自我认识和自我评价水平的提高，他们能够根据别人的评价和自己行动的结果进行反省，并及时调整自己的行为和目标。这说明青少年行为的自觉性和自我控制能力明显增强，而盲目性和冲动性则逐渐减少。当然，青少年自我控制水平还缺乏一定的稳定性，还须进一步发展和完善。

（2）自我设计的愿望强烈。青少年有设计自我、完善自我的强烈愿望，他们根据自我设计的最佳自我形象而不断充实自己的知识，培养自己的能力，形成自己良好的性格与品德。

（3）有强烈的独立意识和自信心。青少年在生理上已逐渐具备了成人的特点，心理成熟度和社会成熟度也已达到较高的水平，充沛的体力、旺盛的精力、灵活的思维、较强的记忆力使青少年的成人感和自信心十分强烈。但是，由于其知识、经验的不足，容易产生过分的自信，但也可能因一时的挫折而缺乏自信。

4. 青少年自我体验发展的特点

青少年自我认识和自我控制能力的迅速发展，使他们自我体验的内容和形式发生了极大的变化。从自我体验的形式来看，显示出以下几个方面的特点。

（1）丰富性。多彩的学习生活为青少年自我体验的丰富性提供了有利条件。一般来说，在自我体验方面，男生比女生更有自信心，更富于活力，但容易急躁；女生则更热情，但容易多愁善感。

（2）敏感性和波动性。由于青少年对自我的认识还在不断完善中，还缺乏驾驭情感的意志力量，因而他们的情感体验表现出明显的敏感性和波动性。

（3）深刻性。青少年的自我体验是深刻的。他们的自我体验不仅与自己的个性特点相联系，而且与自己的生活信念和人格倾向相联系。

（二）青少年自我意识的培养

青少年自我意识的培养是青少年按社会要求自觉进行自我意识的教育，是青少年完善自己个性，实现自我价值的重要途径。青少年可从以下几个方面进行自我意识的培养。

1. 全面认识自我

全面认识自我是形成自我意识的基础，如果一个人能够全面、正确地认识自己，客观、准确地评价自己，就能够量力而行，确立合适的奋斗目标，并为实现这一目标而不懈努力。因此，青少年只有打破自我封闭，拓宽生活范围，增加生活阅历，扩展交往空间，积极参加活动，扩大社会实践，才能找到多种参考系数，才能凭借参考系数来多方面、多角度地认识自我，做到不自卑也不过于自信，不骄傲也不过于谦虚，充分发挥自己的聪明才智，实现自己的人生价值。

2. 积极评价自我

俗话说，金无足赤，人无完人。青少年如果以积极的态度评价自我，便会形成自信心理，如果以消极的态度评价自我，便会形成自卑心理。自卑者往往片面地夸大自身的缺点、短处，甚至否认自我存在的价值，从而极大地阻碍正确自我意识的形成。青少年要学会积极地评价自我、认可自我、接受自我，促使自尊感的建立，克服自卑感；还要学会正确对待挫折和失败，从困境中走出来。青少年要通过不断总结经验教训，提高自己的能力，实现自己的理想。

3. 努力完善自我

自我完善是个体在认识自我、认可自我的基础上，自觉规划行为目标，主动调节自身行为，积极改造自己的个性，使个性全面发展，以适应社会要求的过程。青少年要按社会需要和个人的特点确立正确的理想和人生和发展目标，努力提升自我，努力发展自己，绝不能固守自我。青少年要认真进行自我探究，逐步实现积极的自我统一，实现自身的价值。在实现自我统一的过程中，首先，分析和确认理想自我的正确性和可行性；其次，与现实自我相对照；最后，有针对性、有计划地解决两者之间的矛盾，缩小差距，最终达到理想与现实的统一。

总之，自我意识的发展是一个漫长的过程，青少年时期是自我意识发展的重要时期。因此，正确认识青少年自我意识发展的特点，引导青少年全面认识自我、悦纳自我、努力完善自我具有重要的意义。

第二节　注意概述

从无意识到意识再到注意，是一个心理状态的连续体。注意是一切心理活动的门户，是人类进行各项活动的基本前提。认识注意现象，把握注意规律，培养学生良好的注意力，是教师顺利进行教学、提高教学效率的前提。

一、注意的含义

注意是心理活动对一定对象的指向和集中。

注意是一种普遍的心理现象，例如，学生在上课时专心致志地听教师讲课，仔细地观察挂图，聚精会神地思考教师提出的问题，这里说的"专心致志""仔细""聚精会神"都是描述学生在上课时的注意状态。

注意有两个特点：指向性和集中性。每一瞬间有大量事物作用于我们，但是我们并不能同时对周围的一切事物进行反应。人的心理活动总是根据主体的活动需要有选择地指向一定的对象，而忽略了其他无关对象，这就是注意的指向性。当人们选择了注意的对象后，心理活动在一定时间内集中和深入到该对象上，保持一定的强度和紧张度，并且抑制多余的活动，这就是注意的集中性。

二、注意的本质

注意是心理活动的重要组成部分，但它本身不是独立的心理过程，只是伴随心理过程的一种心理状态。注意本身没有单独的反应内容，也不能脱离一定的心理过程而单独存在，它总是伴随着认知、情感、意志过程的始终，随着一切心理过程产生、进行、变化的。当人注意着什么，也就感知着什么，或记忆着什么，思考着什么，平常我们说"注意黑板""注意歌声"，并不是说注意就是独立的心理过程，而是把"注意看""注意听"的"看"字和"听"字省略了。人们不可能脱离具体的感知、记忆、思维等心理活动而独立进行一种纯粹的注意活动。因此，注意只是心理过程的一种共同属性，是一种伴随的心理状态。

注意又是所有心理过程顺利进行的必要条件。任何心理过程的开始必须以注意为起点，心理活动要有效地进行，一刻也离不开注意的参与。在认知过程中，感知、记忆、思维、想象都需要集中注意才能提高认知活动的效率。感知时缺少注意，就不可能看清、听明；思维时缺少注意，就会胡思乱想，以致不能解决问题。情感、意志过程也离不开注意，情感是对事物的一种主观态度，无论是积极的态度还是消极的态度，首先都应指向并集中于一定的对象，没有对对象的注意，就不会有态度，情感也就无从产生。意志是人们面临困难、挫折时表现出的一种精神力量，只有集中注意，意志行动才能坚持到底。事实上，注意使心理活动处于积极状态，保证人们对事物进行正确的认识，做出准确的反应。因此，它是人们认识世

界、改造世界的重要心理条件。

三、注意的种类与规律在教学中的应用

（一）注意的种类

根据注意过程中有无预定的目的和是否需要意志努力，可以把注意分为无意注意、有意注意和有意后注意。

1. 无意注意

无意注意是指没有预定目的，也不需要意志努力的注意。无意注意一般是在外部刺激物的直接刺激作用下，个体不由自主地给予关注。例如，正在上课的时候，有人推门而入，大家会不自觉地向门口注视；行人在大街上听到警笛鸣叫时，会不由自主地扭头观望。

当一个人在街头散步时，也可能会无意间注意到许多事物。无意注意更多地被认为是由外部刺激物引起的一种消极被动的注意，是注意的初级形式。人和动物都存在无意注意。无意注意缺乏目的性，不需要意志努力，因此，个体在注意过程中不易产生疲劳。

2. 有意注意

有意注意是指有预定目的，需要意志努力的注意。我们工作和学习中的大多数心理活动都需要有意注意。工人上班、学生上课、交警指挥交通，这些都是有意注意在发挥作用。有意注意是一种积极主动、服从于当前活动任务需要的注意，属于注意的高级形式。它受人的意识的调节和控制，是人类所特有的一种注意。有意注意虽然目的明确，但在实现过程中，需要有持久的意志努力，因此容易使个体产生疲劳感。

3. 有意后注意

有意后注意是指有预定目的，但不需要意志努力的注意。它是在有意注意的基础上，经过学习、训练或培养个人对事物的直接兴趣达到的。在有意注意阶段，主体从事一项活动需要有意志努力；但是，随着活动的深入和个体对活动兴趣的提高或操作的熟练，个体不用意志努力就能够在这项活动上保持注意。例如，一个学习外语的人在初学阶段阅读外文报纸，这是有意注意，很容易感到疲倦；随着学习的深入和外语水平的不断提高，该学习者消除了许多单词和语法障碍，就能够毫不费力地阅读外文报纸，此时，其阅读外文报纸就达到了有意后注意的状态。

有意后注意是一种更高级的注意。它既有一定的目的性，又因为不需要意志努力，在活动进行中不容易感到疲倦，这对完成长期性和连续性的工作有重要的意义。有意后注意的形成需要付出一定的时间和精力。

（二）注意的规律在教学中的应用

注意是学生进行学习的必要前提，也是教师顺利进行教学的重要条件。因此，教师在教学过程中，既要利用各种注意的特点和规律，又要充分利用各种注意相互转换的规律来组织教学。这样，才能既保证教学的顺利进行，使教学收到良好的效果，又能使学生的注意获得发展。

1. 充分利用无意注意的规律组织教学

无意注意是由刺激物本身的特点和人的主体状态所引起的。刺激物的特点和人的主体状态既可以引起学生注意的分散,也可以借助它顺利地进行教学,使学生轻松地学习。因此,教师在教学过程中应当尽量避免那些分散学生注意的因素,同时紧紧把握住那些吸引学生注意的因素,要做到以下几点:

(1) 优化教学环境,防止干扰因素。无意注意主要由刺激物本身的特点引起,一方面,教师在教学过程中要善于利用有关刺激物的特点引起学生的注意;另一方面,要消除那些容易分散学生注意、与教学内容无关的刺激。因此,在教学中,教师首先应尽可能地创造有利于学生学习的教学环境,防止干扰因素。例如,教室内保持安静,建立井然的教学秩序和常规;教师注意自身形象,衣着朴素大方,避免着奇装异服;教学语言应简洁明快,避免重复、单调及出现口头禅等。

(2) 教学内容要丰富、新颖,富有吸引力。因为新异的刺激容易引起人的注意,教师要想在课上使学生集中注意,教学内容就要生动有趣,丰富新颖,避免单调、重复。事物是否引起人的注意与在多大程度上引起人的注意还取决于个体的主观状态。因此,教师在教学中要考虑学生的需要、兴趣、知识和经验、情绪状态,使教学内容切合学生的实际,才能引起学生的无意注意。教师在课堂上还要注意不要过多地论述一些与教学无关或关系不大的内容,以免学生"借题发挥",导致注意的分散。另外,教学内容也要难度适当,过于高深、晦涩的内容会使学生因困难而却步,而过于简单或重复的内容会因缺乏新颖性而使学生注意力下降。

(3) 教学方法要灵活多样。教学方法是师生之间传递内容的桥梁。教学方法要灵活多样,避免单调、呆板。人长时间从事单一活动或接受单一刺激,会使神经活动兴奋性降低,导致大脑皮质的抑制,注意力就不容易维持。多样化的教学方法有利于调动学生的积极性,使学生精神振奋,不易疲劳。教学有法,但无定法。教师要根据教学内容和学生的年龄特点,以及自己的特长,灵活运用和选择教学方法。教师要把课堂讲授、谈话、讨论、学生自学、实验、作业、读书指导等多种方法结合起来,使学生在课堂上聆听、思考、做笔记、实际操作与做作业相结合。

2. 充分利用有意注意的规律组织教学

学习是经验获得和行为改变的过程,是一种复杂、艰辛的活动。学习过程中会遇到很多困难和干扰,而且并非任何教学内容和活动都是新颖的,都是学生感兴趣的。因此,教师要想使学生在课堂上持久地学习,还必须增强学生学习的自觉性。吸引学生的有意注意,要做到以下几点:

(1) 使学生明确学习的目的和任务。有意注意是服从预定目的和任务的注意。活动的目的和任务越明确,有意注意便越易唤起和维持。对于教学来说,教师要明确教学的目的和任务,学生要明确学习的目的和任务,这样,师生才能更好地配合,共同努力,保持注意,顺利完成教学任务。因此,教师要经常对学生进行学习目的性的教育,明确为什么学,学习内容的理论意义和实践价值是什么,从而增强学生学习的责任心和积极性。

(2) 正确组织教学活动。在明确教学活动目的和任务的前提下,合理地组织教学活动,采取有效措施也有助于学生保持有意注意,如向学生提出问题,在学生刚开始注意分散时给予提示或批评,让学生在阅读时做笔记,把智力活动与实际操作结合起来等,这些措施不仅有利于学生对知识的掌握和理解,而且对保持有意注意也非常有意义。

(3) 培养学生学习的间接兴趣。间接兴趣是对活动结果的兴趣。没有活动的过程就不会产生活动的结果,因而间接兴趣更具有持久的推动力,有利于学生保持有意注意。教师要使学生认识到学习的意义,把当前的学习与远大的理想及与国家、社会的发展结合起来,这样有助于学生克服困难,专心致志地投入学习。

(4) 加强学生意志力的培养和训练。在学习过程中,干扰是随时存在的,排除干扰在很大程度上依靠人的意志。为帮助学生排除无关刺激的干扰,提高学习效率,教师应加强学生意志力的培养和训练,心理学家通过实验证明人用意志排除干扰的能力是很强的。

3. 充分利用有意后注意的规律组织教学

有意后注意既服从于当前活动的目的和任务,又能节省意志的努力,因而对完成长期、持续的任务特别有利。培养学生有意后注意的关键在于发展学生对活动的兴趣,教师要设法使学生增强对某种教学活动的了解,让他们逐渐产生兴趣,并且自然而然地沉浸在这种活动中。这样,学生才能在有意后注意的状态下学习,使活动取得更大的成效。

4. 充分利用有意注意、无意注意、有意后注意相互转换的规律组织教学

教学中,如果学生完全依靠有意注意来学习,大脑长时间处于兴奋状态,容易产生疲劳和注意的分散,学生难以真正长时间地坚持学习。但是,学生单凭无意注意来学习,会使教学活动缺乏目的性和计划性,当学生遇到困难或枯燥、单调的教学内容时,很容易半途而废。因此,在教学过程中,教师要善于引导学生交替使用不同的注意类型。就一堂课来说,上课之初,学生的注意可能还停留在上一堂课或课间活动的有趣对象上,或尚处涣散状态,教师可通过检查、提问,提出明确的要求,使学生做好上课的知识准备和心理准备,以唤起学生的有意注意;或者通过恰当的导入,讲述相关的知识背景、故事,以及对教学目的和意义的阐述,要求完成的学习任务等来调动学生的有意注意。在教授新内容的过程中,教师可通过生动、有趣的描述,丰富的表情,多样的教学方式引起学生的无意注意。随着学生对学习内容本身兴趣的逐渐增强,就会自然而然地转入有意后注意。总之,教师要充分利用有意注意、无意注意、有意后注意相互转换的规律组织教学,使学生的注意有松有紧,有张有弛,使学生精神饱满地学习。

四、注意的功能

注意对人类的实践活动具有十分重要的意义,对个体的心理活动具有重要的组织和调节作用。注意主要有以下几个功能。

1. 选择功能

当代认知心理学用信息加工的观点考察了人的注意。人的大脑作为一个信息加工系统,其加工能力或资源在一定时间内是有限的,因此,人的大脑必须在认知活动中对信息进行选择与组织。注意的选择功能使主体选择那些对自身重要的信息进行加工,排除其他无关信息的干扰,从而实现对当前事物更准确的指向,提高大脑对信息加工的效率。

2. 保持功能

外界大量的信息输入后,必须经过足够时间的注意才能保持在意识之中。注意可以使人的心理活动在一段时间内维持在一定的对象上,并保持一定的紧张状态,直到顺利完成认知活动或行为动作,达到目的。

3. 调节和监督功能

注意能对人所从事的活动进行有目的的控制，根据活动的目的和需要做到注意的适当分配和适时转移，必要时，可参与对错误行为的纠正。注意能够对心理活动的全过程进行监督，使其保持在一定对象或目标上；一旦心理活动发生了偏离，注意就会立即发现，并予以调整，从而保证心理活动的顺利完成。

五、注意的外部表现

当人的注意集中在某一事物上时，常常伴随特定的外部表现，最明显的外部表现有以下几种。

1. 适应性的运动

当人注意某一事物时，有关的感觉器官常常朝向刺激物，以便得到最清晰的印象。如当人注意听一个声音时，就会把耳朵转向声音的方向，即所谓"侧耳倾听"；当人注意看一个物体时，会把视线集中在该物体上，即所谓"举目凝视"；当人专心思考某一问题或想象某件事物时，常表现为两眼目不转睛地望着前方，或低头沉思、眉头紧锁、双手托腮等；这些表现都是注意时的适应性运动。

2. 无关运动的停止

当人高度集中注意时，全身心处于一种高度紧张的状态，人的心理活动只指向于特定对象，与当前注意对象无关的其他动作会停止或消失。例如，学生在认真听课时，会一动不动地看着教师，其他无关运动就停止了，教室里会显得特别安静；反之，学生就会说话或做小动作。

3. 呼吸的变化

人在集中注意时，呼吸会变得轻微而缓慢，甚至会出现呼吸暂时停止的状态，即所谓的屏息现象。例如，在音乐演奏会上，人们听得很专心，尽管有那么多的听众，却仍然很安静，听不到其他响声，甚至自己的呼吸也很轻微。此外，在紧张注意时，还会出现心跳加快，牙关紧闭，握紧拳头，目瞪口呆，甚至情不自禁地发出感叹声等现象。

根据注意的外部表现，我们可以了解一个人是否在注意状态中，这对从事教育工作和其他行业的人有重要的意义。例如，上课时，有的学生貌似在听讲，实则已想入非非或注意其他事物，心不在焉就是指这种现象。这时，有经验的教师会发现学生注意的外部表现，不是随着教师讲课内容的进展或教学方法的变化而变化，或是与教师讲课的变化不合拍，或是毫无表情地端坐着。不过，注意的外部表现和注意的内心状态也有不一致的情况。例如，由于人可以控制自己的表情，可以做出内心十分注意而表面一副不注意的样子，使外部表现与内部状态不一致，此时要想判断人是否在注意，需要仔细分辨。

第三节 注意品质的培养

一、注意的基本品质

注意的品质也可称为注意的特征，它是我们判断一个人注意好坏的标准，主要包括注意的广度、注意的稳定性、注意的分配、注意的转移四个方面。

（一）注意的广度

注意的广度又称注意的范围，是指同一时间（瞬间）内能够清楚把握注意对象的数量，它反映的是注意品质的空间特征。影响注意广度的因素主要有以下几个：

1. 注意对象的特点

注意的广度因注意对象的特点不同而不同。一般来说，注意对象的组合越集中，排列越有规律，相互之间越能成为有机联系的整体，那么，人们能注意的范围就越大。人们对形状、大小、数量相同，规则排列的对象，要比对大小不一、排列无序的对象注意更清晰。

2. 活动的性质和任务

有这样一个实验，用速示器呈现一些英文字母，其中有些存在书写错误，要求一组学生在短时间内判断哪些字母书写有误，并报告字母的数量；要求另一组学生报告所有字母的数量。结果，前者知觉到的字母数量要比后者少得多。可见，活动任务越复杂，越需要关注细节的注意过程，注意的广度就会越窄。

3. 个体的知识、经验

一般来说，个体的知识、经验越丰富，整体知觉能力越强，注意的范围就越大。例如，专业素养深厚的人在阅读专业资料时可以做到一目十行，非专业人士即使逐字逐句阅读也不见得能正确地理解。再如，围棋高手扫视一下棋盘，就能把握双方的形势和局面变化。

（二）注意的稳定性

注意的稳定性也称为注意的持久性，是指注意在同一对象或活动上保持时间的长短，这是注意的时间特征。但衡量注意的稳定性，不能只看注意时间的长短，还要看这段时间内的活动效率。

注意的稳定性有狭义和广义之分。狭义的注意的稳定性是指注意保持在同一对象上的时间。尽管注意的稳定性标志是在某一段时间内注意的高度集中，但人的注意不可能长时间地保持稳定状态。例如，我们将一只表放在离耳朵刚刚能隐约地听到滴答声的距离，我们会发现滴答声有时能听到，有时听不到，或者有时强，有时弱，注意的这种周期性的加强和减弱称为注意的起伏，又称注意的动摇。注意的起伏在视觉中较为明显。例如，当你注视如图2-1所示注意的起伏图时，会发现位于中间的小正方形时而凸起（位于大正方形之前），时而凹进去（位于大正方形之后）；不管我们如何集中注意，大、小正方形总这样跳跃式地变化着。

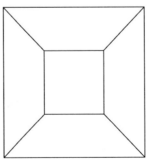

图 2-1　注意的起伏

注意的起伏是一种正常的现象，在任何一个比较复杂的认识活动中，注意的起伏总是存在的。只要我们的注意不离开当前的活动和对象，这种起伏就没有消极的作用。但是，在某些要求对信号做出迅速反应的活动和实验作业中，有必要对注意的起伏给予注意。例如，如果在百米竞赛的预备信号之后，相隔太长时间才发出起跑信号，那么由于运动员发生注意的起伏，就可能使其成绩受到明显的影响；如果预备信号与起跑信号间只相隔2—3秒，注意起伏的不良后果就可以消除。

广义的注意的稳定性是指注意保持在同一活动的时间。广义的注意的稳定性不是指一个人的注意要始终指向同一对象，而是指注意的对象或活动会有变化，但注意活动的总方向不变。例如，学生在课堂上时而听讲，时而阅读，时而演算或思考等，这些活动都服从于课业这一总任务，他们的注意还是稳定的。

与注意的稳定性相反的状态是注意的分散，又称分心。注意的分散就是注意离开了当前应当指向和集中的对象，而把注意指向其他对象。注意的分散是由无关刺激的干扰或单调刺激的长期作用所引起的。例如，在上课时，迟到的同学一声"报告"，大家会不由自主地转头，造成注意的分散。

影响注意的稳定性的因素主要有以下几个。

（1）注意对象的特点。如果注意的对象内容丰富，特征复杂，富有变化，不断活动，注意就容易保持稳定；如果注意的对象是单调、简单、静止的，注意就难以稳定，注意对象的刺激强度和持续时间对注意的稳定性也有显著的影响。

（2）主体的身心状态。当人身体健康、精力充沛、心情愉快时，注意容易保持稳定；相反，当人失眠、生病、疲劳或情绪低落时，注意的稳定性就不容易保持。

（3）对活动的态度。如果人对所从事活动的意义理解深刻，对活动有浓厚的兴趣，抱着积极的态度，进行积极的思维活动，就容易保持注意的稳定性；相反，如果人对所从事的活动持消极态度，缺乏兴趣，注意就容易分散。

（三）注意的分配

注意的分配是指在同一时间内把注意指向几种不同的对象和活动。

注意的分配对人的实践活动是必要的，在现实中也是可能的。例如，教师一边讲课，一边观察学生听课的情况；学生上课时一边听，一边做笔记，还一边思考；汽车司机在双手操纵方向盘的同时，两眼还要注意道路上的行人、车辆和灯光信号等。

注意的分配是可能的，但注意的分配是有条件的，其条件有以下几个：

（1）活动的熟练程度。人们在同时进行的几种活动时，其中只能有一种活动是生疏的，其他活动都是熟练的。人们对熟练的活动不需要更多的注意，因此才可以把注意的中心集中在比较生疏的活动上，如果生疏的活动太多，就无从实现注意的分配。也就是说，当对同时到达的两种信号的加工不超出大脑的加工容量时，人就能对两者都做出反应，注意的分配就成为可能。例如，一个书写熟练的人，可以一边听课，一边做笔记。

（2）活动之间的联系。如果个体同时进行的几种活动之间毫无联系，同时进行这些活动就很困难；如果个体已对这些活动形成了某种反应系统，同时进行这些活动就比较容易。例如，有的人能自拉自唱，边歌边舞，是其已将拉和唱、歌和舞形成反应系统，因而能实现注意的分配。

现实生活中，许多复杂的工作都要求人们能够很好地分配注意，如教师、驾驶员、乐队指挥、运动员等都需要有良好的注意分配能力。注意分配的能力是在实践过程中锻炼出来的，我们应该努力培养和锻炼自己注意分配的能力。

（四）注意的转移

注意的转移是指个体根据新的任务，主动把注意从一个对象转移到另一个对象上的行为。注意的转移是注意的动力特征。例如，第一节是数学课，第二节是语文课，学生根据新任务，将注意从一门课转移到另一门课，这就是注意的转移。注意的转移不同于注意的分散，虽然它们都是注意对象的变换，但注意的转移是根据任务的需要主动地、有目的地把注意从一个对象转向另一个对象；注意的分散是在需要注意稳定时，由于无关刺激干扰或单调刺激的作用，使注意离开需要注意的对象。

人们在进行不同任务时，需要注意及时转移，才能更好地完成新的任务。影响注意转移快慢和难易的因素有以下几个：

（1）原来注意的紧张度。原来注意的紧张度越大，注意的转移就越困难，越缓慢；如果对原来的事物注意紧张度低，则注意的转移就比较迅速。

（2）新的事物或活动的特点。新的事物或活动越符合人的需要和兴趣，注意的转移就越迅速；新的事物或活动越不符合人的需要和兴趣，注意的转移就越困难。

（3）主体的神经类型。注意的转移存在个体差异。一般来说，神经活动灵活的人比神经活动不灵活的人注意转移得快。

注意转移对于人适应环境有重要的意义，它使人既能对原来重要的事物加以注意，也能根据环境的变化将注意及时转移到新的事物上去。注意的转移对学习、工作都很重要，例如，学生上课时要把注意迅速地转移到该堂课的内容上来，如果还在注意上一节课的内容或课间休息的活动上，就很难学好该堂课所要学的内容。驾驶员、飞行员也需要很好的注意转移，一个飞行员在起飞与降落的5—6分钟时间内，注意的转移多达200次；如不能迅速转移，后果是不堪设想的。

二、良好注意品质的培养

注意品质与人们的学习、工作和生活有着密切的关系，注意品质与先天因素有关，但主要是在后天的生活实践、教育和训练中发展起来的。一个学生如果有较大的注意广度，持久的注意稳定性，较强的注意分配和注意转移的能力，就可以保证心理活动顺利、有效地进行。教师在培养学生良好的注意品质方面要注意以下几点。

（1）提高学生注意的广度。这需要学生积累本学科相当的知识和经验，以及一定的素养。例如，在外语学习中，学生要提高自己的阅读水平，扩大词汇量，熟练掌握语法规则，进行大量的阅读训练，此外，让学生了解当前活动的性质和要求，适当安排教学任务，也可以扩大学生的注意范围。

（2）增强注意的稳定性，防止注意的分散。一方面，要营造整洁、安静的教学环境，防止外部无关刺激的干扰；另一方面，要注重学生良好学习习惯的形成和意志力的锻炼，克服内部干扰。此外，还要对学生加强学习目的性教育，端正其学习态度，组织内容丰富、形式多样的教学活动。

（3）加强注意分配的训练。要提高课堂效率，可训练学生一边听课，一边做笔记；还可训练学生一边动手操作，一边观察教师的演示。根据注意分配的条件，需要对学生进行听讲、书写、表达等基本学习能力的训练，当这些能力达到较高水平时，学生就可以在课堂上做到"一心二用"。另外，对于一些活动中的特殊能力的注意分配，需要进行特别的训练，以增强其协调性。

（4）提高注意转移的能力。注意的转移同人的先天神经活动类型有关，但也可以通过对外在因素的控制和后天训练加以改善和提高。提高学生注意转移的能力，根本上是提高其自我行为的监控能力，使其能够积极、主动地服从教学安排，及时转换注意的对象。

思考练习

一、名词解释

1. 意识　　2. 自我意识　　3. 注意

二、填空题

1. 自我意识的表现形式有_____、_____、_____、_____。
2. 注意有_____和_____两个特点。
3. 我们判断一个人的注意力好坏的标准主要包括_____、_____、_____、_____四个方面。

第三章 感觉和知觉

学习目标

1. 识记感觉、知觉、观察力的概念。
2. 了解感觉和知觉的分类。
3. 掌握感受性及其变化的规律。
4. 掌握知觉的基本特征。
5. 掌握如何培养观察力。
6. 应用感知规律解决教学中的问题。

第一节 感觉和知觉概述

一、感觉和知觉概述

（一）什么是感觉

感觉是人脑对直接作用于感觉器官的客观事物个别属性的反应。例如，面前有一个苹果，鼻子闻到了苹果的香味，眼睛看到了苹果的红颜色的外观，手触摸到了苹果光滑的果皮等。物体的这些个别属性通过感觉器官作用于人脑，在人脑中引起的心理活动就是感觉。

人的认识活动是从感觉开始的。通过感觉，我们不仅能够了解客观事物的各种属性，如物体的颜色、气味、软硬、光滑或粗糙等，而且也能知道身体内部的状况和变化，如饥饿、疼痛等。在心理学研究上，感觉占有相当重要的地位，它是意识和心理活动的重要依据，是意识对外部世界的直观反映，也是人脑与外界的直接联系，割断了这种关系，大脑就无法反映客观存在，意识也就无从产生。正如列宁所说的，感觉是运动着的物质的映象。人们理解周围世界的过程始于感觉，不通过感觉，人们就不能知道事物的任何形式，也不能知道运动的任何形式。

感觉具有以下特点。

1. 感觉反映的是当前直接接触到的客观事物，而不是过去的或间接的事物

由于感觉是对当前事物的反映，因此，记忆中再现的事物属性的映象，幻觉中各种类似

于感觉的体验等都不是感觉。

2. 感觉反映的是客观事物的个别属性，而不是事物的整体

通过感觉我们只能知道事物的声、形、色等个别属性，还不能把这些属性整合起来整体地反映客观事物，也不知道事物的意义。对客观事物的整体反映以及对其意义的揭露，是比感觉更高级的心理过程的机能，然而，一切较高级、较复杂的心理现象都必须在感觉的基础上产生，感觉是人认识客观世界的开端。

3. 感觉是客观内容和主观形式的统一

从感觉的对象和内容来看，它是客观的，即反映着不依赖于人的意识而独立存在的客观事物；从感觉的形式和表现来看，它又是主观的，即在一定的主体身上形成、表现和存在。人的任何感觉，都受到了个性、经验、知识及身体状况等主体因素的影响。由此可见，感觉是以客观事物为源泉，以主观解释为方式和结果，是主、客观联系的重要渠道，是客观事物的主观印象。

感觉是人认识过程的初级阶段，是人认识客观世界的开端，也是意识形成和发展的基本成分。通过感觉，人们从外界获得信息，这些信息在感觉系统的不同水平上经过加工，并与已经存贮的信息进行对照、补充，从而产生对外界事物基本属性的反映。因此，在人们认识世界的过程中，感觉担负着对复杂事物的简单要素进行分析的任务。

感觉是认识的入口，通过感觉，人才能认识和分辨事物的各种基本属性，才能知道自己身体的运动、姿势和内部器官的工作状况。只有在感觉所获得的信息基础上，其他高级的、复杂的心理活动才能得到产生和发展。对于每一个正常人来说，没有感觉的生活是不可忍受的。

加拿大麦吉尔大学的心理学家赫布（D. O. Herb）和贝克斯顿（W. H. Bexton）等人进行的"感觉剥夺"实验是说明感觉重要性的一个例证。"感觉剥夺"是把被试者置于极少有刺激作用的实验环境中，使其几乎不可能产生感觉，并要求被试者待的时间尽量长久。实验结果表明，很少有被试者愿意在这种环境中生活一周，在被剥夺感觉的实验期间注意力不能集中、思维不连贯、条理不清、逻辑混乱，反应迟钝烦躁，甚至还会出现幻觉、神经症状或恐惧症，以后的许多实验重复得到了类似甚至更为严重的实验结果。"感觉剥夺"实验说明感觉的丧失会严重影响人的认识过程，特别是思维过程，并波及人的情绪和意志，造成心理上的紊乱乃至病态。可见，人们在日常生活中"漫不经心"接受的刺激以及由此而产生的感觉是多么重要，它既能提供人类生存的重要线索或依据，也为人们维持身心健康提供了重要的保证。

（二）什么是知觉

知觉是人脑对直接作用于感觉器官的客观事物整体属性的反映。知觉是在感觉的基础上产生的，它是对感觉信息整合后的反映。

人对客观事物的认识是从感觉开始的。环境中的事物包含许多属性，如物体的形状、大小、颜色、声音、气味和温度等，以及人的骨骼肌肉和内脏器官活动的不同状态，人首先通过感觉来反映作用于感觉器官的客观事物的个别属性和人所处的某种活动状态的信息。在实际生活中，由于物体的个别属性并不是脱离具体事物而独立存在的，因此，人对事物的个别属性的反映是作为事物的一个方面且与整个事物同时被反映的。

当客观事物直接作用于人的感觉器官时，人不仅能够反映该事物的个别属性，而且能够通过各种感觉器官的协同活动，在大脑中将事物的各种属性，按其相互之间的联系或关系合成事物的整体，从而形成该事物的完整的映象。例如，人们感觉到面前苹果的颜色、香味、硬度和甜味等个别属性，然后把感觉到的个别属性的信息进行综合，加上经验的参与就形成了苹果这一整体映象，这种信息整合的过程就是知觉。可见，知觉的产生，必须是以各种形式的感觉的存在为前提，并且是与感觉一起进行的。但是，不能把知觉单纯地归结为感觉的简单总和，因为知觉除了以各种感觉为基础外，还需要借助于过去经验或知识的帮助。一个人要把某一对象知觉为一个确定的客体，需要有关于这一确定客体的知识和经验。知觉就是把感觉器官获得的信息转换成对物体或事件的经验和知识的过程，其中语言在知觉发展过程中起着极其重要的作用，可以说，语词的学习和掌握是人们知觉能力发展到高水平的必要工具。除此之外，知觉还受到各种心理特点如兴趣、需要、动机、情绪和态度等影响，使人的知觉具有一定的倾向性。

（三）感觉和知觉的关系

感觉和知觉是两种既相同又相异的相互紧密联系的心理活动过程。感觉和知觉的相同点在于它们都是人脑对当前客观事物的反映，即都是客观事物直接作用于感觉器官时在人脑中所产生的对当前事物的反映。只有当客观事物直接作用于感觉器官，并引起它们的活动时，才会产生感觉和知觉，一旦客观事物在人的感觉器官所及的范围内消失，感觉和知觉也就停止了。

感觉和知觉的紧密联系表现在，感觉是对物体个别属性的反映，知觉则是对物体整体的反映，没有对物体个别属性反映的感觉，就不可能有反映事物整体的知觉。因此，感觉是知觉的有机组成部分，是知觉的基础，而知觉则是感觉的深入和发展。对某个物体感觉到的个别属性越丰富、越精确，对该事物的知觉也就越完整、越正确。在现实生活中，人们一般都是以知觉的形式直接反映客观事物的，感觉只是作为知觉的组成成分而存在于知觉之中，很少有孤立的感觉存在。心理学为了科学研究的需要，才把感觉从知觉中区分出来加以探讨。

感觉和知觉的相异点主要有以下三个方面。

第一，感觉是介于心理和生理之间的活动，它的产生主要来自感觉器官的生理活动以及客观刺激的物理特性，相同的客观刺激会引起相同的感觉。而知觉则是以生理机制为基础的纯粹的心理活动，它的产生是在感觉的基础上对物体的各种属性加以综合和解释的心理活动过程，处处表现出人主观因素的参与。

第二，感觉是人脑对客观事物的个别属性的反映，知觉则是对客观事物的不同属性、不同部分及其相互关系综合的、整体的反映。

第三，从感觉和知觉的生理机制看来，感觉是单一分析器活动的结果，而知觉则比感觉要复杂，它是多种分析器协同活动对复杂刺激物或刺激物之间的关系进行综合分析的结果。在多种分析器的参与下，通过反映事物多种属性并整合后才形成知觉。由于已有的知识和经验对知觉的形成具有重要作用，因此，在知觉过程中，还包括了当前刺激所引起的兴奋和以往相应知识经验的暂时神经联系的恢复过程。

感觉和知觉是人们对客观世界认识的初级阶段，是人们认识世界的开端，也是人们其他心理活动的基础，一个人若没有感觉和知觉，就不可能形成记忆、思维、想象、意志等复杂的心理活动。可见，感觉和知觉是一个正常心理活动发生发展的必要条件。

二、感觉和知觉的种类

（一）感觉的种类

根据刺激物的来源和产生感觉的分析器不同，可以把感觉分为两大类，即外部感觉和内部感觉。外部感觉是由外界刺激所引起的，这类感觉反映的是外界事物的个别属性，它们的感受器都位于身体的表面或接近身体表面的地方，包括视觉、听觉、嗅觉、味觉和肤觉，其中，视觉和听觉在人的生活中最为重要。内部感觉是由机体内部发生变化所引起的，这类感觉反应的是我们身体位置、运动和内脏器官状态及其变化的特征，内部感觉的感受器位于内脏器官或体内的组织里，包括运动觉、平衡觉和机体觉。

1. 外部感觉

外界事物刺激体表感受器所产生的感觉归于外部感觉，外部感觉反映的是外界环境中的对象与现象的特征。

（1）视觉。

视觉是可见光波刺激视觉分析器所产生的感觉。视觉的适宜刺激物是波长380—780纳米的电磁波，也叫可见光波，可见光波只占电磁波范围的1/70，380纳米以下的紫外线，780纳米以上的红外线，人的眼睛都不能感觉到。视觉中的色调、明度、饱和度，是由光波的物理性质决定的。

视觉现象主要包括视觉后像和闪光融合、颜色视觉、视敏度。

①视觉后像和闪光融合：作用感受器的刺激停止以后，感觉并不立刻消失，还能保留短暂的时间，这种暂时保留的感觉印象叫后像。后像在视觉中表现特别明显，例如我们看电影、电视就是依靠后像，后像可以使断续的刺激引起连续的感觉，但是引起连续感觉的刺激频率必须达到一定界限，刚刚引起人连续感觉的最小频率叫临界频率，临界频率所引起的心理效应是闪光融合现象，是指断续的光刺激达到临界频率时看到的不再是闪光而是融合的不闪的光。

②颜色视觉：是由不同波长的光波决定的，人眼大约可以分辨150多种光波。因而产生多种多样色彩的感觉，其中主要有红、橙、黄、绿、青、蓝、紫等七种彩色感觉，人们日常看见的都是由不同波长的光线混合起来的光。

③视敏度：指视觉分辨物体细节的能力（即临床医学上称的视力）。视敏度的基本特征在于辨别两点之间距离的大小，分辨两点之间的距离越小，即视角越小，表明视敏度越高，视力越好。通常用"C"型或"E"型视标测定视敏度。

视觉在人类的感觉世界中占主导地位，不仅绝大多数（80%以上）信息通过视觉得到的，而且当视觉信息与其他同时传入的信息相互矛盾时，大多数人根据视觉信息作出反应，其他的信息则被撇在一边不予理会，如耳听为虚，眼见为实。

（2）听觉。

听觉是声波作用于听分析器所产生的感觉。人的听觉是仅次于视觉的重要感觉，人类的语言及其他所有与声音有关的信息都是靠听觉获得的，引起听觉的适宜刺激是16赫兹至2万赫兹之间的声波，低于16赫兹的次声和高于2万赫兹的超声，人耳都不能听见。40岁以上的人的听力上限通常降至1.2万赫兹，人最敏感的声波频率为1 000—4 000赫兹。

人所听到的音高、音强、音色,都是由声波的频率、振幅与波形等物理特性决定的。频率高的声音,人听到的是高音;频率低的声音,人听到的是低音。振幅大的声音,人感到的是强音;振幅小的声音,人感到的是弱音。不同物体(例如各种乐器)发出的不同波形,使人听到不同的音色。

听分析器也是人类重要的信息通道,它接受10%以上的信息,对我们的生活和学习也有很重要的作用。

(3)肤觉(皮肤感觉)。

皮肤感觉包括触压觉、温度觉(冷觉和热觉)和痛觉等,这几种感觉常常混在一起,在感觉上将它们严格地区分开是相当困难的。它们的感受器呈点状,不均匀的分布于全身。在体表的同一部位,痛点最多,压点其次,温点最少。从全身来看,各种感觉点的分布也各不相同。鼻尖的压点、冷点和温点最多,胸部的痛点最多。

①触压觉的敏感部位是舌尖、唇部和手指等处,而背部、腿部和手背等处较不敏感。触压觉对人类生存尤为重要,假若一个人没有触压觉,将既不会站,也不会坐,甚至食物放在口中也不能吞咽,是无法生存下去的。

②温度觉包括冷觉、温觉和热觉,刺激温度的范围是-10℃~60℃,超过这个范围不产生温度觉,而会引起痛觉。由于皮肤表面温度是32℃左右,故32℃左右的温度刺激不产生冷或热的感觉,这个温度叫作生理零点。温度觉可以调节体温适应环境。

③痛觉的感受器除了皮肤上的痛点外,几乎遍布于身体的所有组织中。痛觉是对机体起保护作用的机能。

(4)嗅觉和味觉。

①嗅觉:嗅觉的刺激物是空气中散布的或挥发性的(有气味的)化学物质。它们主要通过鼻腔,同时也能通过口腔后部传入到位于鼻腔上部的嗅觉细胞,然后经嗅神经直接传入大脑。据估计,人的嗅觉感受细胞有1 000万个,而德国牧羊犬则有2.43亿个嗅觉感受细胞。嗅觉对动物维持生命、相互交往有重要意义。对人类而言,由于视觉和听觉的发展,嗅觉似乎不甚重要了。

②味觉:味觉是指辨别物体味道的感觉,它的适宜刺激是溶于水的化学元素物质。味觉的感受器是味蕾,基本的味觉有酸、甜、苦、咸四种,舌尖感觉甜,舌的两侧感觉酸,舌根感觉苦,舌两侧前部对咸最敏感。人对味觉的偏爱往往受水土气候及生活条件的影响,俗有"南甜、北咸、东辣(蒜、葱)、西酸"之说。

嗅觉和味觉都是对化学物质进行反应,并且二者经常联系起来共同发挥作用。通常说某种菜肴味道好,主要是嗅觉在起作用。当你感冒严重时嗅觉失灵,再好的菜肴也没有味道了,因此有时也将嗅觉与味觉视为一个感觉系统的两个成分,合称味道觉。

2. 内部感觉

指感受内部刺激,反映机体内部变化的感觉。它主要包括机体觉、平衡觉和运动觉三类。

(1)机体觉:机体觉是有机体内部环境变化,作用于内脏感觉器官而产生的内脏器官活动状态的感觉,也叫内脏感觉。其感受器分布于各脏器壁内,可将内脏的活动及其变化的信息,经神经传向中枢。机体觉一般包括饿、饱、渴、痛、恶心、便意等。一般情况下,人的内脏活动不为人所意识,也不受人随意支配。只有在生理节律发生超乎常态或处于病理状态下，才能产生明显的感觉，而且常常带有不适感，机体觉对身体有保护性功能。

（2）平衡觉：平衡觉是有机体在做直线加减速运动或旋转运动时，能保持身体平衡并知道其方位的一种感觉。其感受器是内耳前庭器官，前庭器官同内脏有密切联系，在前庭器官发生超强兴奋的时候，会发生晕船或晕车病。失去平衡觉的人最初会难于调整姿势，易摔倒，还可能感到眩晕。平衡觉对保持身体平衡有重要作用。

（3）运动觉：运动觉是反映身体运动和位置状态的感觉，也叫本体感觉。其感受器位于肌肉、肌腱和关节中。人一般不能直接觉察到运动觉信息，但是对于优秀的运动员来说，他们对身体肌肉、肌腱和关节的运动十分敏感，对运动速度、动作准确度的估量和稳定性有精细的自我感受。运动觉敏感是运动员和舞蹈演员、杂技演员选拔的重要条件之一，也是人从事正常活动的保证。

（二）知觉的种类

1. 物体知觉

以物质或物质现象为知觉对象的知觉称物体知觉，包括空间知觉、时间知觉和运动知觉。

（1）空间知觉。

空间知觉是物体的空间特性在人脑中的反映。空间知觉也是通过后天学习获得的，它是由视觉、触摸觉、动觉等多种感觉系统协同活动的结果，其中视觉起着重要的作用。

空间知觉主要包括五个方面：

①形状知觉，指对物体形状特征的反映，靠视觉、触摸觉和动觉来判断物体的形状。

②大小知觉，判断物体的大小，主要靠视觉，并得到触摸觉和动觉的支持。

③深度知觉，包括判断观察者到物体的绝对距离，即距离知觉，又包括判断一个物体不同部分之间的相对距离，即立体知觉。深度知觉也依赖于视觉、触摸觉和动觉来加以判断。

④方位知觉，指对空间方向、位置等属性的反映，依靠视觉、听觉、触觉、动觉、平衡觉等协同活动，来判别物体所处方位。

实际生活中，空间知觉是各种感觉器官协同活动的结果，依赖于经验中的触摸觉、动觉等。

（2）时间知觉。

时间知觉是对客观现象延续性和顺序性的反映。人们可以依靠时钟和日历来判断时间，也可以根据自然界的周期现象，如昼夜的循环交替、月亮的亏盈、季节的变化等来估计时间。但是，在没有上述条件的情况下，人也能大致地估计时间，这是因为人体内的一切物理变化和化学变化都是有节律的，这些节律性的变化就是"生物钟"的机制。对于时间长度的估计，1秒钟左右最为精确，短于1秒钟容易产生高估的现象，长于1秒钟容易产生低估的现象。对时间的估计受刺激的物理特性以及主体的态度、注意等影响较大，情绪和态度对于时间的估计也有很大的影响。

时间知觉是在人的生活和活动过程中发展起来的。某些实践活动要求有精确的时间知觉能力，如跳伞运动员要在跳出飞机之后20秒准时开伞，若误差超过一秒钟便失去了获胜的机会。香港回归祖国的庆典仪式上，中国仪仗兵要在45秒准时将国旗升到8米高的旗杆上，时间及高度均不允许有误差。跳伞运动员及仪仗兵经过练习之后，可以借助口头计数或其他方法准确地估计时间。

（3）运动知觉。

这是人脑对物体空间移动和移动速度的知觉，运动知觉跟空间知觉及时间知觉有不可分割的关系，它依赖于对象运行的速度，对象距观察者的距离以及观察者本身所处的运动或静止的状态。运动知觉十分复杂，实际运动的物体可以被知觉为静止，非常慢的运动不能被直接观察到，人只能凭借间接的标志判断慢速的运动，实际不动的物体也可以因运动错觉被知觉为运动，如电影和霓虹灯的运动。

对象距观察者的距离直接影响着运动速度的知觉，对象距离远看起来速度慢，对象距离近看起来速度快。

2. 社会知觉

以社会生活中的人为对象的知觉叫社会知觉，亦称对人认知。包括对别人的知觉、人际知觉和自我知觉。正确地认识他人（即社会知觉）是我们做好教育和教学工作的前提条件。

（1）社会知觉的种类。

①对别人的知觉：a. 对别人的知觉，主要是指通过对别人外部特征的知觉，进而取得对他们的动机、感情、意图等的认识。俗话说："听其言、观其行而知其人。"这就是说，我们认识一个人要根据他的言论和行动，这里所说的行动，从心理学上来看，不仅是行为举止，也包括人的面部表情、身体的姿势以及眼神等。b. 对别人的知觉依赖于许多因素，但主要包括两个方面：第一是知觉对象的外部特征，它包括一个人的仪表、风度、言谈和举止等；第二是知觉的组织结构。

②人际知觉：a. 人际知觉是对人与人之间关系的知觉。人际知觉的主要特点在于有明显的情感因素参与知觉过程。人们不仅相互感知，而且彼此会形成一定的态度，并在这种态度的基础上产生各种各样的情感，例如，对某些人反感，对另一些人同情，对第三种人喜爱等。b. 人际知觉过程中产生的情感决定于多种因素。人们彼此之间接近的程度、交往的多少、彼此相似的程度等都对人际知觉过程中情感产生很大影响，一般来说，人们越是彼此接近、交往频繁，有较多的相似之处，就越是会产生友谊、同情和好感。

③自我知觉：是指一个人通过对自己行为的观察而对自己心理状态的认识。人不仅在知觉别人时要通过其外部特征来认识其内部的心理状态，同样也要这样来认识自己的行为动机、意图等，当然，一个人观察别人与观察自己是有区别的。这种区别在于：a. 人们观察自己时所掌握的信息要比观察别人时更多。例如，一个人虽然学习成绩并不太好，但却是做了最大的努力，这在自己看来是心中有数的，但如果别人观察他的行为就不一定能够了解。b. 观察自己与观察别人有熟悉和陌生的区别。对自己行为的知觉比对别人更熟悉。c. 观察者与被观察者的区别。在知觉别人时，自己是观察者，别人是被观察者，而在自我知觉时，自己既是观察者又是被观察者。

尽管自我知觉与对别人的知觉有上述区别，但这并不是说自我知觉一定比对别人的知觉更正确。

（2）社会知觉的各种偏差。

要做好教育和教学工作，不能只对学生有片面认识。然而，在现实生活中，教师由于受到各方面条件的限制而不能全面地看问题，往往造成对学生的认知偏差，以致作出错误的推测、判断和评价。社会知觉偏差包括以下几方面。

①首因效应（先入为主）：首因即最先的印象。在人对人的知觉过程中，给人留下的第一个印象是至关重要的因素。如果一个人在初次见面时给人留下了良好的印象，就会影响人

们对他以后一系列行为的解释；反之亦然，尽管这些印象有时是不全面、不真实的。

心理学家曾经做过一个实验，给两组大学生看一个人的照片，在看这张照片之前，对一组大学生说，照片上的人是一个屡教不改的罪犯；对另一组大学生说，照片上的人是一位著名的学者。然后让这两组大学生分别从这个人的外貌来说明他的性格特征，结果两组大学生对同一张照片做出了截然不同的解释。第一组大学生说，深陷的目光里隐藏着险恶，高耸的额头表明死不改悔的决心；第二组大学生说，深沉的目光表明他思想的深刻性，高耸的额头表明了在科学道路的探索上无坚不摧的坚强意志。这一实验充分说明了第一个印象对于社会知觉的重要影响。

②晕轮效应：晕轮效应是指当对一个人某些特性形成好或坏的印象之后，人们就倾向于据此推论其他方面的特性，就像明亮的月光使周围的星星黯然失色一样，突出的特征掩盖了其他特征，所谓"一好百好""一坏百坏"。晕轮效应往往在判断一个人的道德品质或性格特征时表现得最明显。

美国社会心理学家阿希用实验证明了晕轮效应，他给被试者看一张列有五种品质的表格（聪明、灵巧、勤奋、坚定、热情），要求被试者想象一个具有这五种品质的人，被试者普遍把具有这五种品质的人想象为一个理想的友善的人。然后，他把这张表格中的热情换为冷酷，再要求被试者根据这五种品质（聪明、勤奋、坚定、冷酷、灵巧），想象出一个适合的人。结果发现，被试者普遍推翻了原形象，而想象出了一个完全不同的形象。这表明，热情-冷酷的品质产生晕轮效应，影响了对一个人的总体印象。

③刻板印象：刻板印象是指对某个群体形成一种概括而固定的看法后，会据此去推断这个群体每个成员的特征。生活在同一地域或同一文化背景的人们，常常表现出许多相似性，如同一民族、同一职业、同一年龄段的人，在思想行为上也比较接近。比如人们认为医生是人道的；会计总是精打细算、斤斤计较的，工人总是身强力壮、性情豪爽的，这些特点被概括化、固定化以后，人们便据此去推断每一位医生、会计、工人，或者山东人、上海人，于是产生了刻板印象和偏见。

④近因效应。近因效应是指最后给人留下的印象会产生强烈的影响。为了说明近因效应，心理学家曾进行了一项实验，向两组大学生介绍一个陌生人，对第一组先讲述这个人的外倾特征，中间插入一段其他的作业，例如，让学生做一些不太复杂的数学习题，再讲述他的内倾特征；对第二组，先讲述他的内倾特征，中间插入一段其他的作业，再讲述他的内倾特征。然后，让这两学生分别说出对这个陌生人的印象。在这种情况下，后半部描述的特征会给学生留下深刻的印象，这就是近因效应在起作用。

心理学的研究证明，近因效应在人的社会知觉中起着重要作用，特别是在感知熟悉的人时，如果熟悉的人的行为上出现某种新异的表现，近因效应会产生更大的作用。

3. 错觉

错觉是在客观事物刺激作用下产生的对刺激的主观歪曲的知觉。错觉的产生一般被认为有主客观两方面的原因。客观上是由于客观环境的变化，主观上往往与过去经验、习惯、定势、情绪等心理或生理因素有关。错觉现象是普遍存在的，在各种知觉中都可能发生。

（1）视错觉：在某些视觉因素干扰下而产生的错觉，在视错觉中又以几何图形的错觉最为突出，包括关于线条的长度和方向的错觉，图形的大小和形状的错觉等。图3-1列举了视错觉的几个典型例子，（a）图中等长的两横线看起来上长下短；（b）图中两横线本来是平行的,但看起来却不是平行的;(c)图中两个中心等圆看起来右面的显得大点。

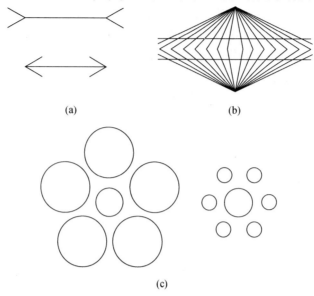

图 3-1 视错觉

(2) 形重错觉:因视觉而对重量感发生错觉。如用手比较一千克铁和一千克棉花,总会觉得一千克铁更重,这是受经验定势的影响,由视觉而影响到肌肉的错觉。

(3) 时间错觉:在某种情况下,同样长短的时间会产生不同的估计错觉,觉得有快有慢。时间错觉受态度情绪影响很大,如欢乐嫌夜短,寂寞恨更长。

(4) 方位错觉:在一个会场里听报告,我们所听到的声音分明是从旁边的扩音器里传来的,但我们总觉得它是从讲话者那里传来的。飞行员在海面飞行时,由于海天一色,很可能产生倒飞错觉,如果此时没有仪表的帮助,是很危险的。

错觉是人们知觉事物的特殊情况,我们不能因错觉而认为人们不能正确认识客观事物,事实上我们可以通过实践检验来纠正错觉,从而正确地知觉客观事物。研究错觉产生的规律性,不仅对帮助人们正确认识事物具有重要意义,而且对军事活动、艺术活动也有重要作用。古代军事上的"声东击西""草船借箭",都是为了给对方造成错觉,迷惑对方。在日常生活中利用错觉的例子也很多,例如,体型粗胖的人,穿上黑色或直条图案的衣服,可以在视觉上起到收缩粗胖体型的作用;体型瘦高的人,穿上横条图案或浅色衣服,会使身段显得丰满些。造型艺术和电影特技也都注意运用错觉的规律。

大家知道,法国的国旗是由蓝、白、红三条色带组成的。这三条色带看上去显得非常自然匀称。人们一般以为这三色带是宽窄一致的,其实,它们的宽度并不相等,蓝、白、红之比为 30∶33∶37。据说,最初的法国国旗是按蓝、白、红三色同样宽窄的尺寸做成,可是旗做好后,看上去总觉得红色条带没有蓝色条带宽,这完全是一种错觉,为了克服这种错觉,才把蓝色条带缩窄,把红色条带加宽。

三、感觉的基本规律

(一) 感受性和感觉阈限

感知是客观事物作用于分析器的结果。但也并不是客观现实中的任何事物都能引起我们的感知觉，太强太弱的刺激量或刺激量的变化，并不能被人觉察。例如人们觉察不到皮肤上尘埃的重量，听不到喧闹的织布车间里工人的议论声。可见，要产生感觉，就要求直接作用的刺激是适宜的且达到一定的强度，这就是心理量（感觉）与物理量（刺激强度）的关系问题。在心理学中，具体体现在感受性和感觉阈限的关系上。

有机体对刺激物的感受能力，叫感受性。感受性的大小是用感觉阈限的大小来度量的，所谓感觉阈限是指能引起感觉持续一定时间的刺激量。每一种感觉都是有两种类型的感受性和感觉阈限，即绝对感受性和绝对感觉阈限，差别感受性和差别感觉阈限。

绝对感受性就是指感觉出来最小刺激量的能力。绝对感觉阈限是指最小可觉察的刺激量，如光、声、压力或其他物理量为了引起刚能觉察的感觉所需要的最小数量（见表3-1）。感觉阈限越低，感受性越高。当一个人在森林中迷路时，他是否感觉灵敏，能否看得出四周远处有微弱亮光借以辨别方向，或能否听到搜寻人员的呼唤，这对于他的安全有重要影响。然而不同的人在这方面的感觉能力，即感受性有很大差异，并且它是能够通过训练而改变的。

表3-1　人类各种感觉的绝对感觉阈限

视觉	在晴朗的黑夜里，一个烛光的可见距离为48千米
听觉	在安静的条件下，手表滴嗒声可听到的距离为6.1米
味觉	7.6升水中的一匙糖
嗅觉	一滴香水扩散到有6个房间的公寓空间中
触觉	从1厘米距离落到你脸上的一个苍蝇翅膀

人类各种感觉的绝对阈限都很低，这对于保障生命安全有积极作用。

绝对感受性和绝对感觉阈限在数量上成反比关系，绝对感觉阈限越小，则绝对感受性越大，反之越小。

差别感受性是指刚刚能够感觉出两个同类刺激物间的最小差异量的能力。人们生活中需要确定一个刺激的情况并不多，更常遇到的情况是要去确定两个刺激相同还是不同。例如，音乐家需要确定发自两个声源的声音高度是否相同，喷漆工在粉刷墙壁时需要仔细观察两次调出的颜色是否有差异，调味师要能够分辨出多种不同菜肴味道的细微差别；医生从X光照片上看得出微弱的阴影更会有助于肿瘤疾患的早期诊断与治疗，这种觉察刺激之间微弱差别的能力称为差别感受性，它在生活实践中有重要意义，可以通过实践锻炼而提高。差别感受性越高的人，引起差别感觉所需要的刺激差别越小，即差别感觉阈限越低．刚能引起差别感觉的两个刺激之间的最小差异量称为差别感觉阈限。

差别感觉阈限与差别感受性之间也成反比关系：即人的差别感觉阈限越大，差别感受性越低；差别感觉阈限越小，则差别感受性越高。

研究发现，刺激量的变化（增或减）要达到一定的量，个体才能觉察出来。例如，在500克重量的物品上增加50克，你会感觉到差异，但在5 000克的重量上增加50克，甚至60克，你也觉察不到。描述觉察刺激的微弱变化所需变化量与原刺激之间的关系的规律，由19世纪德国生理学家韦伯发现，称韦伯定律。韦伯定律指出，差别感觉阈限（ΔI）与原刺激量，即最初的标准刺激强度（I）的比值是一个常数K，即$\Delta I/I=K$。这个K值，因刺激和感觉性质的不同而存在着差异，如感觉重量的变化与感觉光的强度的变化不同。

表3-2显示不同感觉的韦伯常数，K值越小表示该种感觉对差别越敏感。人类视觉和听觉的韦伯比率远小于味觉和肤觉，这是种族进化过程中根据生存需要适应自然的结果。我们了解了不同刺激的差别阈限，也可以在实际生活中处理一些实际问题。例如，舞台灯光暗，需增加亮度，那么，根据光的差别感觉阈限，就知道应该至少增加原亮度的多少比值，如果达不到这一比值，人们在视觉上就不会感到亮度的增加。但韦伯定律只适用于中等强度的刺激，刺激过强或过弱，韦伯常数都会发生一定的改变。

表3-2 不同感觉的差别感觉阈限

感觉	A：（韦伯比率）
音高	0.003
亮度	0.017
重量	0.020
响度	0.100
皮肤压觉	0.140
咸味	0.200

在一个信封里放进一枚一元的硬币，另一个信封里放两枚，你可以觉察到两个信封的重量差别；然后把两个信封分别放进两只同样的皮鞋，再拿起鞋，你现在能判断哪只鞋里有两枚硬币吗？韦伯定律又在起作用了。

（二）感觉的适应

人的感受性会由于刺激的持续作用而发生变化，这种现象叫适应，它是感觉受刺激时间影响的结果，是感觉中的普遍现象。例如，有人到处找架在前额上的眼镜，是因为额部皮肤很快适应了眼镜的压力而感觉不到眼镜在前额上；刚刚穿上棉衣时会感到有几斤重的压力，经过一段时间就觉察不出来了，这都是触觉的适应。当你在秋季进入河里的时候，最初一瞬会觉得水很冷，经达2—3分钟后，就觉得不那么冷了，这是一种温度适应现象。古人说："入芝兰之室，久而不闻其香；入鲍鱼之肆，久而不闻其臭。"这是一种嗅觉适应现象。而听觉的适应却不十分明显，痛觉的适应则很难发生，如果一个人的手指被刺伤，就立即感觉疼痛，但无论持续多久，这种疼痛也不会自行减弱，这样，痛觉就成为人体有伤害性刺激的信号，它警告人们注意自己的身体，采取保护措施去制止疼痛，痛觉具有一定的生物学意义。

适应可以引起感受性的提高或降低。我们白天从亮处走进正在演电影的大厅时，最初感到一片漆黑，除了银幕上的形象之外，几乎什么也看不见，过一会儿才能看见周围事物的轮廓，进而顺利找到自己的座位。在这个过程中，人的视觉感受性提高了大约20万倍，这一过程叫作暗适应。如果从黑暗的电影院走向强光照射的地方，最初感到一片耀眼，看不清外界的东西，只要稍过几秒就能逐渐看清，这叫明适应，这时人的视觉感受性降低了。

适应能力是有机体在长期进化过程中形成的，对于我们感知外界事物，与环境保持必要的平衡，调节自己的行为，具有积极的意义。南方人到北方工作，北方人到南方工作，人从地球飞向太空，登上月球，环境发生了很大变化。如果不能适应这个变化的环境就无法生活、无法工作。人们了解适应现象的规律性，就可以采取必要的措施主动去适应环境，体育训练和比赛之前都要做好各种准备活动，就是为了适应下一步的剧烈运动。

(三) 感觉的相互作用

1. 不同分析器之间的相互作用

在同一时间内，一个人可以产生许多种感觉。这些感觉之间往往互相作用、互相影响，使感受性发生变化（提高或降低）。一般地说，对一种分析器的微弱刺激，能提高其他分析器的感受性；对一种分析器的强烈刺激，能降低其他分析器的感受性。例如，微弱的声音刺激，可提高对颜色的视觉感受性；微弱的光刺激，可以提高听觉的感受性。再如，强烈的噪声刺激可以降低视觉感受性，强烈的光刺激可以降低听觉感受性。把音乐与噪声以特定方式结合起来作用于牙科病人，会使许多病人减除痛觉。

不同感觉相互作用的另一种形式是感觉补偿，它指某种感觉缺失后，其他感觉的感受性增强而起到部分弥补作用的现象。例如，盲人丧失视觉后，可以通过听觉和触摸觉的高度发展来加以补偿，可通过自己的咳嗽声来判断室内是否有人，通过听脚步声来辨别来的是生人或熟人。盲人可以通过触摸觉阅读盲文。聋哑人丧失听觉后，可通过视觉的高度发展来加以补偿。他们能"以目代耳"学会"看话"甚至学会"讲话"。不同感觉之间之所以有补偿作用，是因为在一定条件下，各种感觉到的不同形式的能量可以互相转换。根据这一原理，人们制造了"声呐眼镜""电子助听器"等产品，开辟了人工感觉补偿的领域。

联觉也是一种不同感觉间相互作用的现象，它是指一种感觉兼有另一种感觉的现象。生活中联觉的现象相当普遍。例如，听到美妙的音乐会使人觉得看到了绚丽多彩的景色，闻到花的芳香。颜色感觉最容易引起联觉，可以引起冷暖觉、远近觉、轻重觉等，红色、橙色使人产生类似火焰、热血和太阳的温暖感觉，是暖色。蓝色、青色，使人产生类似江湖河海冷水的感觉，是冷色。绘画或布景上的深色，使人感觉近些；淡色使人感觉远些。机器上的深色使人感觉更重，浅色使人感觉更轻。

2. 同一分析器中感觉的相互作用——感觉对比

同一分析器在不同刺激作用下使感受性发生变化的现象叫感觉的对比。感觉的对比可分为两种：同时对比和继时对比。

同时对比是刺激物同时作用产生的对比现象，例如，同一灰色长方形放在白色背景上显得暗，放在黑色背景上显得亮。

继时对比是刺激物先后作用时产生的对比现象，例如，吃过糖再吃苹果便觉得苹果不甜，如果先吃黄瓜再吃苹果就感到苹果很甜。

(四) 人的感受性在实践中不断发展

人的感受性不仅能在一定条件下起伏变化，而且能在长期实践中逐步提高，不断发展，特别是通过职业活动和某些特殊训练，能提高到常人不能达到的水平。例如，炼钢工人通过蓝色眼镜能精确辨别炼钢炉中浅蓝色火焰的微小差别，以判断炉内的温度；包装香烟的工人有高度发达的肌肉感觉能力，可以根据触摸觉从一堆纸烟中一次抓到 20 支香烟；有经验的酒商能够尝出酒精含量，误差在 1% 以下；面包工人只用触觉就可以觉察出面团的湿度，误差不超过 2%；调味师有高度发达的嗅觉与味觉，运动员有高度发达的运动觉与平衡觉……，这些都说明感受性在实践要求下可以得到高度发展。

四、知觉的基本特征

(一) 知觉的选择性

知觉的选择性指的是人们能迅速地从背景中选择出知觉对象。客观事物每时每刻都在影响我们的感觉器官，但并不是所有的对象都能同样被知觉，人们总是选择少数对自己有重要意义的刺激物作为知觉的对象，知觉的对象能够得到清晰的反映，而背景只能得到比较模糊的反映。例如，在街上同一个友人谈话，我们所听见的不只是对方的话语，还可以听到汽车发动机的噪声，行人的说话声等，在这种情况下，友人的说话声是我们知觉的对象，他的讲话你听得很清楚，而其他声音则是这种谈话声的背景。再如，课堂上，老师在黑板上写字，黑板上的字是学生的知觉对象，而附近的墙壁等则是背景；当老师讲解挂图时，挂图便成了知觉对象，而黑板上的字则变成了背景。知觉中的对象和背景是相对的，可以变换的，双关图形很好地说明了这一点（见图3-2）。

(a)老妇少女双关图　　　　　　　(b)人头花瓶双关图

图3-2　双关图

影响知觉选择性的因素主要有：

第一，对象和背景的差别越大，对象就越容易从背景中区分出来。如教科书中最重要的地方总要打上重点或用特殊字体排出；教师之所以用红笔批改作业，正是为了突出评语和分数。相反，军事上的伪装，昆虫的保护色，由于对象和背景的差别小则不易被发现。

第二，在固定不变的背景上，运动的物体容易被作为知觉对象。例如，各种仪表上的指针，街上行驶的车辆，夜空中的流星等，都易被人们知觉。

第三，知觉的选择性也明显受到知觉者的需要、兴趣、爱好、知识经验的影响，例如沙漠中长途跋涉的人，对绿洲、甘泉的知觉甚为敏感；待业者对招工信息尤为关心；"樵夫进山只见柴草，猎人进山只见禽兽"，都说明了主体的需求状态对知觉选择性的影响。

(二) 知觉的整体性

当客观事物的个别属性作用于人的感官时，人能够根据知识经验把它知觉为一个整体，这就是知觉的整体性。如当我们听到某些熟人的声音时，立刻能知觉到这位熟人的整体形象。学生听老师讲课，并不能把老师说的每一个字音都毫无遗漏地知觉出来，而是听取老师讲的完整句子和完整的意思。

知觉之所以具有整体性，是因为客观事物对人而言是一个复合的刺激物。由于人在知觉时有过去经验的参与，大脑在对来自各感官的信息进行加工时，就会利用已有经验对缺失部分加以整合补充，将事物知觉为一个整体。复合刺激物的不同要素可按不同关系结成不同整体结构。如果这个结构关系变了,知觉对象就不同了,若干乐音(1、2、3、4、5、6、7)按不同顺序和节奏就可以组成许多不同乐曲,如《春天的故事》《咱们工人有力量》等;汉字的不同笔画按不同结构关系组成成千上万的字。

影响知觉的整体性的因素很多,主要包括以下几个特征。

(1)接近性:凡距离相近的物体容易被知觉组织在一起,如图3-3(a)。

(2)相似性:凡形状或颜色相近的物体容易被组织在一起。如图3-3(b)。

(3)连续性:凡能够组成一个连续体的刺激容易被看成一个整体,如图3-3(c)中,人们看到的总是直线加曲线而不是两条曲线。

(4)封闭性:人们倾向于将缺损的轮廓加以补充,使知觉对象成为一个完整的封闭图形,如图3-3(d)中的三角形和圆。

(5)良好图形:如图3-3(e)被看成方和圆的组合而不是两个不规则图形的结合。

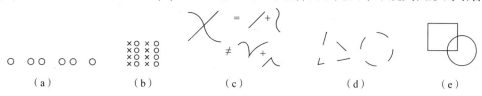

图3-3 知觉的整体性

(a)接近性;(b)相似性;(c)连续性;(d)封闭性;(e)良好图形性

(三)知觉的理解性

知觉的理解性指的是人在知觉某一客观对象时,总是利用已有的知识经验(包括语言)去认识它。人在知觉过程中并不单单是分析器对新事物照相式的反映,还有过去经验参与对新事物的理解。对事物的理解是产生正确知觉的必要条件,知觉的理解性,表现在运用已有经验把当前的知觉对象纳入已知相应事物的系统之中,知道它是什么,例如这是书,那是桌子。语言的指导可以帮助学生理解知觉对象,在对象外部特征不够明显时,语言可以唤起有关的过去经验,促进对知觉对象的理解,使人们的知觉更加准确迅速。如图3-4,我们一时很难理解这个图形的内容,如果我们得知这是英文 FLY 的图像时,我们知觉它的内容就容易了。

图3-4 这是什么图形

(四)知觉的恒常性

当知觉的条件在一定范围内变化时,知觉的映象仍然保持相对不变(无论是形状、大小、颜色还是亮度等),这就是知觉的恒常性。

在视知觉中,知觉的恒常性表现得特别明显,例如,某个人离自己10米远,在视网膜上形成的像,要比这个人离自己3米远形成的像小得多。尽管如此,我们并不会认为某个人由10米处向我们走来时，他会变得越来越高大，这是大小恒常性现象。一扇门从不同的角度看，形状应该有所不同（见图3-5），但我们主观上总认为它是矩形的，这是形状恒常性现象。在颜色知觉中，在中午和黄昏的不同强度光线下，黑板总是知觉成黑色的，粉笔总是知觉成白色的，国旗总是知觉成红色的，这是颜色恒常性现象。可见对物体大小、形状和颜色的知觉中，并不完全服从光学规律，这样就可以使我们在不断变化的环境条件下，仍然保持对物体的稳定不变的知觉，保持对事物本来面貌的认识。

图3-5 知觉的恒常性

知觉的恒常性在我们日常生活、工作和学习中有很重要的意义。它有利于人们正确地认识和适应环境；如果恒常性消失，人对事物的认识就会失真，工作与学习就会碰到严重困难。

第二节 感知觉规律在教学中的运用

一、中小学生感知觉的特点

小学低年级学生感知事物比较笼统，不精确，往往只会注意到一些孤立的现象，而看不出事物之间的联系和特点，对时间和空间的概念也比较模糊，如做作业时，由于感知觉发展不够充分，经常会看错题、计算出错或是把方向搞错。

在小学高年级阶段，学生的感知能力已有了较大的发展。小学高年级的学生一般能分辨出12种红色、10种黄色、6种绿色和4种蓝色，与小学低年级学生相比，他们区别颜色的精确度提升了50%以上。初中生区分各种颜色的精确度又有明显提高。对于听觉的发展，音乐和语音课起着重要的作用，初中生对各种音调的区分能力比小学低年级学生高3倍以上，初中生听觉的灵敏度甚至超过成年人。随着骨骼和小肌肉群的发展与逐渐成熟，初中生的运动觉也有明显发展。据研究，初中生的运动精巧性要比小学生高50%以上，这对他们学习书法、绘画、制图等非常有利。

初中生知觉的发展在目的性、有意性和精确性方面相比小学生有很大提高。如时空关系的区分、时空概念的准确把握都在9岁前后，这种情况还集中体现在青少年知觉的整体性、理解性、选择性和恒常性的发展上。初中生已经具备了知觉整体性的特点。在教学活动或日常生活中他们能对存在一定缺欠的事物进行修补，但是由于知识和生活经验所限，初中生常忽视弱刺激部分而过分注重强刺激,从而常作出不完全甚至是错误的反应。初中生已经能够根据经验,对事物加以组合、补充、删减或替代,从而形成比较完整的理解。但初中生运用这几种加工方式的时候还很幼稚,很大程度上还依靠自己的主观想象,表现出更多的随意性,这样有时对知识的理解就显得牵强附会,如果没有正确的指导和更合理的解释,他们还会把这种理解顽固地坚持下去。一切影响青少年注意发展的因素都影响着他们知觉对象的选择,比如知觉事物的直观性、新异性,学生自身的兴趣、需要、动机等。在知觉恒常性方面,由于受逻辑思维发展水平的限制,初中生相比起高中生有所差距,初中生很容易受到局部、片面刺激的困扰,不能稳定不变地反映客观事物;而高中生更能抓住事物的本质特征,能够更从容、灵活地使用各种概念、定理或规律,更能做到触类旁通、举一反三。

二、感知觉规律在教学中的运用

人类认识发展的基本规律是从生动的形象到抽象的思维。在教学中,学生的认识活动也遵循这一规律,教师运用各种直观手段(实物、标本、模型、挂图、电视、电影等)使学生充分感知所学的对象,把感性知识和理论知识结合起来,具体感知和抽象思维结合起来,这既有助于调动学生学习的积极性,又有助于学生领会和掌握所学习的各种理论知识。要使直观教具和直观方法起到提高教学质量的作用,必须自觉利用感知觉规律。

(一)感觉强度规律的运用

无论是绝对感受性还是差别感受性,都由一定的感觉阈限引起,达不到一定的强度,感受性就很低。因此,教师讲课的声音要响亮、清晰,使全班学生都能听清楚;教师的板书大小要适度,使全班学生都能看清楚;实验、演示应该明显,让所有学生都能看到。

(二)知觉选择性规律的运用

根据知觉选择性的规律,在教学中要注意突出感知对象。例如,按照教学要求,增加感知对象和教学情境间的差异;讲课重点突出;板书可用大小不同的字体或用彩色粉笔及其他符号显示重点内容。

对象的活动性是知觉选择性的重要条件。因此,教师讲课时抑扬顿挫的语调和适当的手势动作都可以使对象被优先感知;演示直观教具和做实验如果注意增加活动的特点,效果会更好。

知觉对象的新颖性具有吸引力,容易被优先感知。因此,教师要使教学内容和教学方法有一定新意。

(三)知觉理解性规律的运用

根据知觉的理解性是知识经验与语言密切相关的规律,应该尽量丰富感性知识,并使感性认识与语言相结合,提升感知效果。语言和直观相结合可以有三种形式:第一,语言在前的形式;第二,语言和直观同时或交错进行的形式;第三,语言在后的形式。教师应根据教学的实际需要,有针对性地加以运用。

(四)不同感觉间相互作用规律的运用

运用不同感觉间相互作用的规律,使多种分析器协同活动,从而提高感知效果。比如,在课堂上教师要尽可能让学生多动手、动口、动脑,充分发挥主体作用,对提高他们的学习效率有重要作用。

（五）克服社会知觉错觉，提升教育教学效果

克服社会知觉的错觉在教育和教学工作中有重要的实践意义。在教育和教学工作中，既不能凭第一印象、个别品质或某种新异性去看待学生，更不能用固定不变的眼光去评价学生。教师要善于从全面、深入、客观的角度去分析学生，更要善于用辩证的、发展的眼光去评价学生，充分调动每一个学生的学习主动性、积极性、创造性，不断提升教育教学效果。

三、观察与观察力

观察是有目的、有计划、有组织的特殊的知觉过程，观察过程总是与积极的思维联系，所以观察也被称作思维的知觉。

观察是人们从事生产劳动，尤其是创造发明与科学研究的必要因素，在人类认识和改造世界的一切领域都起着重要的作用。大量资料说明，一切科学实验，一切科学的新发现，都是建立在周密、精确、系统的观察基础之上的。伽利略认真观察教堂里随风摆动的大吊灯，才发现了钟摆定律；被达尔文誉为"举世无双的观察家"法国昆虫学家法布尔（Jean Henri Casmir Fabre）撰写的10卷巨著《昆虫记》，就是他几十年艰苦顽强观察的结晶；细菌学家弗莱明（Alexander Fleming）细心观察盖子已破裂的细菌培养皿，发现通过裂缝侵入培养皿的绿霉附近没有葡萄球菌这一现象，进而发现了青霉素的杀菌能力，拯救了千万人的生命。

观察力是有目的、有计划主动知觉事物的能力，这是一种善于发现事物典型特征的能力，具有较高观察力的人能更全面、更透彻、更迅速地发现事物本身的重要特征和从貌似无关的东西中发现相似点或因果点，从貌似相同的事物中发现不同点。

观察力对人的工作和学习具有重要意义。在事业上卓有成就的人物都重视观察力的培养。例如巴甫洛夫一直把"观察、观察、再观察"作为座右铭。英国著名的细菌学者弗莱明也说过："我唯一的功劳是没有忽视观察。"观察力也是智力活动的源泉，人的认知加工过程是从对外界信息的获得开始的，而要获得完整、准确的信息，必须具备良好的观察品质。观察力对学生学习很重要，它不仅使学生获得大量的感性知识，而且有助于提高学生的学习兴趣，激发学生的求知欲；同时，运用观察也是搞好学习的重要方法。从某种意义上说，养成良好的观察习惯，比拥有大量的学术知识更为重要。

学生观察的目的性、主动性、持久性、精确性和概括性的水平都还不高，他们的观察力不是天生的，而是需要通过培养，在实践活动中逐步形成和发展。培养学生良好的观察力，必须注意以下几点。

（一）明确观察目的

具有明确的观察目的是良好观察的首要条件。观察的目的愈明确，观察者对知觉对象的反映就愈完整、愈清晰；否则，盲目的知觉就会走马看花，甚至无所收获。

在向学生说明观察目的时，也要培养学生的观察兴趣，可以通过参观、访问等多种途径来进行培养。教师讲解观察事物的道理，可使学生懂得其中的奥秘，这就会激起学生的求知欲，使学生对大自然和社会现象产生观察兴趣。

（二）做有关的知识准备

观察的成功主要依赖于一定的知识、经验和技能。一个知识贫乏的人，对相应事物不可能做精细的观察。俗话说："谁知道的最多，谁看到的就最多。"知识经验不仅能使人的知

觉具有可理解性，而且能使人更精细地去感知事物。一位富有学问的考古学家，能够在一片残缺不全的甲骨文上，发现不少重要而有价值的东西；而一个无知的孩童或门外汉，可能只把它当成一块好玩的东西。因此，要使学生从良好的观察中培养观察力，就要帮助学生增长知识，为观察做好知识准备。

（三）对学生进行观察方法训练

光有知识准备，没有观察方法，也会影响观察效率。在观察过程中，不能东看一点，西看一点，这样就会遗漏甚至忽视关键之处，或为意外事物干扰离开观察目的。观察应该有程序和有方法地进行，合理的程序一般是从整体到部分，再由部分到整体，即先对整体有一个初步的、一般的、粗略的认识，再分出对象的各个部分，观察了解对象各部分之间的联系，从而对整体获得全面、深入、正确的认识。

（四）指导学生做好观察记录

要取得良好的观察效果，就要及时把所见、所闻、所得详细记录下来，并且对这些片断的、日积月累的材料进行分析综合，摸到由始而终的脉络，了解到事物之间的关系，找出前因后果，写出总结或报告，这样有助于培养学生科学观察的习惯和科学研究的能力。忽视指导学生整理和总结观察结果这一环节，就相当于放弃观察的结果。

（五）要启发学生在观察中积极思考

要引导学生带着问题去观察，使学生的观察有明确的方向性。在观察的过程中让学生分析事物的特点，善于运用比较的方法，比较就是在观察中区分事物，找出异同，看出异中之同或同中之异，才能更好地鉴别事物。要引导学生抓住事物的重要特征，防止错觉，纠正错觉，指导学生透过现象了解事物的本质和规律，启发学生在观察中提出问题、发现问题，培养学生的创造能力。

思考练习

一、单项选择题

1. "情人眼里出西施"所指的是社会知觉中的（　　）。
   A. 晕轮效应　　　B. 首因效应　　　C. 近因效应　　　D. 社会效应
2. "以小人之心，度君子之腹"所指的是社会知觉中（　　）。
   A. 社会刻板印象　B. 首因效应　　　C. 投射效应　　　D. 晕轮效应
3. 人脑对直接作用于感觉器官的客观事物的整体反映是（　　）。
   A. 感觉　　　　　B. 知觉　　　　　C. 表象　　　　　D. 错觉
4. 人们从电影院走出时，一开始会感到头晕目眩，过一会儿就适应了，这种现象视觉感受性的变化情况是（　　）。
   A. 降低　　　　　B. 提高　　　　　C. 不变　　　　　D. 时高时低
5. 当人看见"红、橙、黄"会产生温暖的感觉，而看见"青、蓝、紫"时会产生寒冷的感觉，这种现象属于（　　）。
   A. 感觉对比　　　B. 联觉　　　　　C. 适应　　　　　D. 感觉的相互代偿
6. "戴着眼镜找眼镜"指的是（　　）。
   A. 感觉对比　　　B. 联觉　　　　　C. 适应　　　　　D. 感觉的相互代偿

7. 教师判作业时常用红笔,其所依据的心理学原理是(　　)。
   A. 知觉的选择性　　　　　　　　B. 知觉的恒常性
   C. 知觉的整体性　　　　　　　　D. 知觉的理解性
8. "画家选择弯曲的树木,而木匠选择笔直的树木",其所符合的心理学原理是(　　)。
   A. 知觉的选择性　　　　　　　　B. 知觉的恒常性
   C. 知觉的整体性　　　　　　　　D. 知觉的理解性
9. "外行看热闹,内行看门道"其所符合的心理学原理是(　　)。
   A. 知觉的选择性　　　　　　　　B. 知觉的恒常性
   C. 知觉的整体性　　　　　　　　D. 知觉的理解性
10. 教师板书模块化,其所符合的心理学原理是(　　)。
    A. 知觉的选择性　　　　　　　　B. 知觉的恒常性
    C. 知觉的整体性　　　　　　　　D. 知觉的理解性

二、简答题

1. 简述知觉的特征。
2. 如何培养学生的观察力?

第四章 记忆

学习目标
1. 了解记忆、表象、遗忘、过度学习的概念。
2. 了解记忆的种类、记忆品质、识记种类、基本表象理论。
3. 理解和分析记忆的基本过程、识记影响因素、保持与遗忘的理论与影响因素、中小学生记忆发展特点。
4. 能够运用所学知识培养良好的记忆品质，能把记忆规律运用于教学中。

第一节 记忆概述

一、记忆的概念

记忆是人脑对过去经验的识记、保持和再现（再认和回忆）的心理过程。从信息加工理论的角度看，记忆就是对外界信息的输入、编码、存储和提取的过程。

记忆是由识记、保持、再认或回忆组成的彼此紧密相连而又协调统一的心理过程。识记是记忆过程的第一步，保持是指知识、经验在大脑中存储和巩固的过程，再认或回忆是恢复过去经验的过程。其中，识记和保持是人脑对外界输入的信息进行编码与储存的阶段，即记的阶段，其目的是使外界信息通过心理加工转换成大脑可接受的编码。再认和回忆是将信息从大脑中检索出来并经过译码加以运用的阶段，即忆的阶段。没有记就没有忆，记是忆的前提，忆是记的表现。此外，如果我们过去经历的事情不能再在头脑中提取或提取出错误，这就是记忆的丧失，即遗忘。

二、记忆的分类

（一）根据记忆的内容划分

根据记忆的内容，记忆可分为形象记忆、语义记忆、情境记忆、情绪记忆和动作记忆。

1. 形象记忆

形象记忆是指以感知过的事物的具体形象为内容的记忆。它以表象的形式储存，具有鲜明的直观性。

从各感觉器官输入的各种事物的信息都可以形成形象记忆。其中，人脑对视觉、听觉和运动觉形象的记忆发展得最好，值得关注的是，个体通过嗅觉、味觉、肤觉等通道形成的形象记忆与所从事的职业密切相关，如品酒师的嗅觉和味觉形象记忆就达到常人难及的高度。

2. 语义记忆

语义记忆又称为语义-逻辑记忆，是个体对主要以词语为表达方式的知识的记忆，即语义记忆是用词语概括的各种有组织的知识的记忆，如对概念、定理、公式等的记忆，这种记忆是学习过程中最常见的一种记忆。由于词语本身的抽象性、概括性，个体通过词语能够了解事物的意义。在获得知识的过程中，语义记忆显然起着主导作用，它不容易受到各种因素的干扰，比较稳定，提取也相对容易。它是我们获取系统科学知识体系，主动并有意识地解决现实问题的主要方式。

逻辑记忆可以归入语义记忆中，它是指以概念、公式、定理等为内容的记忆，它以词语为中介，为人类所特有。

3. 情境记忆

情境记忆是指对个人亲身经历过的、发生在一定时间和地点的事情（情境）的记忆。情境记忆与语义记忆有很大的区别，语义记忆涉及词和概念的含义；情境记忆涉及个人生活中的特定事件，它所接收和保持的信息总是与某个特定的时间和地点有关，并以个人的经历为参照。另外，情境记忆比语义记忆更易受时间和空间的干扰，而且抽取信息也较缓慢，记忆也不够稳定，往往需要努力搜索相关线索。

4. 情绪记忆

情绪记忆是个体以曾经体验过的情绪或情感为内容，并以亲身感受和深切体验为形式的记忆。个体在过去特定情境下体验过的情绪，在一定条件下又会重新体验到，说明了情绪记忆的存在。典型的情绪记忆甚至把引起情绪的事物全部忘却，而只把某一情境和某种情绪联系起来，当这一情境或类似情境出现时，就会引起不由自主的情绪体验，如怕黑的恐惧情绪体验。强烈的、对个体有重大意义的情绪体验保持的时间会很长，而且容易被再次体验。

5. 动作记忆

动作记忆又称为运动记忆，是以个体过去经历过的身体运动状态或动作形象为内容的记忆。与其他类型的记忆相比，动作记忆的保持和提取一般都比较容易，也不容易遗忘，例如，一个人儿时学会游泳，多年不游，长大后也能较快地恢复，这是过去习得的运动技能得以保持的结果。个体一旦掌握某个动作，并达到一定的熟练程度，会保持很长的时间，这是动作记忆最明显的特征。

在人的实践活动中，各种类型的记忆都是相互联系的，每个人都有自己主导的记忆类型。每个人所擅长的记忆类型不同，对其教育的方式和方法也应有所不同。

（二）根据信息加工处理与储存的方式划分

根据信息加工处理与储存的方式划分，记忆可分为陈述性记忆和程序性记忆。

1. 陈述性记忆

陈述性记忆是对陈述性知识的记忆，是对有关事实和事件的记忆。它可以通过语言的传授而一次性获得，它的提取往往需要意识的参与，对人名、地名、定理、定律的学习多属这类记忆。

2. 程序性记忆

程序性记忆是对具有先后顺序活动的记忆，是对如何做事情的记忆，主要包括认知技能、运动技能等。这种记忆往往需要通过多次尝试才能逐渐获得，而且在提取、使用时可以不需要意识的参与。例如，我们在学习游泳的过程中，可以通过翻看书籍、教练示范等掌握动作而获得陈述性记忆，而后经过不断练习，形成一定的运动技能，学会游泳，这种记忆就是程序性记忆。

（三）根据记忆时有无意识的参与划分

根据记忆时有无意识的参与，记忆可分外显记忆和内隐记忆。

1. 外显记忆

外显记忆是指个体有意识或主动地收集某些经验来完成当前作业的记忆。这种记忆是个体有意识回忆的，因此又称为意识控制的记忆，我们平时的学习，会有意识地收集有关知识、经验，所使用的记忆都是外显记忆。

2. 内隐记忆

内隐记忆是指在无意识的情况下，个体过去的经验自动对当前的作业产生影响的记忆，如人际交往中形成的印象。由于这种记忆对行为的影响是自动发生的，是个体无法意识到的，因此又称为自动的无意识记忆。

研究表明，外显记忆和内隐记忆在认知加工方面具有很大的差异，其主要体现在以下几个方面：

一是加工深度，内隐记忆受学习者认知加工深度的影响远小于外显记忆。

二是保持时间，内隐记忆和外显记忆的保持时间不同，内隐记忆的时间保持得更久。

三是记忆负荷量，对外显记忆而言，记忆的项目越多，记忆的效果越不好；对内隐记忆而言，记忆的效果并不受记忆项目数量的影响。

四是呈现方式，感觉通道的改变，如以听觉形式呈现，以视觉形式进行测验，对内隐记忆影响明显而对外显记忆的影响不大。

五是干扰因素，干扰因素更容易对外显记忆产生影响，但对内隐记忆的影响不大。

（四）根据记忆保持时间的长短划分

根据记忆保持时间的长短，记忆可分为感觉记忆、短时记忆和长时记忆。

1. 感觉记忆

感觉记忆是记忆系统的开始阶段，它是一种原始的感觉形式，是记忆系统在对外界信息进行进一步加工之前的暂时登记。图象记忆是感觉记忆的主要编码形式。斯伯林的局部报告法证明了感觉记忆的存在。

感觉记忆的特点是，保持时间极为短暂，若进行加工就会转入短时记忆；容量较大；形象鲜明；记忆痕迹易衰退。

2. 短时记忆

短时记忆又称为操作记忆或工作记忆，是指信息依次呈现后，保持时间在 1 分钟之内的记忆。它是感觉记忆和长时记忆的中间阶段，包括两个部分，一部分为直接记忆，输入的信息没有经过进一步加工，容量有限，大约为7±2个组块；另一部分为工作记忆，即输入信息经过再编码，使其容量扩大。短时记忆保持的时间为5秒—1分钟。

短时记忆的特点是，保持时间很短，一般不会超过1分钟；容量有限，约为7±2个组块；易受干扰。

3. 长时记忆

长时记忆是指信息经过充分且有一定深度的加工后，在头脑中长时间保存下来的记忆。长时记忆又称为永久性记忆，信息在记忆中可以保持很长时间，达到1分钟以上，甚至终生。长时记忆构成了个体关于外界和自身的全部知识和经验。

长时记忆的特点是，容量无限，保持时间长久。

三、表象

人们在记忆中常会伴有感性的直观形象——表象，这些直观形象成为人们在记忆过程中的感性支柱，帮助人们记忆，推动人们心理活动向高级形式发展。

表象在记忆中占有重要的地位，因为表象是记忆的主要内容。我们能够回忆过去的事物，并且能够记起很久以前看到的人、事，听到的声音，主要依靠表象来实现。

（一）表象定义

表象是事物不在主体面前呈现时，该事物在人们头脑中出现的形象。比如，你在动物园看到了大象，回到家后，家里没有大象了，可是，你还是记得大象的样子，这就叫表象。相关研究数据表明，在人的记忆中，语言信息量与形象信息量的比例是1∶1 000，可见，表象信息量在记忆信息量中占了极大的部分。

表象和知觉联系密切。表象是在知觉的基础上产生的，如果没有知觉经验，表象就不可能产生，知觉映象越丰富，表象越多样。但表象与知觉映象又有本质区别，知觉映象是由事物本身直接引起的，而表象是由其他事物引起的，如身在外地，读着家乡朋友的来信，头脑中浮现朋友的音容笑貌。

（二）表象的种类

1. 记忆表象和想象表象

根据创造性程度，表象可分为记忆表象和想象表象。

记忆表象基本是过去感知过的事物形象的简单重现；想象表象是旧表象经过加工改造、重新组合创造出来的新形象。这两种表象往往交织在一起，很难绝对地加以区分。亚里士多德说过："记忆和想象属于心灵的同一部分，一切可想象的东西在本质上就是记忆的东西。"只有从记忆表象中提取素材，想象才能进行，同时，记忆表象在某种程度上为想象表象作补充，与想象表象相结合。

2. 视觉、听觉、动觉、嗅觉、味觉、触觉等表象

根据表象来源的主要感知通道，可将其分为视觉表象、听觉表象、动觉表象、嗅觉表象、味觉表象、触觉表象等，视觉表象是比较鲜明、最常发生的表象形式。由于人们所从事的社会实践不同，各种表象形式所起的作用也有所侧重，一般而言，画家具有较发达的视觉表象，音乐家的听觉表象较发达，而体操运动员的动觉表象较为丰富，值得注意的是，各种

表象形式往往是综合起作用的，如钢琴演奏既需要听觉表象，又需要动觉表象；完成体操动作既需要动觉表象，又需要听觉表象。

3. 个别表象和一般表象

根据对象范围和概括程度，表象可分为个别表象和一般表象。对某一具体事物（如六和塔）的表象称为个别表象；对于某一类事物（如宝塔）的表象称为一般表象。个别表象和一般表象有着密切联系，个别表象是一般表象的基础和核心；而一般表象具有更高的概括性。

4. 遗觉象

在刺激停止作用后，脑中继续保持着异常清晰、鲜明的表象，称为遗觉象。遗觉象是记忆表象的一种特殊形式，它几乎与感知形象一样鲜明和生动，似乎是介于知觉和幻觉之间的状态。遗觉象是部分学龄儿童所特有的，随着年龄增长会逐渐消退，据研究，儿童中有40%—70%的人有遗觉象，在11—12岁时最明显，有些儿童的遗觉象能保持半分钟，他们背诵课文就像看着课文朗读一样，准确无误；在一幅画拿掉后，他们仍然能在原处看到那幅画的十分清晰的图像。通常，视觉表象是较为多见的遗觉象，但一些研究也发现了听觉遗觉象、嗅觉遗觉象和味觉遗觉象等。

（三）表象的主要特征

1. 直观性

表象与感知觉一样具有形象的特征。当我们唤起视觉表象时就好像在"内心视觉"上"看到"那个事物一样，唤起听觉表象时就好像在心灵中"听到"那声音一样，但表象的形象却没有感知到的形象那样鲜明、完整和稳定。例如，我们对某人的感知，其形象总是很清晰的、全面完整的、不会变化无常，但是当我们回忆这个人时，其形象在我们的头脑中就不那么鲜明生动和全面完整了，一般只反映这个人的大体轮廓和一些主要特征，不论我们在头脑中怎样努力保持这个形象，它最多保持几秒钟就会发生变动，不会持续很久。

2. 概括性

表象反映同一事物或同一类事物在不同条件下的一般特点，因而它比知觉形象有更大的概括性。例如，你在电视上看过亚洲象、非洲象，看过成年象、小象，看过公象、母象，它们虽然各不相同，但你通过所看到的各种各样的大象，可以概括出大象的基本特点：身体庞大，鼻子很长，这是你对大象形象的概括性认识。

根据表象对象的性质，有一般表象和特殊表象之分。一般表象如我们头脑中马的形象、田野的形象，显然具有概括性。因为出现在头脑中的这类形象是同一类事物的一般特点。你对自己经常使用的茶杯的表象（特殊表象），由于在知觉它的时候，往往因光线、距离、角度不同，在头脑中形成的形象也不同，因而在回忆时，在头脑中浮现出的就不是某一次感知到它的个别特点，而是浮现出多次感知的一般特点。但是，表象的概括性和思维的概括性是不同的，表象是形象的概括，而思维是抽象的概括。

3. 可操作性

由于表象是知觉的类似物，因此人们可以在头脑中对表象进行操作，这种操作就像人们通过外部动作控制和操作客观事物一样。表象的可操作性使得人们在完成作业时可以借助表象进行形象思维，形象思维的支柱就是人们已经形成的各种各样的表象，例如，在进行推理时，需要表象的作用。

(四) 两种信息加工理论

认知心理学将表象作为信息编码的一种主要形式，但是不是唯一的形式这一问题上存在争论，并由此引出两种信息加工理论。

1. 基本表象理论

美国心理学家巴格斯基认为，人对信息的贮存，是将视觉和言语材料转化为表象贮存在记忆中，表象是信息编码最基本的形式，人们可以对表象进行操作，而这种操作类似于对具体事物的操作。

基本表象理论得到了谢波德等人的心理旋转实验结果的支持。实验向被试者呈示一组立体图形，以 A 图形为标志，要求被试者辨别其他五个图形与第一个图形是否相同。这五个图形有的是第一个图形的镜像，有的与 A 图形相同，但加以旋转，旋转的范围从 0 度到 180 度不等，实验员记录被试者作出判断的正误及反应时间。结果表明，反应时间与旋转度呈正相关，随着旋转度的增加，反应时间随之延长。这说明表象是信息贮存的基本形式之一，视觉表象的旋转加工是物理旋转的类似物。

库珀和谢波德进一步对表象的旋转加工进行了实验研究。这个实验呈示给被试的是以不同倾斜度的正向和反向的 R 为刺激物，结果表明，字母从垂直方向旋转的度角越大，作出判断的时间也越长；被试者报告也表明，在作判断时确实在头脑里旋转表象。这说明，被试在判断时有目的地将字母表象旋转到垂直方向，以便作出正确判断。而用其他方式，如用命题的方式去解释这种心理旋转过程很难自圆其说。

心理表象旋转实验有力地证明了表象是信息贮存和加工的一种形式，说明表象这种作用的不可替代性，但这并不能证明它是信息贮存的唯一形式。另外，一些心理实验也证明，言语对表象的再现有启发作用，但表象并不能代替言语。因此，基本表象理论被认为是一种极端的信息加工理论。

2. 双重编码理论

针对基本表象理论的不足，佩维奥等人提出同时存在表象和言语符号两种信息编码和贮存系统的假设。他发现，表象码更适合加工具体信息，言语码更适合加工抽象信息；表象码加工信息似乎是空间加工；言语码加工信息是有序加工；表象系统用表象材料进行信息加工；言语符号系统用言语听觉、抽象概念或命题的形式进行信息加工；在信息加工过程中，两种系统可能是重叠的，也可能其中一种占优势。在一定条件下，表象编码和言语编码可以互译，言语编码可以通过译码以感性形象再现，表象编码也可以用言语形式贮存起来。

佩维奥以大量的实验来证明双重编码理论，得出图片和具体单词比抽象单词容易学习；同时采用两种编码形式时，记忆效果比单用其中一种好；如果长时记忆存在视觉编码，则比例不和谐的图像配对将形成冲突，而比例不和谐的文字配对却不会造成这种冲突。比如其中一个实验表明，对图形的回忆比对抽象的词进行回忆要好得多，图形在一周后的偶然回忆成绩比抽象词在五分钟后的有意回忆还要好。有趣的是，对具体词的回忆成绩比对抽象词的回忆成绩高75%，原因可能是具体词可以诱发它所代表的事物的心理表象。这些实验充分证明了两种编码系统的存在，目前这一理论已为大家接受。

（五）表象的作用

记忆表象的积累和丰富，对个体的认知发展和个性发展都有重要的作用。

1. 表象是感性认识过渡到理性认识的桥梁

记忆表象是认识过程的一个重要环节。由于记忆表象的存在，人的认识才有可能摆脱当前事物直接影响的限制，为思维、想象等心理过程提供感性基础。也可以说，记忆表象是从知觉过渡到思维，从感性认识过渡到理性认识的桥梁或中间环节。

2. 表象是正确识别外界事物的参照

在大千世界中，人是怎样从众多的事物中把自己已经认识过的事物识别出来的呢？就靠表象。人们总是将现实中呈现的物体与头脑中所贮存的该类物体的表象进行对照比较，如果二者一致，就能迅速识别它。

3. 表象能调节和支配身体的运动

从简单的动作学习到某些职业的专门操作活动，表象都具有重大的作用，例如，小学生在写字、绘画、手工、体操之前，总是先浮现出表象，在表象的参与下进行活动。

第二节　记忆的基本过程

记忆过程是一个复杂的心理过程，有自己的特点和规律，而这些特点和规律体现在记忆过程的不同环节，使每个环节都具有特殊性，它包括识记、保持、再认或回忆三个基本环节。记忆过程中的这三个环节是相互联系、相互制约的，识记是保持的前提，没有保持也就没有回忆和再认，而回忆和再认又是检验识记和保持效果好坏的指标。由此看来，记忆的这三个环节缺一不可，它的基本过程也可简单的分成"记"和"忆"的过程，"记"包括识记、保持，"忆"包括回忆和再认。

识记是识别、记住反复感知的事物，在大脑中留下印象，是个体积累知识、经验的过程，它是记忆过程的第一个基本环节，是记忆过程的开始和前提。人们识记事物具有选择性。

一、识记

识记是通过对事物的特征进行区分、认识并在头脑中留下一定印象的过程。对事物的识记，有些通过一次感知就能达到，而大部分内容则需要反复感知，使新的信息与已有的知识结构形成联系。识记作为记忆过程的第一环节，对记忆效果的好坏具有非常重要的影响。因此，了解、掌握识记规律，有助于改善记忆。

（一）识记的分类

1. 根据识记是否有目的，可以把识记分为无意识记和有意识记

（1）无意识记。

无意识记是指没有预定目的，在识记过程中也不需要做一定的意志努力、自然而然发生的识记。例如，看过的电影、戏剧，听别人讲过的故事以及我们所经历过的某些事，感知这

些内容时并没有识记的意图，但这些内容以后能重新出现在脑海里，对这些内容的识记就是无意识记。

无意识记的内容是构成我们经验的重要部分，对心理活动及行为也有明显的影响。无意中经历的事情，在我们有意识地面临某些情境、处理某些问题时，能作为已有经验起作用。在日常生活中，人们所处的环境，所接触的人，所做的工作，会使人受到潜移默化的影响，在心理、行为上发生变化。例如，一个民族的文化传统，会在无形中影响整个民族的心理，使其带有本民族文化的特点。

无意识记有极大的选择性。一般来讲，进入无意识记的内容有两个特点：一是作用于人们感觉器官的刺激有重大意义或引人注意，例如，人们对新异的事物会过目不忘；二是符合人的需要、兴趣以及能产生较深刻情绪体验的内容，例如，参加高考时的情境，到大学报到第一天的情境等。无意识记对人们获得知识经验有积极作用，作为教师应该尽量使学生通过这种方式愉快地学习，但是，无意识记不能保证学生获得系统的科学文化知识，因此，在教学过程中，大量的识记内容应通过有意识记来获得。

（2）有意识记。

有意识记是指有预定目的，在识记过程中要做一定意志努力获取的识记。有意识记过程是在识记目的支配下进行的，识记的目的性决定了识记过程是一个对识记内容积极主动的编码过程，这种编码包括"识记什么"和"怎样识记"。"识记什么"确定识记的方向和内容，"怎样识记"是采取什么方法才能更好地记住所要识记的内容。学生在听课过程中的识记就是由这两部分组成的，每节课都有一定的教学目的、任务，教师一般会先做交代，使学生产生识记意图，以一种积极的心态识记新知识。

人们的全部知识经验就是通过有意识记和无意识记的方式获得。不过，就识记效果而言，有意识记优于无意识记。作为教师，了解识记的这一规律，有助于在教学过程中加强对学生学习目的的教育，合理给学生布置任务，以达到良好的教与学效果。

2. 根据识记时对材料是否理解，可以把识记分为机械识记和意义识记

（1）机械识记。

机械识记是指在材料本身无内在联系或不理解其意义的情况下，按照材料的顺序，通过机械重复方式而进行的识记，例如，对无意义音节、地名、人名、历史年代等的识记，这种识记具有被动性，但它能够防止对记忆材料的歪曲。对于学生而言，这种识记是必要的，因为有一部分学习内容的确需要精确记忆，例如，山脉的高度、河流的长度等。也有些内容，限于学生的知识经验，不可能真正理解其意义，但这些知识对以后的学习很重要，也应该进行机械识记，例如小学一二年级的学生背诵乘法口诀。实际上，纯粹的机械识记是很少的，人们在识记过程中，总是尽可能地把材料加以意义化，按照信息加工理论的观点，个人对任何输入的信息都要尽可能地按自己的经验体系或心理格局来进行最好的编码。例如，记电话号码，并不是单纯重复记忆，而会利用谐音或找规律等方式使之意义化。

（2）意义识记（理解识记）。

意义识记是在对材料内容理解的基础上，通过材料的内在联系而进行的识记。在意义识记中，理解是关键，理解是对材料的一种加工，它根据人的已有知识经验，通过分析、比较、综合来反映材料的内涵以及材料各部分之间的关系。由于意义识记需要消耗较多的心理能量，与机械识记相比，它是一种更复杂的心理过程。意义识记应该是学生识记的主要

形式。

(二) 影响识记效果的因素

识记是记忆的第一环节，如何做到识记材料既清晰又快捷，是提升记忆效果，防止遗忘的重要步骤。为此，我们应了解影响识记的各种因素，寻求优化识记的途径。

1. 识记的目的性

有无明确的识记目的，直接影响识记的效果。明确识记任务及其相应的目的有利于调动人的识记积极性和针对性。彼得逊曾做过对比实验，让两组被试者分别识记16个单词，其中一组有明确的目的，另一组则没有，结果，有明确目的的一组识记成绩明显高于无明确目的组（见表4-1）。在另一项实验中，实验者要求被试者"丝毫不差"地识记完整的故事，结果被试者能逐句回忆35%；而要求被试尽可能完整回忆一篇课文时，他们可以回忆12.5个句子，而无此要求时，他们只能回忆8.7个句子；要求被试者按图形呈现的顺序进行识记，在回忆时可保持原顺序的43%。因此，这里所讲到的识记的目的性不只是涉及有意识记和无意识记的问题，即便在有意识记中也存在目的性是否明确的问题，它们对识记效果都有明显影响。

表4-1 有意识记优于无意识记

	当时回忆的单词数	两天后回忆记住的单词数
有意识记	14	9
无意识记	10	6

2. 识记材料的意义性

所谓识记材料的意义，是指识记材料所蕴含的事物内在联系以及与识记者知识经验的联系，这种联系越多，表明识记材料的意义性越强，识记效果越好。肯斯雷对此做过专门的实验，他组织了348名被试者，向他们每次呈现1个单词或音节，呈现时间是两秒钟，练习一遍后，要求被试者默写识记内容，结果效果与材料的意义性呈正相关（见表4-2）

表4-2 识记材料的意义性对识记效果的影响

识记材料	默写出的平均数
15个无意义音节	4.47
15个由三个字母组成的孤立英文单词	9.95
15个彼此意义相关联的英文单词	13.55

3. 识记材料的数量

一次识记的材料数量也是影响识记的因素之一。虽然人类大脑的记忆储存量是极大的，能容纳的记忆材料数量几乎是无限的，但是一次识记的材料数量会明显地影响识记的效率。索柯洛夫的实验表明，一次识记的材料数量与识记的效率呈负相关，数量越大，效率越低，识记12个无意义音节达到背诵水平，平均一个1个音节需要14秒；识记24个无意义音节达到背诵水平，平均一个音节需要29秒；而识记36个无意义音节达到背诵水平，平均一个音节需要42秒。对无意义材料进行机械识记是这种结果，对有意义材料进行意义识记也是如此。莱昂在实验中让被试者背诵不同字数但难度相同的课文，结果平均每100字的识记时间随课文字数的增加而增加（见表4-3），同样呈现识记数量与效率负相关的趋势。

表 4-3 识记材料的数量对识记效果的影响

课文字数	识记总时间/分钟	识记 100 字平均时间/分钟
100	9	9
200	24	12
500	65	13
1 000	165	16.5

4. 参与分析器的数量

每种分析器都有专门的神经通道，多种分析器协同活动，可以使同一内容在大脑皮层建立多通道的联系，增加回忆的线索，从而提升识记的效果。研究人员曾进行单一分析器与多种分析器协同活动的识记效果的实验研究：让三组学生分别用三种方式识记 10 张画片，结果见表 4-4。结果证明视觉识记的效果优于听觉识记，多种分析器协同活动的效果优于单一分析器活动的结果。

表 4-4 不同分析器的识记效果比较

组别	运用的分析器及数量	识记效果（回忆/%）
1	单一（视分析器）	70
2	单一（听分析器）	60
3	两种（视、听结合）	86.3

5. 知识经验和意识倾向等主观心理条件

知识经验直接影响人们对识记材料的理解，这是良好识记的基础；知识经验还直接影响人脑对信息的输入、编码、储存；知识经验也直接影响人们在识记过程中，能否使事物与事物间建立起联系。

意识倾向也是影响识记效果的重要条件。感知细致、注意力集中、思维积极、意志坚强、情绪乐观、身体健康、精力旺盛等都是提高识记效果的重要条件；相反，粗枝大叶、心不在焉、思维懈怠、情绪低落、意志薄弱、抑郁苦闷、身心疲乏等都会大大降低识记的效果。

二、保持

保持是人的知识、经验在头脑中的巩固过程，它是记忆过程的第二个基本环节。人们感知过的事物、思考过的问题、体验过的情感以及操作过的动作，都以一定的形式存储在头脑中，是一种内部潜在的动态过程。随着时间的推移以及后来经验的影响，保持的内容会在数量和质量上发生明显的变化，其方面的变化大致有两种倾向：一种是原来识记内容中的细节趋于消失，主要的、显著的特征得以保持，记忆的内容变得简略、概括与合理；另一种是增添了原来没有的细节，内容更加详细、具体，或者突出夸大某些特点，使其更具特色。其量方面的变化也显示出两种倾向：一种是记忆回溯现象，即在短时间内延迟回忆的数量超过直接回忆的数量，也有人称之为记忆恢复现象；第二种是识记的保持量随时间的推移而日趋减少，有部分内容不能回忆或发生错误，这种现象叫遗忘，遗忘是保持的对立面，保持的丧失就意味着遗忘的出现。

心理学家常用四种方法测量保持量：回忆法、再认法、再学法和重构法，这四种方法也是研究记忆的主要方法。

（一）回忆法

就是原来学习或识记过的材料不在面前，让被试者把它们默写出来或说出来，保持量的计算是以正确回忆项目的百分数为指标，其算式如下：

$$保持量=（正确回忆的项目量/原来识记的项目量）\times 100\%$$

如果识记的标准不是全部记住，那么计算回忆的成绩时，应以识记时达到的标准为参照。

（二）再认法

就是把识记过的材料和没有识记过的材料混在一起，要求被试者把它们区分开，通常，识记过的旧项目和没有识记过的新项目的数量相等，然后向被试者一一呈现，由被试者报告每个项目是否识记过，保持量按下列公式计算：

$$保持量=[（认对数-认错数）/呈现材料的总数]\times 100\%$$

（三）再学法

也叫重学节省法，要求被试者把原来学过的材料再学或再记，直至达到原来学会的标准，然后根据初学和再学所用的次数或时间来计算保持量，即以再学比初学所节省的次数或时间来计算保持量，计算公式如下：

$$保持量=[（初学的次数或时间-再学的次数或时间）/初学的次数或时间]\times 100\%$$

（四）重构法

也叫重建法，就是要求被试者再现学习过的刺激次序，具体做法是，给被试者呈现有一定顺序排列的若干刺激，呈现后把这些刺激打乱，置于被试者前让其按原来次序重新建立起来，重构的成绩主要是以做对的顺序数记分。

三、再认和回忆

再认和回忆是在不同条件下恢复过去经验的过程。再认是指过去经历过的事物再次呈现时仍能被认识，可能是直接的，也可能是依靠联想间接实现的。回忆是指过去经历过的事物不在面前而在头脑中再次重现并加以确认的过程，可能是直接的，也可能是间接的，是记忆过程的第三个基本环节。

通常再认比回忆更容易提取信息，这是因为再认时有很多的线索提示，可帮助尽快地确认；能够回忆的内容都可以再认，而可以再认的内容不一定能够回忆。再认和回忆的正确程度一般取决于两方面因素：一方面是对原识记材料的巩固程度，越巩固越容易回忆或再认；另一方面思维活动的积极程度，在回忆或再认时的思维活动越积极，回忆或再认的效果越好，反之，效果越差。

无论任何年龄的人，再认记忆比回忆记忆效果普遍要好。考试时的判断题与选择题主要是通过再认来解答的，问答题与填空题等主要通过回忆来解答。

根据回忆时是否有预定的目的和意志努力，回忆分为无意回忆（无意重现）和有意回忆（有意重现）。

无意回忆是事先没有预定目的，也不需要意志努力，在一定的情景下自然而然想起的某些旧经验，例如，"睹物思人""触景生情"，祥林嫂看见别人的孩子就想起她的阿毛，贾宝玉在林黛玉死后再到潇湘馆想起从前的点点滴滴。

有意回忆是有预定目的，必要时需意志努力地重现，例如，学生为回答老师的提问而想起学过的相应知识。有意回忆又根据是否需要中介联想，可分为直接回忆和间接回忆。由当前事物直接唤起旧经验的重现称为直接回忆；通过一系列中间环节或中介性联想才能唤起要回忆的旧经验称为间接回忆，间接回忆可以运用各种中介物或联想来提高回忆效率，总是和思维活动密切联系在一起，借助于判断、推理才能回忆起所需内容。

现代信息加工理论认为，记忆是人脑对信息的输入、编码、储存和提取的过程。

信息输入：是个体对外界信息进行接收的过程。

信息编码：是个体对外界信息进行形式转换的过程，包括对外界信息进行反复的感知、思考、体验和操作。

信息存储：是把感知过的事物、体验过的情感、做过的动作、思考过的问题等，以一定的形式保持在人们的头脑中。

信息提取：是指从长时记忆中查找已有的信息的过程。

第三节　遗　忘

一、遗忘的概念及种类

（一）遗忘的概念

遗忘是对识记的材料不能再认或回忆，或者表现为错误的再认或回忆，就是信息提取不出来或提取错误。遗忘和保持是两个性质相反的过程，但实质上是同一记忆活动的两个方面，保持的东西说明没有遗忘，而遗忘的东西说明没有保持住。人们常常抱怨遗忘是一种不良的心理品质，确实，过于健忘的确是一种不良的心理品质；但遗忘实际上是一种正常的心理现象，因为人每时每刻都会接触到大量的信息，如果没有遗忘，把所有的东西都保存在头脑中会大大增加大脑的负担，同时如果没有对次要的、无关信息的遗忘，就不可能有对重要内容的高效率记忆。所以，从排除干扰的角度看，遗忘也是记忆的一个条件。

（二）遗忘的种类

（1）从记忆的材料看，遗忘可以分为全部遗忘和部分遗忘。全部遗忘就是指对识记过的材料完全不能再认或回忆，或者完全错误地再认或回忆；部分遗忘是指对识记过的材料只是部分不能或者错误地再认或回忆。

（2）从时间上看，遗忘可以分为暂时性遗忘和永久性遗忘。暂时性遗忘是指保持在头脑中的材料暂时不能提取，但在适宜的条件下，还可以重新提取出来。例如，在高考考场上，有的学生由于紧张，本来已经准备好的内容一时难以想起，离开了考场，又可以回忆起来。所谓永久性遗忘是指识记过的材料，如果不经过重新学习，永远不能再认或回忆。

二、遗忘的主要规律及影响因素

(一) 艾宾浩斯遗忘曲线

德国心理学家艾宾浩斯对保持量的变化进行了系统研究。他以自己为被试者，以无意义音节（也就是那些不能拼出单词的众多字母组合，如 asww、cfhhj、ijikmb、rfyjbc 等）为记忆材料，以再学法的节省率为保持量的指标。用再学法测量保持量时，他把无意义音节字表学习到一个标准（如百分之百的正确），然后分别间隔 20 分钟、1 小时、9 小时、1 天、2 天、6 天、31 天后再学习该材料，并求出各阶段的节省率。学习后不同的间隔时间里保持量是不同的，刚学完时保持量最大，在学后的短时间内保持量急剧下降，随时间推移保持量渐趋稳定地下降，最后接近稳定水平。然后，艾宾浩斯又根据这些点描绘出一条曲线（见图 4-1），称为保持曲线。保持的反面是遗忘，因此，这也是非常有名的揭示遗忘规律的曲线——艾宾浩斯遗忘曲线。图中竖轴表示学习中记住的知识数量，横轴表示时间（天数），曲线表示记忆量变化的规律，艾宾浩斯被称为发现记忆遗忘规律的第一人。

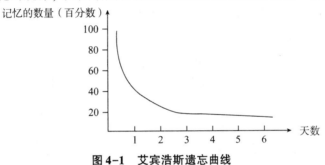

图 4-1 艾宾浩斯遗忘曲线

这条曲线揭示了学习中的遗忘是有规律的，遗忘的进程不是均衡的，在记忆的最初阶段，遗忘速度很快，后来就逐渐减慢，经过相当长时间的反复记忆后，几乎就不再遗忘了，这就是遗忘的发展规律，即"先快后慢"原则。观察这条遗忘曲线，你会发现，学习的知识在一天后，如不抓紧复习，就只剩下原来的 25%；随着时间的推移，遗忘的速度减慢，遗忘的数量也就减少。研究人员做过一个实验，两组学生学习一段课文，甲组在学习后不久进行一次复习，乙组不复习，一天后甲组保持 98% 的记忆量，乙组保持 56%；一周后甲组保持 83%，乙组保持 33%，乙组的遗忘平均值比甲组明显要高。

(二) 影响遗忘的因素

1. 识记材料的性质与数量

一般认为，对熟练的动作和形象材料遗忘得慢，而无意义材料比有意义材料遗忘要快得多；在学习程度相等的情况下，识记材料越多，忘得越快，材料少，则遗忘较慢。因此，学习时要根据材料的性质来确定学习的数量，一般不要贪多求快。

2. 识记材料系列位置效应

人们发现在回忆系列材料时，回忆的顺序有一定的规律性。如人们对 26 个英文字母的记忆，一般以开头的字母如 ABC 较好，最后的几个字母 XYZ 效果也很好，但对字母表的中间部分则容易遗忘。在一项实验中，实验者要求被试者学习 32 个单词的词表，并在学习后要求他们进行回忆，回忆时可以不按原来的先后顺序。结果发现，最后呈现的项目最先回忆起来，其次是最先呈现的那些项目，而最后回忆起来的是词表的中间部分。在回忆的正确率上，最后呈现的词遗忘得最少，其次是最先呈现的词，遗忘最多的是中间部分。这种在回忆系列材料时发生的现象叫"系列位置效应"。最后呈现的材料最易回忆，遗忘最少，叫"近因效应"。最先呈现的材料较易回忆，遗忘较少，叫"首因效应"。这种系列位置效应已被许多实验所证实。

系列位置效应是指学习材料中各部分所在的位置不同，学习效果就不同。实验表明，在系列学习中，前端和后端的学习要比中间的学得快。比如，识记一篇文章，开头部分和结尾部分的识记效果就比中间部分要好。对材料的掌握有从两端向中间进行的趋向，从开头处前进要比从末尾处前进稍快一些，掌握得最慢的部分，不在材料的中间处，而在稍后一点。据分析，这是由于系列前部受倒摄抑制的干扰，系列后部受前摄抑制的干扰，中间部分则受两种抑制的相继干扰。一般认为，该效应在学习的早期阶段最为明显，此外，也受材料的性质、数量、呈现方式、学习方法等许多因素的影响。

3. 过度学习

一般认为，对材料的识记没有一次能达到无误通背的标准，称为低度学习的材料；如果达到恰能成诵之后还继续学习一段时间，这种材料称为过度学习材料。实验证明，低度学习材料容易遗忘，而过度学习的材料比恰能背诵的材料，记忆效果要好。当然过度学习有一定限度，花费在过度学习上的时间太多，就会造成精力与时间上的浪费。

4. 识记者的态度

识记者对实际材料的需要、兴趣等，对遗忘的快慢也有一定的影响。研究表明，在人们的生活中不占主要地位的、不感兴趣的、不符合一个人需要的事情，首先被遗忘，而人们需要的、感兴趣的、具有情绪作用的事物，则遗忘得较慢。另外，经过人们的努力、积极加以组织的材料遗忘得较少，而单纯地重述材料，识记的效果较差，遗忘得也较多。

三、遗忘的原因

1. 痕迹衰退说

痕迹衰退说主要强调生理活动过程对记忆痕迹的影响，认为遗忘是由于记忆痕迹得不到强化而逐渐减弱，以致最后消退。从巴甫洛夫的条件反射理论来看，记忆痕迹是人在感知、思维、情绪和动作等活动时大脑皮层上有关部位所形成的暂时神经联系，联系形成后在神经组织中会留下一定的痕迹，痕迹的保持就是记忆。在有关刺激的作用下，会激活痕迹，使暂时神经联系恢复，保持在人脑中的过去经验便以回忆或再认的方式表现出来。有些没有被强化的痕迹，随着时间的推移而逐渐衰退，造成遗忘。记忆痕迹衰退说目前还没有得到精确有力的实验证明，但它的解释接近于常识，正像某些物理、化学痕迹也会随时间推移而消失一样，很容易为人们所接受。

2. 干扰抑制说

干扰抑制说认为遗忘是由于在学习和回忆之间受到其他刺激干扰的结果，一旦排除了这些干扰，记忆就能够恢复。

干扰抑制说最初研究的是睡眠对记忆的影响，詹金斯和达伦巴希在一项实验中，让两位被试者识记无意义音节字表，要求达到一次能正确背诵的程度，然后让一位被试者睡觉，另一位继续日常活动。分别在1、2、4、8小时后,让被试回忆学习过的材料,结果显示:睡眠的被试回忆成绩比继续活动的回忆成绩要好,说明遗忘不是由于时间的流逝自然衰退的,而是在清醒状态下,大脑继续活动,即日常活动干扰抑制了对原先学习材料的回忆。

干扰抑制说认为干扰有两种:前摄抑制和倒摄抑制。前摄抑制是指先前的学习与记忆对后继的学习与记忆的干扰作用。为了检验前摄抑制的干扰影响,一般采用以下实验程序进行(见表4-5)。如果实验组的回忆成绩低于控制组的回忆成绩,说明先学习的A材料对后学习的B材料的识记或回忆产生了干扰作用。实验发现,对学习无意义音节字表前有过大量练习的人,在24小时后测验,只记住所学会字表的25%,而以前没有过这种练习的人,则能记住同一字表的70%,说明了先前的活动对当前的学习产生了很强的干扰。斯拉墨卡进行了学习有连贯意义材料时前摄抑制作用的研究。被试是36名大学生,学习材料是四个相当难的句子,句子都由20个字组成,而且内容较相似。实验结果表明,前摄抑制作用的程度随先前学习材料的数量增加而增加,也随保持时间的增加而增加。

表4-5 前摄抑制实验设计程序

实验组	控制组
学习A材料	休息
学习B材料	学习B材料
回忆B材料	回忆B材料

倒摄抑制是指后继的学习与记忆对先前学习材料的保持与回忆的干扰作用。为了检验倒摄抑制的干扰作用,一般采用以下实验程序(见表4-6)。如果实验组的回忆成绩低于控制组,说明了后学习的材料对先学习的材料保持和回忆产生了干扰。实验表明,倒摄抑制干扰作用的强度受前后所学的两种材料的性质、难度、时间的安排和识记的巩固程度等制约。如果前、后继学习的材料完全不同,倒摄抑制的作用最小;当前后所学的材料相似但不相同,最容易发生混淆,其倒摄抑制作用最大。先前学习的材料的巩固程度越低,受倒摄抑制的干扰越大;反之,则越小。如果恰在回忆A材料前学习B材料,倒摄抑制的影响最大;学习A材料后立即学习B材料,倒摄抑制的影响次之;在学习A材料后和回忆A材料前间隔一时间学习B材料,倒摄抑制的影响较小。

表4-6 倒摄抑制实验设计程序

实验组	控制组
学习A材料	学习B材料
回忆A材料	学习A材料
休息	回忆A材料

前摄抑制和倒摄抑制一般是学习两种不同的、但又彼此相似的材料时产生的。但学习一种材料的过程中也会出现这两种抑制现象,例如,学习一个较长的字表或一篇文章,往往首尾部分记得好,不易遗忘,而中间部分识记较难,也容易遗忘,这是因为起首部分没有受到前摄抑制的影响,末尾部分没有受到倒摄抑制的影响,中间部分则受到了两种抑制的影响和干扰。

倒摄抑制是指后学习的材料对记忆先学习的材料所发生的干扰作用,其特点是:(1)先后学习的两种材料高度相似,倒摄抑制较小;中度相似,倒摄抑制最大;低度相似,倒摄抑制也较小；（2）倒摄抑制与后学习材料的难度成正比；（3）对后一种材料的学习，在时间上越接近于学习或回忆前一种材料，倒摄抑制越大；只有当学习后一种材料距学习和回忆前一种材料均有相当时间间隔时，倒摄抑制才最小；（4）倒摄抑制与先学习材料的巩固程度成反比关系。

倒摄抑制与后学习材料巩固程度的关系较复杂：当后学习材料巩固程度很低时，倒摄抑制较小；达到一定巩固程度，倒摄抑制最大；其后随巩固程度进一步提高，倒摄影抑制又减少。解释倒摄抑制现象的主要假说有：（1）持续假说，认为记忆痕迹需经一定时间方能巩固，在要巩固时插入新的学习材料，就破坏了先形成的记忆痕迹的巩固，故而使个体对先学习材料的保持和回忆受损害；（2）反应竞争假说，认为先后学习的两种材料有某些相似之处，回忆时竞相再现，以致反应错误或犹豫不决，正确回忆量随之下降。

3. 提取失败理论

我们都有这样的经验：有时我们明明知道某人的姓名或某个字，可是就是想不起来，事后却能忆起，这种明明知道某件事，但就是不能回忆出来的现象称为"舌尖现象"或"话到嘴边现象"。

这种情况说明，遗忘只是暂时的。就像把物品放错了地方怎么也找不到一样，从信息加工的观点来看，遗忘是一时难以提取出想要的信息，一旦有了正确的线索，所要的信息就能被提取出来，这就是遗忘的提取失败理论。

4. 压抑说（动机说）

压抑说认为，遗忘是由于情绪或动机的压抑作用引起的，如果压抑被解除，记忆就能恢复，该理论是弗洛伊德在给病人催眠时发现的。他认为个体之所以无法回忆，是因为该记忆使病人感到痛苦而被人为地压抑到潜意识中。由于情绪紧张而引起遗忘（考试时常常发生）就属于这种类型。

5. 同化说（认知结构说）

奥苏贝尔认为，遗忘是知识的组织和认知结构简化的过程。当人们学到了更高级的概念与规律之后，就可以以此来代替低级的观念，使低级观念简化，从而减轻记忆负担，这是一种积极的遗忘。在有意义的学习中，或者由于原有知识结构不巩固，或者由于新知识辨析不清楚，也有可能以原有的观念来代替表面相同而实质不同的新观念，从而出现记忆错误，这是一种消极的遗忘，教学中必须努力避免。

第四节 记忆规律在教学中的运用

一、中小学生记忆发展特点

（一）从记忆的目的看：记忆从以无意记忆为主向以有意记忆为主过渡

幼儿记忆的有意性、目的性很差，他们常常凭借兴趣记住一些事物，对不感兴趣而要他记住的东西，记忆效果就差，他们以无意记忆为主的。初入学的儿童仍然保留幼儿期无意识记的特点，记忆的目的性还较差，对一些有趣的事情能很快记住，而对老师交给的学习任务却忘记了。老师叫抄生字、新词才去抄，老师叫背课文才去背，缺乏记忆的自觉性。但儿童进入学校后，就不能只学习自己感兴趣的东西，而必须学习一些不一定感兴趣的内容。在这样的条件下，中年级以上的学生，有意识记就逐渐发展起来了，并越来越占优势，成为小学生记忆的主要方式。记忆自觉性、积极性的增强，主要表现在自己认为应该记忆的东西，就主动去记忆，不一定等到考试才去记它。高年级学生识记的自觉性就有了更进一步的提高，能努力去识记记不住或难记的东西，有时还能主动检查识记的效果。

进入中学后，学生的有意识记随目的性增加迅速发展。进入中学后，学生逐渐学会根据教材内容，独立地提出识记的目的和任务；能逐步自觉地检查识记效果，主动选择良好的识记方法等。

（二）从记忆的方法来看：记忆从以机械识记为主向以意义识记为主过渡

低年级学生更多是运用机械识记，但随学生年级越高，意义识记所占的比例越大，机械识记所占的比例越小。随着年龄长大，学生的识记方法便由机械识记向意义识记过渡，中高年级学生意义识记逐渐起主导作用。

进入中学后，学生意义识记能力不断提高。由于学习内容的不断增多、加深以及言语和抽象逻辑思维的发展，意义识记得到了发展。心理学研究表明，进入初中以后，中学生的意义识记就超过了机械识记，并呈直线上升的趋势；相反，机械识记运用得越来越少，其效果也越来越差。

（三）从记忆的抽象概括水平看，记忆从以具体形象记忆为主向以抽象记忆为主过渡

小学时期，特别是低中年级，具体形象记忆占主要地位，即使小学生在记忆抽象词的材料时，主要还是以具体事物为基础的，因此，教材内容的选择安排必须考虑这一特点。随着儿童第二信号系统的发展，在学习系统知识的学习过程中，词的抽象记忆迅速发展起来，到了中学生，抽象记忆有较快发展。初中生在抽象记忆发展的同时，具体形象记忆也在发展，但发展的速度已慢于前者。到了高中时期，抽象记忆发展迅速，而具体形象记忆则开始出现下降趋势。

二、运用识记规律提高识记效果

（一）识记的目的与任务

有无明确的识记目的和任务直接影响识记的效果。

（二）识记的态度和情绪状态

一般来说，在积极的态度和情绪状态下，人的识记效果好；在消极的态度和情绪状态下，人的识记效率低。

（三）活动任务的性质

（1）识记在很大程度上依赖活动的任务和性质，当识记的材料成为人活动的直接对象时，识记的效果就好。

（2）记忆任务的长短、远近与记忆内容保持的长久性也有关系。实验表明，有较长期的识记任务和要求，保持的时间就较长些；只有短期的识记任务或要求，保持的时间就短些。

（3）不同的识记任务和要求会影响人的识记方法、进程和效果。例如，任务是要求回

忆识记材料的精确性，学习者就会反复默读复习单个词和句子；如果任务是要求回忆识记材料的内容，那么学习者就会努力地建立句子之间的意义联系，理解材料的逻辑关系。

（四）材料的数量和性质

（1）识记受材料数量的影响。一般来说，要达到同样的识记水平，材料越多，识记所用的平均时间和次数就越多，呈现出材料数量与识记效率负相关的趋势。

（2）识记也受材料性质的制约。一般来说，连贯的、有意义的、有规律的材料更容易被记住。识记直观形象的材料比识记抽象的材料效果要好；难度大的材料难于识记，但材料过于简单，引不起学习者的学习兴趣时，也无良好的识记效果。因此，材料难度适中，经过一定努力，就可以克服困难，获得成功的识记材料，识记效果最好。

（五）识记的方法

采用不同的方法和途径识记材料，效果也是不同的，识记的方法有两类。

（1）根据对识记材料的组织方式不同，可以把识记分为整体识记和部分识记。整体识记是指以全部识记材料为对象，反复进行，直到熟记为止的识记方法。部分识记是指将材料分成若干部分后逐一识记。学生在学习中采用整体识记还是部分识记方法，通常与学习者的主体条件、学习阶段、材料的性质以及材料的数量等因素有关。在实践中，整体识记和部分识记交替进行，效果通常比较理想。

（2）根据识记时间的安排，可以把识记分为集中识记和分散识记。集中识记是指识记在一段时间内相对集中地重复进行。分散识记则是指将识记活动分为多次进行，在两次之间有一定的时间间隔。实验证明，分散识记的效果好于集中识记。

三、记忆术

为了便于识记而将信息加以组织的技巧称为记忆术。记忆术的基本原则是使新信息同熟悉的已编码的信息相联系，从而便于回忆。记忆术主要有自然语言媒介法、地点法和视觉心象法。

（一）自然语言媒介法

自然语言媒介法是指把要记的材料同长时记忆中已有自然语言的某些成分（如词义、字形、音韵等）相联系，以提高记忆的效率，例如，在记对偶的无意义的音节"PAB—LOM"时，把它读成"Pabulum"（食物），在学习"小狗-香烟"时，把它说成"小狗吃香烟"，就很容易记住。甚至更为复杂的材料或一串单词，如果把它们编成有韵律的顺口溜或一个故事来记，也很有助于记忆，例如，孤立地去记12对脑神经的名称：第1对叫嗅神经，第2对是视神经……，是相当困难的。但如果把它们编成有韵律的顺口溜"一嗅二视三动眼，四滑五叉六外展，七面八听九舌咽，迷副舌下在后面"，就很容易记。我国传统的乘法口诀、珠算口诀等都是借助自然语言媒介法来帮助记忆的。

（二）地点法

地点法是指把要记的材料想象为放在自己熟悉地方的不同位置上，回忆时在头脑里对每一个位置逐个进行检索。例如，为记住某次开会遇见的几个人的姓名，可以在心里想着将他们按顺序放在卧室的不同位置：门口、左墙边、书桌……，回忆时，想象卧室的各处与相联系人的姓名。在一个实验（Bennett，1983）中，对40名女服务员和40名大学生记住7种、

11种和15种饮料,并将其分送到顾客面前的记忆效率的研究结果发现,分送7种饮料的记忆效率,两组间没有多大差别;分送11种和15种饮料,女服务员的记忆效率明显高于大学生,其原因是女服务员采用了将每种饮料同特殊的面孔和特殊的地点联系起来的方法。

(三) 视觉心象法

视觉心象法是指把要记的材料同视觉心象联系起来记忆,视觉心象越清晰,记忆效率越好。在一个实验(Bower&Clark,1969)中,向被试者呈现10个无关联单词词表,要求实验组想出心象并编成故事来记,例如,在学习"桌子、电灯、烟灰盒、青蛙……"这一词表时,把它们试编成这样的故事:"厨房里有张桌子,桌子上放着电灯,还有烟灰缸,青蛙在电灯和烟灰缸之间跳来跳去……"。而控制组则按规定孤立地识记。结果发现,隔了一段时间进行回忆,实验组平均能回忆出93%的单词,而控制组平均只能回忆出13%,差异十分显著。

(四) 谐音记忆法

谐音记忆法是通过读音的相近或相同把所记内容与已经掌握的内容联系起来记忆,如用谐音法记忆通信电话号码2641329,谐音记作:"二流子一天三两酒。"

四、根据遗忘规律有效组织复习

19世纪末,德国心理学家艾宾浩斯对遗忘做了系统的首创性研究,并揭示了遗忘变量和时间变量之间的关系,这就是遗忘曲线,或称保持曲线。

曲线表明,识记后最初一段时间遗忘较快,以后遗忘逐渐减慢,这就是遗忘先快后慢的规律。继艾宾浩斯之后的许多研究,丰富和进一步揭示了有关遗忘过程的规律,例如,有意义材料较无意义材料遗忘得慢;数量多的材料遗忘较快;两种相似的材料,前后间隔短,则容易相互干扰而造成遗忘;学习程度不够的材料容易遗忘;过度学习50%的材料保持得好一些。

因此有效、合理地组织复习显得尤为重要。当然,不是任何复习都能得到同等的良好效果。复习的效果与其说取决于复习的次数,不如说取决于复习的合理组织。

(一) 复习时机要得当

1. 及时复习

遗忘规律表明,识记后遗忘很快会发生。因此,对于新学习的材料,为了防止遗忘,必须"趁热打铁",及时进行复习,所谓及时复习就是在初期大量遗忘前就进行复习。

2. 合理分配复习时间

制订复习计划,合理安排复习内容和时间,提高复习效率。每天复习的内容要适当,不要过于紧张和疲劳,以免产生干扰。有效复习时间最好的安排如下:第一次复习,学习结束后5—10分钟;第二次复习,学习当天晚些时候或学习结束后的第二天;第三次复习,一星期后;第四次复习,一个月后;第五次复习,半年后。

3. 间隔复习

由于遗忘存在着"先快后慢"的趋势,因此,在教学上还必须遵守"间隔复习"的原则。一般来说,刚学过的新知识应该多复习,每次复习所用的时间要长,而间隔的时间要短。随着记忆巩固程度的提高，每次复习的时间可以短些，间隔的时间可以长些。

4. 循环复习

教学上应该遵守"循环复习"的原则，对于所学的重要的基本的材料应经常进行复习，做到"温故而知新"。

（二）复习方法要合理

1. 分散复习与集中复习相结合

根据复习在时间分配上的不同，复习方式有两种。

（1）集中复习，把复习的材料集中在一段时间内进行复习。

（2）分散复习，把复习的材料分配到几段相隔的时间内进行复习。复习难度小的材料可适当集中，难度大的材料可采取分散复习的方式，做到分散复习与集中复习相结合。

研究表明，分散复习的效果优于集中复习，因为分散复习可降低疲劳感，减少前摄抑制和倒摄抑制的影响。因此，教师在教学中应鼓励学生进行分散复习，而不要等到考前集中算"总账"。

2. 复习方法多样化

单调的复习方法容易使人产生疲劳和厌倦情绪，削弱复习效果。因此，教师在组织学生复习时，方法要灵活多样。

3. 运用多种感官参与复习

多种感官参与复习可以更好增强记忆效果。因此，在复习时应尽量运用多种感官参与，要眼看、耳听、口读、手写相互配合，在头脑中构成它们之间的神经联系，形成记忆痕迹，以后遇到其中的一种刺激信息，就可以激活多种相关的记忆痕迹，提高记忆效果。

4. 尝试回忆与反复识记相结合

尝试回忆与识记交替进行，一方面可以及时了解自己的学习成绩，从而提高学习积极性；另一方面可以通过回忆尝试了解材料的难点，从而使复习更有目的性，在难点上多下功夫。

（三）复习次数与复习内容数量要适宜

（1）复习内容的数量要适当，就是说一次复习内容的数量不宜过多，因为学习内容的数量与复习的次数及所用的时间是成正比的。

（2）提倡适当的过度学习，即达到150%的学习，从而增强记忆效果。

（四）注意用脑卫生

脑的健康状况是影响记忆好坏的重要生理条件，它与学习和记忆有密切的关系。在学习时要特别重视脑的营养与适当休息。过度疲劳容易导致记忆力下降。

思考练习

一、单项选择题

1. 某生在考试时能迅速、灵活、及时提取所需知识，说明该生记忆的（　　）好。

A. 敏捷性　　　　B. 持久性　　　　C. 准确性　　　　D. 准备性

2. 对公式、定理、法则的记忆属于（　　）。
A. 形象记忆　　　　B. 情景记忆　　　　C. 逻辑记忆　　　　D. 动作记忆
3. 知道知识"是什么"的记忆属于（　　）。
A. 陈述性记忆　　　B. 程序性记忆　　　C. 情绪记忆　　　　D. 形象记忆
4. 一篇文章通常开头结尾容易记，中间部分容易忘，开头部分所受的影响是（　　）。
A. 前摄抑制
B. 倒摄抑制
C. 前摄抑制和倒摄抑制
D. 外抑制
5. 如果一个学生6遍恰能背下一段学习材料，他再背（　　）记忆效果最好。
A. 1遍　　　　　　B. 2遍　　　　　　C. 3遍　　　　　　D. 4遍
6. 一般而言，过度学习的程度达到多少时记忆效果最好？（　　）
A. 30%　　　　　　B. 50%　　　　　　C. 100%　　　　　　D. 150%
7. 有时人在高度紧张时会产生暂时性遗忘，这种现象的合理解释是（　　）。
A. 干扰说　　　　　B. 压抑说　　　　　C. 提取失败说　　　D. 衰退说
8. "舌尖现象"的合理解释是（　　）。
A. 干扰说　　　　　B. 压抑说　　　　　C. 提取失败说　　　D. 衰退说
9. 遗忘的规律是（　　）。
A. 先快后慢　　　　B. 不快不慢　　　　C. 逐渐加快　　　　D. 先慢后快
10. 遗忘曲线表明，如果一天后如不及时复习，学习的材料就只剩下原来的（　　）。
A. 25%　　　　　　B. 30%　　　　　　C. 35%　　　　　　D. 40%

二、简答题

1. 简述影响遗忘的因素。
2. 简述如何根据遗忘规律有效组织学生复习。

第五章 思维和想象

> **学习目标**
> 1. 了解思维的概念、特征、品质和分类。
> 2. 想象的概念、功能和分类。
> 3. 掌握解决问题的思维过程和影响解决问题的心理因素。
> 4. 理解良好的思维品质的培养和不良思维品质的克服,能够运用思维规律进行自我教育。

第一节 思维概述

一、思维的概念与特征

(一)思维的概念

思维是人脑对客观事物的本质属性与内部规律性间接和概括的反映。思维是人类所特有的认识世界的高级形式,反映事物的本质属性和事物间的规律性联系。

(二)思维的特征

虽然思维是在感觉和知觉的基础上产生与发展的,但它反映的形式和内容与感觉、知觉不同。从反映的形式来看,思维是通过一定的推理、判断间接地去反映客观事物,而感觉和知觉是对客观事物的直接反映;从反映的内容来看,思维概括了事物的本质属性、内部规律及其必然的联系,而感觉和知觉反映的是事物的个别属性和外部联系。因此,间接性与概括性是思维的两个重要特征。

1. 思维的间接性

思维的间接性是指人们借助一定的媒介、知识和经验对客观事物进行间接的认识。思维具有间接性,我们能够以间接的形式推知过去、认识现在和预测未来。

思维的间接性有三个作用,一是使我们能够超越感官结构与机能的局限去认识客观事物,例如,我们能够认识超声波的存在。二是使我们能够突破时间与空间的限制,了解遥远的过去或宏观与微观世界物质的结构与运动,例如,我们能够了解到珠穆朗玛峰地区在4 000万年前是一片汪洋大海。三是使我们能够触及由于事物的内隐性特点而无法直接被感知的属性与规律性，例如，我们能够了解大脑皮质高级神经活动的特点与规律。

2. 思维的概括性

思维的概括性是指人们在大量感性材料的基础上，把一类事物共同的特征和规律抽取出来加以概括，其表现在两个方面，第一，思维反映的是一类事物共同的、本质的属性；第二，思维反映事物的内部联系和规律。通过思维活动，人们可以把同一类事物或现象的共同、本质的属性抽取出来加以概括，同时把概括出来的认识推广到同类事物或现象中去。

思维的间接性和概括性是相互联系的。人们离开具体事物而进行抽象、概括活动时，基本都表现为间接认识的形式；人们间接认识客观事物的基础是思维的概括性活动。

二、思维的品质

1. 思维的广阔性和深刻性

全面地看待问题，了解事物之间的各种联系，遇事能从各个不同角度去分析、研究得出结论，这是思维广阔性的表现。在学习生活中，善于从繁杂的现象中抓住解决问题的最本质与最核心的要素，经过深入钻研达到对问题的深刻理解，从而想出解决问题的最佳办法，这是思维深刻性的表现。

与思维的广阔性相反的是思维的狭隘性，思维狭隘的人往往看问题片面、主观，只凭有限的知识、经验去思考问题，并急于对问题下结论。与思维的深刻性相反的是思维的肤浅性，思维肤浅的人常常被一些表面的现象所迷惑，满足于一知半解，在未触及事物的实质之前就想解决问题。我们应注意避免这两种不良的思维品质。

2. 思维的独立性和批判性

独立地发现问题、分析问题和解决问题，是思维的独立性的表现，具有这一思维品质的人常能创造性地运用新方法去解决问题。根据客观标准和实践观点来检查自己思维活动及其结果的正确性，这是思维的批判性的表现，具有这一思维品质的人能正确地评价自己的一切言论和行动，有明确的是非观念，既敢于坚持正确，又勇于质疑错误。

与思维的独立性相反的是思维的依赖性，这是习惯人云亦云、盲从迷信、易受别人暗示影响的不良思维品质。与思维的批判性相反的是思维的任意性，具有这一思维品质的人要么自以为是要么随波逐流、毫无主见，这两种不良的思维品质在办事不讲原则的人身上最容易表现出来。

3. 思维的灵活性和敏捷性

善于根据客观条件的发展变化灵活地采取有效措施，及时处理和解决问题，是思维的灵活性的表现。具有这一思维品质的人在面对问题时，能够因时、因地、因人调整解决问题的方案，使之获得最佳的效果。善于当机立断采取必要的措施迅速处理问题，这是思维的敏捷性的表现，具有这一思维品质的人在解决问题时能准确而迅速地作出判断。

与思维的灵活性相反的是思维的固执性，具有这一思维品质的人墨守成规，固执己见，不顾条件的变化仍按老一套办事。与思维的敏捷性相反的是思维的迟钝性，具有这一思维品质的人遇事优柔寡断，反应迟钝，不思进取、缺乏创新精神的人一般都具有这两种不良的思维品质。

思维品质是构成人的智力的核心因素，因此，在学校的素质教育中，教师应当重视学生良好思维品质的培养。

三、思维的分类

（一）根据思维过程中的凭借物分类

根据思维过程中凭借物的不同，可将思维分为动作思维、形象思维和抽象思维。

1. 动作思维

动作思维又称直觉行动思维，是以实际操作来解决问题的思维。它的特点是所解决的问题是直观、具体的，解决问题要依赖实际动作。例如，3岁前幼儿的思维属于动作思维，他们的思维离不开触摸、摆弄物体。成人也有动作思维，例如，维修人员修理机器设备，要知道机器的毛病出现在什么地方，如何排除故障等，问题的发现与解决在拆开机器之后所进行的实际操作中，即在操作中思考、发现和解决问题。

2. 形象思维

形象思维又称直观形象思维，它以表象或形象作为思维的主要材料。表象是记忆中保持的客观事物的形象，事物的表象包括视觉表象、听觉表象、触觉表象、嗅觉表象、味觉表象和动觉表象等，其中最主要的是视觉表象和听觉表象，尤其是视觉表象。例如，幼儿计算"小明有5个苹果，吃掉3个，还剩几个？"这个题时，他们往往要在头脑中利用苹果的直观形象数量来解答问题。作家和画家等进行文艺创作时，更多地运用形象思维。

3. 抽象思维

抽象思维是依赖概念、判断和推理解决问题的思维。这种思维借助于词语、符号思考问题，故又称为词语逻辑思维。例如，学生运用数学符号和概念进行数学运算和推导，常常是以抽象思维为主来解决问题的；科学工作者运用抽象思维解决一些理论与实践问题。

抽象思维分为形式逻辑思维和辩证逻辑思维，前者具有确定性，并反对思维过程本身的自相矛盾；后者则具有灵活性，并强调反映事物内在矛盾的统一。两者既有区别，又有联系，辩证逻辑思维是在形式逻辑思维的基础上逐渐发展起来的，它属于抽象思维的高级阶段。

（二）根据思维探索的目标和方向分类

根据思维探索的目标和方向不同，可将思维分为集中思维与发散思维。

1. 集中思维

集中思维也称为辐合思维、求同思维，它是将问题所提供的种种信息或者条件朝一个方向集中，从而得出一个正确的答案或者一个最优的解决问题的方案。

2. 发散思维

发散思维也称为求异思维、逆向思维或多向思维，这种思维是沿着不同的方向去思考，对信息或者条件加以重新组合，找出几种可能的答案、结论或者假说。

发散思维有三个特点：一是流畅性，指发散思维的量，单位时间内发散的量越多，流畅性越好；二是变通性，指思维项目的范围或维度，范围越大，维度越多，变通性越强；三是独特性，指思维发散的新颖、新奇、独特的程度。例如，让学生说出"砖"有哪些用途，学生可能回答盖房子、筑墙、砌台阶、修路、当锤子、当武器、垫东西等，在有限的时间内，提供的数量越多，说明思维的流畅性越好；能说出不同角度的用途，说明变通性好；说出的用途是别人没有说出的、新异的、独特的，说明具有独创性。发散思维的这三个特点有助于人消除思维定势和功能固着等消极影响，有助于解决创造性问题。

集中思维强调指向唯一正确的目标，即要求思维的内容和成果应集中和统一到传统观念或原有概念、原理上来，否则会被视为错误或异端。而发散思维强调思维的内容和成果应与传统观念或原有概念、原理不同，甚至相反，其思维目标事先不能确定，可以是一个也可以是多个。发散思维是一种不依赖常规寻找变异的思维，在探索几个可能的答案时，一般很难确定哪个是正确的，只有通过验证才能确定。

（三）根据思维的创新程度分类

根据思维的创新程度不同，可将思维分为常规性思维和创造性思维。

1. 常规性思维

常规性思维又称再造性思维，运用常用的思维方法来解决问题的思维，具有再造性的特点。这种思维缺乏新颖性和创造性，是运用已有的知识、经验及现成的方法来解决问题，一般不会产生新的思维成果。

2. 创造性思维

创造性思维是用创造性方法来解决问题的思维，一般能产生新的思维成果。创造性思维是人类思维的高级过程，是多种思维的综合表现。

（四）根据思考步骤和过程是否清晰分类

根据思考步骤和过程是否清晰，可将思维分为直觉思维和分析思维。

1. 直觉思维

直觉思维又称非逻辑思维，它是一种没有完整分析过程与逻辑程序，依靠灵感或顿悟迅速理解并作出判断和结论的思维。这是一种直接的领悟性思维，具有直接性、敏捷性、简缩性、跳跃性等特点，是逻辑思维的凝聚或简缩。

直觉思维有三个特点：一是从整体上把握对象，而不是拘泥于细枝末节；二是对问题实质的洞察，而不是停留于问题的表面现象；三是一种跳跃式思维，而不是按部就班地展开思维过程。直觉思维是在知识、经验累积的基础上形成的。

2. 分析思维

分析思维又称逻辑思维，它是一种严格遵循逻辑规律，经过仔细研究，逐步分析，最后得出明确结论的思维。例如，警察通过分析线索、取证、对证等环节而找出犯罪对象，学生推理、论证几何题。

四、思维和语言的联系

1. 思维离不开语言，语言离不开思维

（1）思维离不开语言表现在以下几个方面：
①思维以语言为工具。
②思维的成果需要语言来巩固。

③语言可以帮助思维逐步深化。
④语言可以帮助思维条理化。
⑤语言可以帮助将思维成果传递给别人。

（2）语言离不开思维表现在以下几个方面：
①语言的形成和发展都依赖于思维。
②语言的交际过程依赖于思维。

2. 思维和语言有很大的区别

思维和语言有着很大的区别，主要表现在以下几个方面：

（1）职能不同。思维的职能在于反映客观现实，认识客观事物的特点、规律及相互间的联系和区别，语言的职能在于为交际和思维提供工具。

（2）思维具有全人类性，语言具有民族性。思维作为大脑的一种机能，客观世界对全人类而言是统一的，人类认识活动的基本过程也是一致的，是由感性认识上升到理性认识，都遵循思维的基本规律。因此，思维具有全人类性。语言是社会约定俗成的，语言是交际和思维的工具，思维是反映客观事物的认知过程。

第二节　想象概述

一、想象的概念

想象是人脑对已储存的表象进行加工改造，从而创造出新形象的心理过程。例如，我们读白居易的诗句"日出江花红胜火，春来江水绿如蓝"时，头脑中浮现出祖国江南秀丽景色的画面。

人通过想象可以创造出自己没有经历过的、现实中尚未存在或者根本不可能存在的事物的形象。无论人们想象的形象多么新奇，构成想象的材料都是我们过去感知过的客观事物的表象想象，通过它们产生的新事物的形象称为想象表象。有想象才有创造，任何文学艺术创作、科学发明都需要想象。

二、想象的功能

1. 预见功能

想象能预见活动的结果，指导人们活动进行的方向。例如，我们小时候想象自己成为科学家、音乐家、教师，由此奋发学习，长大后实现自己的理想。

2. 补充知识、经验功能

实际生活中有许多事物不可能直接感知，通过想象，我们可以补充这种知识、经验的不足。

3. 代替功能

人们的某些需要不能得到实际满足时，可以利用想象的方式得到满足和实现。例如，幼儿园小朋友想当汽车驾驶员，由于客观限制而不能实现，于是把小凳子想象成小汽车，自己当"驾驶员"。

三、想象的分类

根据想象时有无预定的目的,可以把想象分为无意想象和有意想象。

(一)无意想象

事先没有预定的目的,不由自主产生的想象称为无意想象,也称为不随意想象。例如,看到天上的白云,根据它的变幻,不由自主地想象为一群绵羊,一堆棉花等;学生根据教师绘声绘色的描述而不由自主地展开的想象。

语言诱导是引起无意想象的主要因素。无意想象也可以由疾病或药物引起,人在意识减弱、昏昏欲睡时容易产生无意想象。

梦是无意想象的极端形式。梦在睡眠中发生。人有两种睡眠,一种叫慢波睡眠(普通睡眠),另一种叫快波睡眠(异相睡眠)。慢波睡眠有四个阶段,即似睡非睡阶段、浅睡眠阶段、较深睡眠阶段和深睡眠阶段;经过慢波睡眠之后,人就进入了快波睡眠。这时,人的面部和四肢肌肉紧张,但有时会出现全身性运动,心跳和呼吸节律加快,出现与人觉醒时相似的脑电波。根据研究,这是做梦的表征,如果这时把人叫醒,几乎所有的人都会报告正在做梦。慢波睡眠大约经历一个半小时,快波睡眠大约经历半小时左右。在慢波睡眠过程中,只有在第二、三、四阶段,有的人才会做梦,但往往对梦中的细节记不清。

梦是脑的正常活动,它不仅无损于人的健康,而且对脑正常功能的维持是必要的。研究过梦的心理学家认为,在创造性的活动中,梦境可以给人以灵感。在正常情况下,人每晚在睡眠时约做五个梦。由于梦不受意识支配,因此它有离奇性。梦境是由自己经历过的事物构成的,因此具有逼真性。对梦的研究发现,梦中的环境、人物、情节等都与个人的生活经验相关。研究人员统计了人们在梦中的情绪表现,结果是愉快情绪占41%,不愉快情绪占25%,混合情绪占11%,没有情绪占23%,这些与被调查个体在日常生活中的情绪体验完全一致。

(二)有意想象

事先有预定目的和自觉进行的想象称为有意想象,也称为随意想象,有意想象有时还须一定的意志努力。根据观察内容的新颖性、独立性和创造程度,有意想象可分为再造想象、创造想象和幻想。

1. 再造想象

再造想象是根据词语的描述或图像、符号的提示在头脑中形成相应事物形象的过程。

再造想象的特点是再生性,它的形象不是自己创造出来的,而是根据某种需要或任务重新去塑造的。词语的调节与已有的知识、经验是塑造某种事物形象的关键,因此,不同的人在相同的情况下,由于词语的调节和个人的知识、经验不同,再造出来的形象可能是不相同的,这也说明,再造想象中也有创造性的成分。

再造想象在人的认识活动中有着重要的意义。凭借再造想象,我们可以摆脱狭小的经验范围和时间、空间限制,去获得自己不曾感知或无法感知的有关事物的形象及其知识。进行有效再造想象要具备两个基本条件:一是能正确理解词与符号、图样标志的意义;二是有丰富的表象储备。

2. 创造想象

创造想象是指按照一定的目的和任务，使用自己积累的表象在头脑中独立地产生新形象的过程。

创造想象产生的新事物形象应具有新颖性、独创性和奇特性，有一定的社会价值，才会得到人们的认可与肯定。创造想象是创造性活动的必要因素，它使人在问题不明确的情况下能够拟定活动程序，并且将创造过程结束时可能得到的结果提前呈现在创造者的头脑中，指导创造活动的进程与方向。个体发展创造想象要具备以下几个条件：

（1）有社会需要与创造欲望。社会需要是激发创造想象的源泉和动力，也是产生创造想象欲望的基础。一旦社会需要与个人的强烈创造欲望结合起来，在正确观点的指导下，就会产生创造新事物的实际行动。

（2）高水平的表象建构能力。人们要想通过创造想象，获得具有新颖性、独创性和奇特性的新事物形象，只有一般的表象建构能力是不够的。平时，对有关事物认真观察，积累丰富的材料，并有意识地在头脑中就储备的表象进行想象建构演练，有助于表象建构能力的提高，从而发展创造想象的能力。

（3）原型启发。进行创造想象时，对解决问题起启发作用的事物就是原型。原型之所以有启发作用，原因有两个：一是原型与所要创造的新事物形象有共同的特点，能够成为创造新事物形象的起点；二是人们可以在原型的基础上进行各种联想。

（4）积极的思维活动。创造想象要有思维调节，才能更有效地展开。例如，工程师研制新机器，要思考各种部件间配合的协调性，并根据有关的理论和数据来绘制新机器的蓝图。这些想象过程都伴随着积极的思维活动。

3. 幻想

幻想是与个人生活愿望相联系并指向未来的一种想象。幻想是创造想象的特殊形式，它体现了个人的憧憬或寄托，不与当前的行动直接联系而指向未来。

幻想有积极和消极之分。切合生活实际、符合事物发展规律、具有社会意义的幻想是积极的幻想，也称为理想。它是创造力实现的必要条件，是激励人们创造的重要精神力量，是个人和社会存在与发展的精神支柱，是促使人们进行创造活动的心理力量。脱离现实生活实际、违背事物发展规律的幻想是消极的幻想，也称为空想。这种幻想是有害的，它使人们脱离现实生活，成为空想家。

第三节　思维规律在教学中的运用

（一）小学生思维发展特点

小学生思维的基本特点是：从以具体形象思维为主要形式逐步过渡到以抽象逻辑思维为主要形式。但这种抽象思维在很大程度上仍然直接与感性经验相联系，仍然具有具体形象的很大成分。

小学生从具体形象思维向抽象思维过渡，不是立刻实现的，也不是一个简单的过程。

第一，在整个小学时期，儿童的抽象逻辑思维在逐步发展，但仍然带有很大的具体性。

低年级儿童所掌握的概念大部分是具体的、可以直接感知的,要求低年级儿童指出概念中本质的东西,常常是比较困难的。只有在中高年级,儿童才逐步学会分出概念中本质的东西和非本质的东西、主要的东西和次要的东西,学会掌握初步的科学定义,学会独立进行逻辑论证。

第二,在整个小学时期,儿童的抽象逻辑思维的自觉性开始发展,但是仍然带有很大的不自觉性。低年级儿童虽然已学会一些概念,并能进行判断、推理,但是还不能自觉地来调节、检查或论证自己的思维过程。他们常常能够解决某种问题,却不能说出自己是如何思考、如何解决的,这是由于对思维本身进行的分析综合与内部言语的发展分不开。只有在正确的教育下,教师指导儿童逐步从大声思维(讨论)向无声思维过渡的时候,儿童自觉调节、检查或讨论自己的思维过程的能力才逐步发展起来。

第三,在整个小学时期,儿童的抽象逻辑思维水平在不断提高,儿童思维中的具体形象成分和抽象逻辑成分的关系在不断发生变化,这是它发展的一般趋势。但是具体到不同学科、不同教材的时候,这个一般的发展趋势又常常表现出很大的不平衡性。例如,在算术教材的学习中,儿童已经达到了较高的抽象水平,可以离开具体事物进行抽象的思考,但是在历史教材的学习中,仍旧停在比较具体的表象水平上,对于历史发展规律的理解还有很大的困难。又如,儿童已能掌握整数的概念和运算方法,而不需要具体事物的支持,但是,当他们开始学习分数概念和分数运算时,如果没有具体事物的支持,就会感到很困难。

第四,在整个小学时期,儿童的思维发展是一个从具体形象性向抽象逻辑性逐步转化的过程,在这个转化过程中,存在着一个关键转变点,这就是从具体形象思维向抽象逻辑思维转化过程中出现一个比较明显的"质变"或是"飞跃",这个质变发生的时期,就是小学生思维发展的"关键年龄"。一般认为,这个关键年龄在小学四年级(10—11岁),当然,其中也有可变性,如果教育适当,关键年龄可能提前,有的教育性实验报告就指出,这个"关键年龄"可以发生在小学三年级;反之,如果没有适当的教育条件,这个"关键年龄"也可能推迟发生。

小学教师的任务在于有计划地发展儿童的言语,特别是书面言语和内部言语,丰富儿童的经验,特别是间接的经验,因为儿童的思维水平是在掌握言语和经验的过程中实现的。当然,教学和思维发展之间的关系不是直线的、简单的,从掌握言语和经验到思维发展是有一个量变到质变的过程,而且这个量变到质变过程常常会由于学科的不同、教材内容的不同、儿童学习方法和个人特点的不同而不同。

(二)初中生思维发展特点

初中生思维发展的一个主要特点是:抽象逻辑思维日益占主要地位,但是思维中的具体形象成分仍然起着重要作用。

初中生的思维也和高中生的思维不同,在初中生的思维中,抽象逻辑思维虽然开始占优势,但在很大程度上还属于经验型,他们的抽象思维经常需要具体的、直观的感性经验直接支持。而高中生的抽象逻辑思维处在由经验型水平向理论型水平的急剧转化过程中,他们已经能够用理论指导来分析综合各种事实材料,从而不断扩大自己的知识领域。因此,只有在高中学习阶段,才有可能初步了解特殊和一般、归纳和演绎、理论和实践等对立统一的辩证思维规律。

初中生思维发展的另一个主要特点是:思维的独立性和批判性有了显著的发展,但是容易产生片面性和表面性等缺点。

初中生由于初步掌握系统的科学知识，开始理解自然现象和社会现象中的一些复杂的因果关系，同时由于自我意识的自觉性有进一步的发展，常常不满足于教师或教科书中关于事物现象的解释，喜欢独立寻求和争论各种事物现象的原因和规律。这样，初中生独立思考能力达到了一个新的、前所未有的水平。有人说，从少年期开始，学生进入一个喜欢怀疑、争论、辩驳的时期，不轻信教师、家长或书本上的权威意见，而是经常要独立地、批判地对待一切，这的确是少年期的重要特点之一。

初中生不但能够批判地对待别人的和书本上的意见，而且开始能够比较自觉地对待自己的思维活动，开始能够有意识地调节、支配、检查和论证自己的思维过程，这就使青少年在学习上和生活上有了更大的独立性和自觉性。

教师和家长应该珍视这种思维发展上的新品质，因为独立思考能力是一种极为可贵的心理品质。绝不能因为少年经常提出各种不同的或怀疑的意见，就认为他们是故意"反抗"自己，因而斥责他们，甚至压制他们。

当然，也必须强调：少年思维的独立性和批判性还极不成熟，或者说，还是有缺点的，它的主要缺点就是容易产生片面性和表面性。

少年思维的片面性和表面性的表现是多种多样的：有时表现为毫无根据的争论，他们怀疑一切，坚持己见，但是又常常论据不足；有时表现为孤立地、偏激地看问题，把谦虚理解为拘谨，把勇敢理解为粗暴或冒险，有时明于责人而暗于责己。

在学习上也有同样的情况，研究材料指出：少年往往把已经掌握的规则或原理不恰当地运用到新的条件中，以致产生公式主义和死抠教条的毛病。

少年在独立思考能力发展上的这些缺点与他们知识的不足相联系，也与他们的辩证思维还不完善相联系。教师一方面要大力发展他们的独立思考能力，随时加以引导；另一方面要对他们独立思考中的这些缺点给以耐心的、积极的教育；对他们的缺点采取嘲笑的态度是不对的，采取放任不管的态度也是不对的。

二、中小学生思维能力的培养

（一）在教学中运用思维规律，提高学生解决问题的能力

1. 创设问题情境，激发学生积极思维

思维是从问题开始的，在教学中教师应有意识地创设一定的问题情境，激发学生思维活动的积极性，从而培养学生提出问题、分析问题和解决问题的能力。在教学中，教师可以提出问题，或激发学生提出各种问题。教师不必急于回答，要设法将其转换成学生的共同问题，并鼓励学生运用已有的知识经验去思考如何解决自己提出的问题，也可以展开班级讨论，教师给予一定的、必要的启发，让学生寻找答案。

2. 帮助学生掌握解决问题的思维步骤与方法

传统的教学往往只重视知识的传授，而不重视掌握知识时所必需的各种思维方法的培养；只注意某些结论的记忆，而忽视产生这种结论的推理过程。然而，恰恰是这种思想方法和逻辑推理规律，对人思维能力的发展具有重大意义。因此，教师在教学中要有意识帮助学生掌握各种思维方法和培养逻辑思维能力。思想方法、逻辑规律是比较抽象的，不是任何年

龄儿童都能自觉地、有意识地掌握。教师在教学中要结合各种知识，有意识地进行合乎逻辑的讲解，并引导学生不断地运用某些思想方法去获得新知识，逐渐熟悉这些思想方法和规律。例如，解答一道应用题要经过明确问题、分析条件、确定题目性质、提出解答方案以及演算、验证等步骤；掌握一个新的概念，要经过分析、综合、比较、抽象、概括的思维过程。在教师一遍又一遍有意识引导下，学生就能熟悉各种思想方法，并从不自觉地应用这些方法过渡到自觉应用。

3. 利用迁移的积极影响，克服某些定势的消极作用

为迁移而教，现在已成为教育界流行的口号。迁移实际上是解决问题的一种能力，它在学生掌握知识、解决问题的过程中具有重要的意义，教师在教学中应注意培养和发展学生的迁移能力。

首先，教师应在教学中注意发展学生的概括能力，要以传授概括水平高的基本概念、定理、公式、法则等为主。有人把概括化的知识比作一个井然有序的档案库（信息库），在解决问题时，人们容易从这里的信息库中检索到信息，因此对解决问题起正迁移的作用，概括能力越强，迁移范围就越广，就容易做到举一反三、触类旁通。

其次，教师要利用比较的方法，通过个别例证的分析找出一般的、概括的知识与具体问题情境之间的关系，找到新旧知识间的共同因素。因为新旧知识间共同要素越多，迁移的作用越大，就越能促进问题解决。通过这样的比较，使学生在学习和解决具体问题的过程中，学会找出知识经验与个别具体问题之间的关系，并解决实际问题，从而促进学生思维水平的不断提高。

最后，教师要加强对学生基础知识的讲授与基本技能的训练。一个人所掌握的基础知识与基本技能越多越牢固，就容易产生迁移。当然，基础知识的掌握必须建立在深刻理解的基础上，只有对知识有深刻理解，迁移才能顺利地实现。

4. 调控解决问题时的心理状态

在解决问题的过程，中学生的动机和情绪状态也是一个制约思维活动和解决问题效率的不可忽视的心理因素。前面我们讲过，在动机方面，强度偏低和过高都是不利的。学生在学习和解决问颢中，易出现两种情况：一是在平时做作业解题时，易出现动机强度偏低造成思维积极性不足的情况；二是在测验或考试解题时，易出现因动机强度过高造成思维功能削弱的情况。在情绪方面，诸如焦虑、紧张、悲哀、忧郁、愤怒等负性情绪都不利于学生解决问题。学生在测验或考试时，容易受到来自焦虑、紧张等消极情绪状态的干扰，影响对问题的解决。因此，要让学生学会调控自己的心理状态，在解决问题时尽量处在动机强度适中和情绪平和、愉悦的心境之中。

5. 加强学生的言语训练

言语是指人们使用语言的活动，即借助语言传递信息的过程和借助语言进行思考的过程。

思维能力发展与言语发展密不可分。学生思维能力是在言语发展过程中逐步发展起来的。学生正确地掌握大量词汇和系统的语法规则，并能清晰、准确、灵活地使用口头与书面言语表达思想感情，则可使思维活动明确、系统、符合逻辑。因此，在教学中，在进行知识教学的同时，积极引导学生掌握词汇、丰富概念，训练言语表达的规范性，给学生提供充分

的口头和书面言语表达与练习的机会，如要求学生回答问题、复述课文、坚持写日记，加强作文训练等，以此提高学生的言语表达能力，从而培养学生的创造思维能力。

6. 培养学生良好的思维品质

思维能力的提高应重视思维品质的培养。通过培养学生的概括能力，来培养学生思维的深刻性；通过发散思维的训练，培养学生思维的灵活性；通过培养学生迅速地分析问题和解决问题的能力，来提高学生思维的敏捷性；通过培养学生独立思考的自觉性和解题的新颖性，来培养学生思维的独特性；通过鼓励学生分析解决问题所依据的条件，大胆提出自己的假设和对现成答案提出质疑，来培养学生思维的批判性。

（二）在教学活动中培养学生的创造性思维

1. 培养学生强烈的创造愿望

这是培养创造性思维的前提，要让学生认识到创造思维能力是创造型人才的重要标志，而创造不是少数人的事情，每一个智力正常的人都具有创造能力，都可以进行发明创造。人的各种能力是在活动中形成和发展的，创造性思维能力只有通过创造性活动才能得到发展和提高。所以要鼓励学生积极参加各种创造性活动，鼓励学生产生各种新颖、独特的创造性行为和成果，帮助学生树立在创造活动中的信心，激发他们的创造欲望，鼓励他们大胆尝试，勇于实践，不怕失败，认真总结经验。

2. 保护好奇心，激发求知欲

好奇心是人对新异事物产生好奇并进行探究的一种心理倾向。求知欲又称认识兴趣，它是好奇心、求知欲的升华，是人渴望获得知识的一种心理状态。好奇心和求知欲是学生主动观察事物、进行创造性思维的内部动因。一些研究认为，儿童的好奇心、求知欲如果得不到支持与引导，它们就会泯灭。因此，教师在教学过程中要创造条件，积极促进学生好奇心、求知欲的发展。例如，通过启发式教学或创设问题情境，使学生面临疑难时产生求知的需要和探索的欲望，主动提问和质疑，并给予学生鼓励；通过现代化的教学手段，创造新异的活动、新颖的课件来激发学生的好奇心、求知欲和探索动机；组织或引导学生去观察大自然或社会生活，鼓励他们去发现问题，并启发他们寻找答案；经常结合教学向学生提出一些他们熟悉而又需要动脑筋才能解决的思考题，促进学生创造性思维的发展。

3. 加强发散思维的训练

创造活动过程是由发散思维到集中思维，又由集中思维再到发散思维的多次循环往复的过程。其中发散思维更能体现思维的创造性，是创造性思维的主要成分。在教学中有意识地训练学生的发散思维，有助于学生创造性思维的培养。培养发散思维，主要方法是加强学生思维的流畅性、变通性和独特性的训练，从而限制与排除心理定式与功能固着的消极作用。例如，每次作业内容不要太单调，不要机械地死套公式，应多设置一些选择题锻炼学生灵活解决问题的能力；要鼓励学生一题多解，一事多写；设计一些有多种答案的题目等。教师也可利用数学应用题来培养学生的发散思维，一般分三步走：一是教小学生认识数量关系；二是让小学生根据题中两个已知数量之间的关系，思考能提出哪些问题；三是进行应用题的发散思维训练，让小学生通过改变应用题的条件，将一步应用题变为多步应用题。

4. 鼓励直觉思维

直觉思维在人的创造性活动中具有重要的作用。有意识地培养和发展学生的直觉思维能力，是培养学生创造性思维的一个重要环节。因此，在教学活动中，教师要做到以下几点。

（1）引导学生获得应用知识和解决问题的知识经验，这有助于学生简缩思维过程，依据某些线索迅速作出直觉判断。

（2）教育学生认真掌握每门学科的基本理论和体系，这是发展学生直觉思维的根本。

（3）鼓励学生对问题进行推测、猜想、应急性回答，提出不限答案的问题或不合常规的设想等，以培养他们的直觉习惯。

（4）充分利用原型启发、类比和逆向思维，使学生有更多的机会获得新观念、新设想、新闪念。

（5）教师在教学中不仅要讲清有定论的知识，也应对某些尚未定论的难题提出假设，敢于猜想，为学生作出运用直觉思维的示范。

（6）直觉思维与分析思维是相互补充、相互联系的，培养学生的分析思维有助于学生直觉思维的培养。

（7）教师要鼓励学生勇于思考，不要求学生对一切问题的答案都经过深思熟虑和严密推理后才提出来，倡导学生学会捕捉转瞬即逝的直觉，鼓励学生近似合理地猜想、假想和即兴回答，对学生直觉回答中的错误不要指责和挖苦，要给予正确的引导。

5. 发展学生的想象力

想象与创造性思维有着密切的联系，它是人类创造活动所不可缺少的心理因素。因此，教师要注意发展学生的想象力。

（1）引导学生努力学习科学文化知识，增加知识储备。创造性思维过程是对头脑中已有经验的调遣、重组过程，有时以从未有的组合形式表现出来，但任何形式的组合都不会脱离一个人已有的知识经验范围。

（2）引导学生学会观察，获得感性经验。

（3）引导学生积极思考，打开想象力的大门。

（4）引导学生积极参加科技、文艺、体育等活动，不断丰富学生的生活经验，为发展想象力创造良好的条件。

6. 培养学生的创造个性

创造性思维的发展不仅和智力因素有关，而且与个性因素也有密切关系。研究表明，人的意志力、自信心、独立性等个性因素在创造性活动中起着重要作用。因此，教师要有意识地通过各种活动培养学生独立、自信、坚持、有恒心、有创新意识、有责任感、勤奋、乐观、感情丰富、勇敢、顽强、坚韧、果断、勇于进取和探索、富于想象、兴趣广泛、有强烈的好奇心、好冒险、不盲从等个性品质，这些都有利于学生创造性思维的发展。

 思考练习

一、单项选择题

1. 古希腊学者阿基米德在浴缸中洗澡时突然发现了浮力定律，这种思维是（   ）。
A. 直觉思维　　　　B. 常规性思维　　　C. 分析思维　　　　D. 抽象思维

2. 学生通过对各种各样的鸟进行分析与比较，最后得出鸟的本质属性是"有羽毛的动物"。这种思维过程主要是（   ）。

A. 分析　　　　　B. 比较　　　　　C. 抽象　　　　　D. 概括

3. "夜来风雨声，花落知多少。"这句诗反映的思维特点是（　　）。
A. 间接性　　　　B. 概括性　　　　C. 直接性　　　　D. 抽象性

4. 俗话说"朝霞不出门，晚霞行千里"反映出思维具有（　　）。
A. 间接性　　　　B. 概括性　　　　C. 直接性　　　　D. 抽象性

5. "足智多谋，随机应变"体现的思维品质是（　　）。
A. 深刻性　　　　B. 敏捷性　　　　C. 灵活性　　　　D. 广阔性

6. "透过现象看本质"说明思维具有（　　）。
A. 深刻性　　　　B. 敏捷性　　　　C. 灵活性　　　　D. 广阔性

7. 在解决问题时，寻求"一题多解"，这种思维属于（　）。
A. 直觉思维　　　B. 常规思维　　　C. 发散思维　　　D. 聚合思维

8. 语文教师在课堂上让学生描述出诗的意境，此时学生头脑中产生的想象是（　）。
A. 再造想象　　　B. 创造想象　　　C. 幻想　　　　　D. 理想

9. 《西游记》的作者塑造出孙悟空的形象，这一形象对作者来说属于（　　）。
A. 再造想象　　　B. 创造想象　　　C. 幻想　　　　　D. 理想

二、简答题

1. 简述如何培养学生的创造性思维。
2. 简述创造性想象产生的条件。

三、案例分析题

在课堂上，教师让学生"列举砖头的用处"时，学生小方的回答是"造房子、造仓库、造学校、铺路"，学生小明的回答是"盖房子、盖花坛、打狗、敲钉"。

问题：请问小方和小明的回答如何？你更欣赏哪种回答？为什么？请根据思维的原理进行分析。

第六章 情绪与情感

> **学习目标**
> 1. 了解情绪、情感的概念。
> 2. 了解情绪、情感的分类。
> 3. 理解情绪、情感的区别与联系。
> 4. 掌握中小学生情绪与情感的特点,能结合教育教学实际运用情绪、情感规律。

第一节 情绪、情感概述

一、情绪、情感的概念

俗话说:"人非草木,孰能无情。"不论何时何地,人的活动无不打上情绪的印记,有时喜悦高兴,有时忧愁悲伤,有时厌恶憎恨,有时激动愤怒,有时恐惧绝望……,凡此种种,展示的便是心理活动的一个重要侧面——情绪、情感。情绪、情感是人对于客观事物是否符合自己的需要而产生的主观体验,并伴随特定的生理反应与外部表现的一种心理过程。情绪、情感产生于认识活动的过程之中,并影响着认识活动的进行。具体来说,情绪、情感的内涵涉及以下几个方面。

(1) 情绪、情感是以个体的愿望和需要为中介的一种心理活动,换句话说,只有那些与人的需要具有某种联系的事物,才能使人产生某种情绪、情感。例如,摆在面前的一本书,对于目不识丁或对书也不感兴趣的人来讲,没有任何触动,而对于渴求知识的人来说,则会因为得到这本好书而欣喜若狂。可见,爱恨的产生都源于主体的需要。凡是满足人的需要或符合人愿望和观点的对象,就会使人产生满意、愉悦等肯定的情绪、情感体验;反之,则产生烦闷、痛苦等否定的情绪、情感体验。

(2) 情绪、情感是一种内部的主观体验,即个体对不同情绪、情感的自我感受。生活中,喜、怒、哀、乐等主观体验轮番登场,组合成丰富的情绪世界,每个畅游其间的个体都可以尽情领略属于自己的人生五味。因为情绪、情感体验实际上是一种只可意会不可言传的感受,具有独特的个人色彩,所以不同的人对同样的事物或者同一个人在不同的条件下对同样的事物,所产生的主观体验可能是不同的。他人固然可以通过察言观色去揣摩当事人的情绪，但并非能真正了解当事人的感受。例如，对于"快乐"这种情绪，受到表扬和收到礼物也许都会感到快乐，但不同的人的自我感受却是不同的。

（3）情绪、情感总是伴随着或隐或显的外部表现，即表情。表情包括面部表情、身段表情和言语表情三种形式，如高兴时眉飞色舞，痛苦时顿足捶胸，紧张时语无伦次等。所以，表情是心情的镜子，它可以把个人的内心体验展现出来，成为人们判断和推测他人情绪的外部指标。但由于人类心理的复杂性，表情也能够根据情况被加以调节和控制，人们可加强它，也可以抑制它，例如，并不想笑但可能满脸堆笑，真正气忿却装出心平气和的样子。

（4）与情绪、情感相伴相生的还有人体内部的生理变化，即生理唤醒，具体表现为血压升高或降低，呼吸加快或减慢，胃肠运动加强或减弱，瞳孔扩大或缩小等。不同情绪、情感的生理反应是不同的，如激动时血压升高、愤怒时浑身发抖、紧张时心跳加快、害羞时满脸通红等。

二、情绪、情感的区别与联系

我们一直将情绪和情感作为一个统一的心理过程来讨论，实际上它们是两种难以分割而又有区别的主观体验，可以从不同的侧面对二者加以认识。

首先，在起源上，情绪是与生俱来的，不学就会，而且人与动物皆有，如婴儿一生下来就有哭、笑等情绪表现。情感则是人类所独有的高级心理过程，在社会历史发展进程中形成的稳定的社会关系，决定着人们对客观世界的态度，对于这些受社会关系所制约态度的反映，就是人类所特有的情感，如集体感、荣誉感、责任感、羞耻心、求知欲等，这些情感都是随着人的社会化过程而逐渐形成的。

其次，情绪具有情境的暂时性，它随情境或一时需要而发生，时过境迁或需要的满足将导致其减弱或消逝。例如，在听到出现"非典"疫情时，人们表现出恐慌、焦虑等情绪，随着疫情的逐渐好转或适当的心理调适，这种恐慌、焦虑的情绪便会逐渐减轻。情感是基于对主观和客观关系的一贯态度而形成的。例如，在疫情面前，白衣战士对患者的关心、对本职工作热爱，以及群众对白衣战士的敬重感激等情感，不会随着情境变化而改变，具有持久而稳定的心理过程。正因为如此，情感常作为人个性的重要方面。

最后，情绪具有冲动和明显的外部表现，如高兴时手舞足蹈、郁闷时垂头丧气、愤怒时暴跳如雷等；情绪发生时，人常常一时难以冷静自控。情感则显得比较内隐，始终处于个体的掌控之中。

情绪和情感虽然不尽相同，却也不可分割。一般来说，情感在多次情绪体验的基础上形成并通过情绪表现出来；反过来，情绪的表现和变化又会受到已经形成的情感的制约。例如，当人们干一份工作，总是体验到轻松、愉快，时间长了，就会爱上这一行；在人们对工作建立起深厚的情感之后，会因工作的出色完成而欣喜，也会因为工作中的疏漏而伤心。因此，情绪是情感的基础和外部表现，情感是情绪的深化和本质内容。

三、情绪、情感的功能

在日常生活中，情绪、情感发挥着重要的作用。

（一）信号功能

情绪、情感的信号功能，表现在能够凭借表情实现人与人之间信息的传递和思想的沟通。人们不仅通过情绪反应表达自己的需求和态度，如微笑表示友好、摇头表示反对、惊慌失措的呼救表示身处险境需要救援等，同时也通过察言观色了解交往对象的处境与状况，进而采取适当的措施或对策来适应环境，以获得更好的生存和发展。信号功能的良好发挥，使得情绪、情感成为言语交流的重要补充。

（二）动机功能

情绪、情感的动机功能，是指情绪、情感对人的行为活动具有增力和减力的作用。愉快、自信等积极的情绪使人精力充沛，心情舒畅，大脑及整个神经系统处于良好的活动状态，对实践活动产生巨大的推动力，能有效提高活动效率。而忧愁、恐惧、自卑等消极情绪则会降低人们活动的积极性，常常使人无精打采，甚至望而却步。但有些情绪却可能兼具增力与减力两种动力性质，其转化的条件是人能否认识到这种情绪的消极作用，并合理地加以调节。例如，面对人生路途上的失意与低谷，有的人颓废乃至陷于痛苦不能自拔，而有的人却能"化悲痛为力量"，以巨大的勇气与刚毅的意志，通过艰苦卓绝的努力与奋斗走出悲伤、超越痛苦，并由此实现自我的超越与人生的升华。"卧薪尝胆"的故事对这种力量作出了最为经典的注解：越王勾践为了复国忍辱负重，降尊纡贵，甘心为奴，不惜以君主的身份屈尊服侍吴王。他在长期的紧张、屈辱的状态下，极度压抑痛苦，但"知耻"让他拥有动力，"后勇"使他获得能量，终而复国。

（三）组织功能

情绪、情感的组织功能，一般体现为积极的情绪、情感对认知活动的协调、组织和促进作用；消极的情绪、情感对认知活动具有瓦解、破坏和阻断的作用，这种作用的大小还与情绪、情感的强度有密切关系。在活动中，情绪、情感唤醒水平过高或过低，如极度兴奋或提不起精神都不利于能力的发挥，例如，在考试时，由于过度紧张，有些学生往往出现考前或考场上"越着急，头脑一片空白"的焦虑现象；而中等强度的适度紧张反而有利于调动各种知识经验，让人注意力集中，思维敏捷，更容易取得优异的成绩。

（四）感染功能

情绪、情感的感染功能，是指个体产生某种情绪、情感后，不仅自身会感受到相应的主观体验，而且还能通过表情外显而为他人所知，进而引起他人相同或相似的情绪、情感的现象。以不良情绪为例，它像感冒一样具有传染性，我们常常会有这样的体验：周围的人无精打采、闷闷不乐，也会使自己本来不错的心情变得阴沉。

（五）保健功能

情绪、情感的保健功能，是指情绪、情感对一个人的身体健康有增进或损害的效能。我们知道，人感染了细菌会得病，机体受了创伤会发病，饮食不洁也会生病，但还有一种致病因素往往被人们所忽视，就是不正常的情绪变化，它可能导致很多疾病，我国自古就有"喜伤心，怒伤肝，思伤脾，忧伤肺，恐伤肾"之说。如前所述，当人情绪变化时，往往伴随着生理变化，这些生理变化在正常的情况下具有积极的作用，将人体各部分动员起来适应外界环境变化。然而，消极的情绪如果持续时间过长，或长期受到压抑而得不到合理的疏导和宣泄，会使人体内生理变化的过程难以恢复正常，久而久之必然引起疾病。因为消极的情绪，如不愉快、恐惧、忧郁、愤怒等会使肾上腺皮质类固醇等内分泌激素增加，造成人的心率加快、血管收缩、血压升高、呼吸加深、胃肠蠕动减慢等。相反，积极、适度的情绪状态则有益于健康，如高兴、愉快、欢乐等情绪能提高人的大脑和整个神经系统的活力，保持机体内分泌的平衡，使体内各器官系统的活动协调一致，有助于充分发挥整个机体的潜在能力。

四、情绪的理论

情绪的理论主要试图解释情绪体验的生理和心理方面的关系。

（一）詹姆斯-兰格理论

美国心理学家詹姆斯（Willian James）和丹麦心理学兰格（Carl Lange）分别于1884年和1885年提出了基本相同的情绪理论观点，被称为詹姆斯-兰格理论。该理论强调情绪的产生是植物性神经系统的产物，认为情绪是内脏器官和骨骼肌肉活动在脑内引起的感觉，即情绪是源于身体的反馈，刺激引起的生理反应，而生理反应进一步导致情绪体验的产生。

詹姆斯-兰格理论看到了情绪和机体变化的直接关系，强调了植物性神经在情绪产生中的作用，这有其合理性的一面；但是他们片面强调植物性神经系统的作用，忽视了中枢神经系统的调节、控制作用，引起了很大的争议。

（二）坎农-巴德学说

坎农（W. B. Cannon）认为，情绪并非外界变化的必然结果，情绪产生的中心不在外周神经系统，而在中枢神经系统的丘脑，由外界刺激引起感觉器官的神经冲动，传至丘脑，再由丘脑向上向下发出神经冲动，向上传至大脑，产生情绪的主观体验，向下传至交感神经，引起机体的生理变化，如血压增高、心跳加速、瞳孔放大、内分泌增加和肌肉紧张等。情绪体验与生理变化是同时产生的，他们都受丘脑的控制。坎农的情绪学说得到巴德（P. Bard）的支持和发展，故被称为坎农-巴德情绪学说。

（三）阿诺德的评定-兴奋说

美国心理学家阿诺德（Arnold Lucius Gesell）在20世纪50年代提出了情绪的评定-兴奋说，强调情绪的产生来源于大脑皮层对情境的评估，阿诺德的评定-兴奋说主要有三个主要观点。

第一，刺激情境并不直接决定情绪的性质，从刺激出现到情绪的产生，要经过对刺激情境的评估，情绪产生的过程是刺激情境-评估-情绪。例如，我们在森林里碰到狼会感到恐怖，但看到动物园里关在笼中的狼并不会感到恐怖，恐怖的产生取决于人们对情境的认知和评估，通过评估来确定刺激对人的意义，从而产生不同的情绪。

第二，情绪的产生是大脑皮层和皮下组织协同组织的结果，大脑皮层的兴奋是情绪行为最重要的条件。

第三，情绪产生的理论模式是：作为引起情绪的外界刺激作用于感受器，产生神经冲动，通过内导神经，经丘脑传到大脑皮层，刺激情境在此得到评估，形成一种特殊的态度，这种态度通过外导神经将皮层的神经冲动传至丘脑的交感神经，将兴奋传导到血管或内脏，使纯粹的认识经验转化为被感受到的情绪。

（四）沙赫特的两因素情绪理论

20世纪60年代，美国心理学家沙赫特（S. Schachter）提出，对于特定的情绪来说，有两个因素必不可少：一是个体必须体验到高度的生理唤醒，如心率加快、手出汗、胃收缩、呼吸急促等；二是个体必须对生理状态的变化进行认知性的唤醒。事实上，情绪状态是通过认知过程、生理状态和环境因素在大脑皮层共同作用的结果。环境中的刺激因素，通过感受器向大脑皮层输入生理状态变化的信息；认知过程是对过去经验的回忆和对当前情境的评估，来自这几个方面的信息经过大脑皮层的整合，才产生了某种情绪经验。上述理论转化为一个工作系统，称为情绪唤醒理论，这个情绪唤醒模型的核心部分是认知。

（五）拉扎勒斯的认知-评价理论

拉扎勒斯（Arnold Allan Lazarus）认为情绪是人与环境相互作用的产物，在情绪活动中，人不仅接受环境中的刺激事件对自己的影响，同时要调节自己对刺激的反应。依据他的观点，情绪是个体对环境事件的有害或有益的反应。在情绪活动中，人们需要不断地评价刺激事件和自身的关系，有三个层次的评价：初评价、次评价、再评价，初评价是指人确认刺激事件与自己是否有利害关系，以及这种关系的程度；次评价是指人对自己反应行为的调节和控制，它主要涉及人们能否控制刺激事件，以及控制的程度，也就是一种控制的判断；再评价是指人对自己的情绪和行为反应的有效性和适宜性的评价，实际上是一种反馈行为。拉扎勒斯还强调这种评价通常是在无意识状态下发生的。

（六）伊扎德的动机-分化理论

伊扎德（Izard C. E）的情绪动机-分化理论以情绪为核心，以人格结构为基础，主要论述情绪的性质和功能。伊扎德认为，情绪具有重要的动机性和适应性功能，它是人格系统的组成部分，是人格系统的核心动力。情绪体验是情绪系统与人格的其他系统相互作用的主要成分，对形成系统间的稳定和特定的联结起重要作用。情绪特征主要来源于个体的生理结构；遗传是某种情绪的阈限特征和强度水平的决定因素。每种具体情绪都有其发生的根源，都有特定的意识品质和适应功能。

第二节　情绪、情感的分类

一、情绪的分类

喜、怒、哀、惧、爱、恶、欲，此"七情"基本上概括了情绪的基本类型。但在现代心理学中，人们一般把快乐、悲哀、恐惧和愤怒列为四种常见的基本情绪，在体验基本情绪时比较单纯，在此基础上，派生出许多更为复杂的情绪体验，如厌恶、羞耻、悔恨、嫉妒、喜欢、同情等。根据情绪发生的强度、速度、紧张度和持续时间等指标，可以进一步将情绪分为心境、激情和应激三种基本状态。

（一）心境

心境是一种微弱、平静而持久的情绪状态，弥漫性和长期性是其突出特点。心境的弥漫性是指当人具有某种心境时，会以同样的情绪体验看待周围的一切事物，比如，一个考上理想大学的学生，"人逢喜事精神爽"，回到家里同家人谈笑风生，遇到邻居会笑脸相迎，走在路上也会觉得天高气爽；而当人心情郁闷时，无论何时何地都会情绪低落，无精打采，甚至会见花落泪，对月伤怀。心境的长期性是指事过之后，产生的相应情绪并不立即消失，往往会持续一段时间，几个小时、几周、几个月，甚至一年以上。除了由当时情境引起的心境之外，在生活经历和人生观影响下，人还可以有自己独特的心境主导其一生，如有的人一生历尽坎坷，却总是豁达开朗、朝气蓬勃，以乐观的心境去面对生活；有的人总觉得命运对自己不公平，心胸狭窄，忧心忡忡，饱受悲观心境的折磨。

引起心境的原因是多种多样的，如结婚生子、亲人去世等生活中的重大事件，工作和学习上的成败，人际关系的好坏，健康状况、疲劳程度，时令节气、环境景物，对往事的回忆，无意间闪现的念头等，都可能引起人的某种心境。当然，这些原因并不一定都能被人清楚地意识到，如常有人说"不知道为什么最近很烦（或心情不错）"。

心境可以说是一种生活的常态，人们每天总是在一定的心境中学习、工作和生活。心境亦有积极和消极之分，正如我们在第一节"情绪的功能"所谈到的那样，心境对人们的生活、工作和健康都有很大的影响。所以，保持一种积极健康、乐观向上的心境对每个人都有重要的意义。

（二）激情

激情是一种强烈的、爆发式的、持续时间较短的情绪状态，如重大成功之后的欣喜若狂、惨遭重创后的心灰意冷、突如其来的危险带来的异常恐惧等。激情一般是由个人生活中具有特殊意义的重大事件引起的，具有明显的生理反应和外部行为表现。狂喜时，捧腹大笑，手舞足蹈；暴怒时，双目圆睁，咬牙切齿，甚至拳脚相加；恐惧时，面如土色，浑身发抖，四肢无力；悲痛欲绝时，涕泪交加，泣不成声。如果说心境似微波荡漾，那激情就好比疾风骤雨，激情会突然侵袭和笼罩整个人，但它来得快去得也快，在宣泄之后，人又会很快平息下来。激情与心境联系密切，有时可以相互转化，例如，持续烦躁的心境容易导致暴怒，而过于悲痛之后常常残留着长久的忧伤。

在激情状态下，人常常出现认识活动范围缩小，即"意识狭窄"的现象，理智的分析能力和意志的控制能力也会减弱。这时人往往会很鲁莽，任性而为，不计后果。激情虽然使人的自制力有所降低，但并非全然不能自制，在激情爆发前，有意识地运用控制自己或转移注意等方法（如盛怒爆发前默默数数，张开嘴，把舌头在嘴里转上几十圈，强迫自己做一些同激情动作相反的动作等），在一定程度上是能够控制激情的爆发或减弱它的强度。

激情并不总是消极的，它也有积极的一面。在某些活动中，激情还扮演着不可或缺的角色，例如，在激情感染下，运动员敢于拼搏，勇夺金牌；士兵在战场上冲锋陷阵，一往无前；画家在创作中尽情挥洒，浑然忘我……有了激情，才有了奋斗不息的干劲和追求不止的热情，有了激情，人的行为才有了巨大的动力。总之，激情有助于人们提高行为效率并有所创造。

（三）应激

应激是指人对某种意外的环境刺激所作出的适应性反应，它的最直接表现为精神紧张。例如，在日常生活中突然遇到洪水、地震、骚乱、恐怖袭击等，无论天灾还是人祸，这些突发事件常常使人们心理上高度警惕和紧张，身体此时也会调动体内全部的能量以应付紧急事件和重大变故，出现如肌肉紧张、心率加快、呼吸变快、血压升高、血糖增高等明显的生理变化，应激的生理反应大致相同，但外部表现可能有很大的个体差异。在应激状态下，人通常有两种表现：一种是被突如其来的刺激所笼罩，目瞪口呆，惊惶失措，语无伦次，陷入一片混乱之中，如地震或失火时，有人会紧张地抱着枕头跑，而把孩子忘在屋里。另一种是在临危事急之际，当事人表现得沉着冷静，急中生智，当机立断，行为有力，有时能完成许多平时根本做不到的事情，例如，《史书》记载，汉代著名"飞将军"李广，一次夜巡，黑暗中见一猛虎，急忙开弓射箭。次日观之，箭之所射并非猛虎，而是巨石。箭深入石中，难以拔出，可见当时发力之大，但此时再试射，箭概不能入。这是由于夜色朦胧，以石为虎，情势危急，全身应激反应，力量骤增，创造了奇迹。

当然，应激状态之所以出现两种截然不同的行为表现，既同个人的认知评价、个性特点及社会支持力量有关，也同平时的训练和经验积累有关。当人处于困境之中时，如果家庭、朋友、同学、同事热心帮助，给予精神与物质上的支持，那么，便能很快摆脱困境。如果我们能居安思危，未雨绸缪，平时积极开展教育，使人们熟悉在各种灾难和险情面前如何自救避险，并加强应对灾难的预演训练，困境中也许就能获得新生。比如，四川安县桑枣中学的校长叶志平十分重视安全教育，平时一边加固校舍，一边开展逃生训练，每学期都要在全校组织一次紧急疏散的演练，演练的路线、队形、撤离走的门、老师的位置、疏散后操场位置划分等都做了详细规定，所以，当2008年5月12日地震发生时，师生们有条不紊地冲到操场上，前后仅用了1分36秒，无一伤亡。

二、情感的分类

情感，由社会需要引起，它包含人类所独有的社会意义，反映人们的社会关系和社会生活状况，并调节人们的社会行为。根据情感所反映的内容，情感主要包括道德感、理智感和美感三大类。

（一）道德感

道德，是一种社会现象，是社会生活中人们处理人与人、个人与社会、个人与集体关系时所应遵守的行为规范和准则的总和，如爱国主义情感、集体主义情感、责任感、事业心、荣誉感、自尊心等。

众所周知，不同时代、不同地区、不同阶级有着各自不同的道德评价标准。关于自己和他人的思想言论、行为举止是否符合社会道德标准而产生的情感体验就是道德感。当我国成功发射"神舟五号"载人飞船，航天英雄杨利伟走出返回舱时；当奥运赛场上运动员争金夺银，五星红旗冉冉升起之时；看到他们为祖国赢得了荣誉，作为一个中国人，无不为之感到骄傲和自豪，强烈的爱国主义情感油然而生。当看到有人见死不救、虐待妇女儿童，我们会义愤填膺，而对助人为乐、舍己救人者，则由衷敬佩。我们孝敬双亲，诚实守信，爱岗敬业，努力扮演好自己的人生角色，因此拥有内心的一份恬静和愉悦……，这些都属于道德感。道德感直接体现了客观事实与人的道德标准之间的关系，如果自己和他人的行为符合自己所掌握的社会道德标准，就会产生积极的情感；反之，伤心难过等消极的情感将会相随而生。

当然，道德标准会随着社会的发展而发展，不同历史时期的人对同样的事情会有不同的看法，会产生不同的道德感。以现代人的观点去看古代妇女缠足、立贞节牌坊等社会现象，不禁为封建礼教对人的摧残扼腕叹息；而古人对如今男女平等、女性社会地位的提高亦会觉得匪夷所思。道德感除了受社会历史条件的制约，一个人的信念、理想和世界观在道德感中也起着重要的作用，如过去有的人认为"搞导弹的比不上卖茶叶蛋的"，信奉"读书无用论"，看到别人废寝忘食地读书学习，他们反倒嗤之以鼻；再如尊老爱幼是我国的传统美德，但有的人却坚持个人至上，利己主义，因此看到公交车上老叟稚童站立一旁，他们无动于衷。可见，道德感是人的行为动力之一，它如影随形，就像一个教练员在指导运动员训练，不断对人的行为作出评判，评判的结果对人的行为起着关键的作用。青少年正值世界观与人生理想初步形成和确立的阶段，引导他们形成正确的道德规范，对其今后的成长意义非凡。

（二）理智感

理智感是人在智力活动过程中，认识事物和探求真理时产生的情感体验。它与人的求知欲、认识兴趣、解决问题的需要是否得到满足相联系。例如，人们在探索未知事物时表现出的兴趣和好奇心；科学研究中面临新问题时的惊讶、怀疑和困惑；为一时难以解决某些复杂问题而苦闷和焦虑，问题得以解决并有新的发现时的喜悦感和幸福感，这些都是人们在求知过程中理智感的表现，也是衡量一个人情感成熟与否的重要指标。

理智感在认识过程中产生发展起来，又反过来推动认识的进一步深入，是人们从事学习活动和改造世界的动力。当一个人认识到知识的价值和意义，感受到获得知识的乐趣，以及追求真理过程中的幸福感时，他就会不计名利得失，以一种忘我的奉献精神投入到学习和工作中。

（三）美感

美感是人根据一定的审美标准评价客观事物时所产生的情感体验。在客观世界中，凡是符合我们审美标准的事物都能引起美的体验。爱美之心人皆有之，而美感的形成多种多样，一方面，美感可以由客观景物引起，如杭州西湖"淡妆浓抹总相宜"的秀丽、内蒙古草原一望无垠的苍茫、故宫的绚丽辉煌、长城的蜿蜒壮美，都可以使人体验到大自然的美和人的创造之美；另一方面，人的容貌举止和道德修养也常能引发美感，而一个人身上善良、纯朴的性格，率直、坚强的品性，比身材和外貌更能体现人性之美；此外，人类所创造的各种文化艺术作品，如音乐、刺绣、剪纸、绘画、小说、电影等，无不给人带来美的震撼。罗丹说："世界上并不缺少美，只缺少发现美的眼睛。"自然美、社会美和艺术美，共同构成的美丽画卷在我们面前徐徐展开，等待我们去发现、去欣赏、去创造。

美有内在美和外表美之分。内在的美是灵魂，外在的美是躯体。一个人不仅要有健美的躯体，同时更应该有高尚美好的心灵。心灵美，能弥补长相不足；灵魂丑，会损伤外在美。生活中我们常常见到这样的人：他们其貌不扬，可是工作勤奋、知识渊博、乐观开朗、风趣幽默、心地善良，他们给人以美好的印象，给人以美的感受，因而深受人们的爱戴与称道；相反，有的人虽然仪表堂堂，衣着得体，却贪图享乐、不学无术、自私自利、心胸狭窄，可谓"金玉其外，败絮其中"，这样的人令人生厌，难于深交，不能久处。歌德说："外表美只能取悦一时，内心美方能经久不衰。"所以，在追求外表美的同时，要通过主观努力，重点加强心灵的塑造，只有这样，美才会真正熠熠生辉。

从主观体验来看，美感通常会给人带来愉快的肯定情感，山水美景使人心旷神怡，舍己救人让人在钦佩中感受到高尚的行为美，滑稽表演使人在笑声中享受美的欢乐，悲剧故事使人在伤心以至流泪的同时享受着悲壮和苍凉之美。美感的这种愉悦，是人对美好事物的肯定，促使人一而再，再而三地去欣赏它，沉醉其中，乐此不疲。

"美"是客观与主观的辩证统一。美感与道德感一样，受社会生活条件制约。由于人的生活背景、价值追求和审美情趣的多样性，人们对美的认识，可谓仁者见仁，智者见智，故审美评价既有相对统一的标准，又有极强的主观性，不同人群或个人在审美方面便有差异。车尔尼雪夫斯基曾将上流社会的贵妇人和普通农家少女做对比，在他看来，贵妇人面色苍白，涂脂抹粉，纤手细足算不得什么美；而农家少女由于经常参加劳动，双颊绯红，手脚粗壮，再加上又粗又长的发辫，透露出青春的活力和健美。正所谓"爱者为美""适者为美"。

第三节 情绪、情感在教育中的应用

一、中小学生情绪、情感的特点

情绪、情感同其他心理过程一样，在人的社会实践活动中逐渐成熟。学生生活的开始，改变了儿童的生活环境，随着年龄的增长，教育与教学不断向其提出新的要求，他们的接触面广了，认识也不断加深，情绪、情感也如羞答答的玫瑰在悄然绽放，逐渐定型。对于生理和心理尚处于从不成熟向成熟过渡的中小学生，其情绪同样彰显了与其他年龄阶段不同的过渡性特点。

（一）情绪、情感的内容不断丰富、深刻

学习是中小学生的主要活动，随着这一突出需要的增强，在丰富多彩的集体生活中，他们情绪、情感的范围和内容逐步扩大并丰富起来。例如，由学习成功或者失败，产生相应的愉快或沮丧的情绪体验；在集体中的地位、与同伴的关系、对国家建设与民族前途的关注等，都使中小学生产生各种情绪、情感体验，充实着他们的情感世界。

在情绪体验的发展方面，中小学生的情绪体验不仅丰富，而且有一定的复杂性，同一事物能引起他们的多种情绪体验。例如，参加竞选，他们既兴奋又不安，兴奋是因为想自我表现，不安则是担心出错或选不上被人笑话，这往往是对同一事物肯定和否定的情绪体验融为一体的表现。

随着知识的积累和社会生活经验的丰富，中小学生道德体验涉及的领域也越广泛，逐渐产生了集体荣誉感、社会责任感、义务感、正义感、民族自豪感等，并从最初的浅显、模糊逐步变得深刻、明晰。例如，对于好学生的理解，小学低年级学生认为不打人、不骂人就行了，高年级学生的认识愈来愈抽象全面，认为还应包括谦虚自信、团结友爱等。就理智感而言，中小学生在学习活动中表现出求知欲的扩大和加深，他们会因回答问题受表扬、考试考出好成绩而高兴，也会因为学习遇到困难而焦虑、郁闷。不过，有较完善理智感的少年，一般不会再为取得一点成绩而欣喜若狂，也不会为暂时的失败面垂头丧气，对成功和失败的情绪体验相对平衡起来。同时，中学生的美感也有了很大程度的发展，他们不仅能注意外表美，也逐渐懂得把外表美和内在美统一起来去感受美与丑、善与恶。

（二）情绪、情感的表现形式趋于内敛和稳定

低年级的学生富于表情，高兴起来喜形于色，激动起来忘乎所以，烦恼时郁郁寡欢，看不起人时嗤之以鼻，他们的喜怒哀乐通过表情动作尽情挥洒。但随着年龄的增长，他们的心理生活丰富了，表露于外的东西却少了，情绪、情感的表达呈现内隐的特点，即个体内部的情绪体验被外部的情绪表现所掩饰，出现表里不一的情绪状态。例如，考试得了低分或者被批评时装作满不在乎；没有朋友，心里孤单寂寞时，却表现出一种快乐无忧、自由自在的

假象。

俗话说，小孩的脸，六月的天，说变就变。低年级学生情绪、情感的稳定性还很差，容易受外部环境的影响，具有明显的波动性，在苦闷时受到鼓舞则为之振奋；在热情澎湃时，受到挫折则容易灰心丧气。但是，低年级小学生出现的心境持续时间一般不太长。随着生活阅历的增加、知识水平的提高以及自我控制能力的发展，高年级学生的情绪、情感在短时间内的跌宕起伏现象将逐渐减少，他们慢慢能够理智地去应对人生的风风雨雨，向着稳定而成熟的情绪、情感状态发展。

（三）情绪、情感的自控能力不断增强

中小学生的情绪、情感也有易于冲动的一面，他们常常因为一点小事就欣喜若狂、手舞足蹈，或者垂头丧气、无精打采，有时彼此之间仅仅因为一句话就怒不可遏、挥拳相向。年龄的增长、自我意识的发展以及环境的要求，都在推动青少年的自我控制能力向前发展，如愿望得不到满足的低年级小学生多发怒、啼哭，而青春期的中学生则能根据当时的情境控制、掩饰自己的情绪，或怒不形于色，或怒而不争。

二、情绪、情感在教学中的应用

教育心理学家指出，情感需要是教学过程发展的一种动力，调节教学过程中的心理气氛，并教授学生适当的方法，增强其不良情绪的调控能力，让快乐成为他们生活学习的底色，可以有效引导学生主动积极地达到学习目标。正如孔子所云："知之者不如好之者，好之者不如乐之者。"这句话道出了学习的最高境界——"乐之"，相当于我们经常讲的"主动学""我要学"的学习状态。回想一下你自己的学习生活，当你高兴时，你是否更愿意学习，并且还觉得不错呢？所以，"愉快教育"正成为教育界深入探讨的课题。作为一种教育理念，"愉快教育"最基本的特征就是要让学生获得主动学习和健康发展的快乐，"愉快教育"要求教育教学要帮助学生产生发自内心的学习热情，产生对学习的一种追求与向往，让学生变苦学为乐学，变要我学为我想学。简言之，愉快不仅是教育教学的途径，也是教育教学的过程和目的。

那么，怎样使学生产生愉快的情绪、情感呢？因为情绪、情感源于需要，基于此，我们首先必须清楚，在教育过程中，学生除求知需要之外，还有受尊重、被关注的需要，有亲身体验的需要，有满足好奇心的需要，有体验成功的需要，有质疑的需要，有参与讨论与评价的需要，有创造的需要，有发展个性品质的需要等，尽可能地满足学生发展的各种需要，运用多种教育策略激发学生的兴趣和求知欲，是激励学生主动学习并取得最佳教学效果的有效措施。

（一）师生关系

师生关系不仅是教学过程中最基本的人际关系，而且直接影响学生的情绪、情感，是教育能否获得成效的保证之一。尤其是低年级的学生，师生关系对他们的影响很大，在他们眼里，对他好的老师便是好老师，并由此爱屋及乌，喜欢学习这门课。要是一个教师本身不受学生欢迎与喜爱，要让学生接受相关课程的教育，完成你的任务是不容易的，所谓"亲其师"才能"信其道"，也才能"受其术"。

教师作为教育过程的主导者，应该是情感交流的主动方。所以，教师要从自身出发，努力建立良好的师生关系。一个合格的教师，首先，要具有良好的自我修养，与人为善，宽宏大度，乐观向上，用巨大的人格魅力和真挚、深沉、无私的爱去感染每一个学生；其次，要

树立民主、平等的教育观,必须注意师生在人格和真理面前平等,充分相信每个学生都具有发展的潜能;最后,要具有博大精深的学识水平,注重教学方法的改进,以完美的教学艺术和风格,让教学过程为学生带来美的享受;所有这一切都通过日常教育活动中教师的一举一动、一颦一笑、一言一行体现出来,潜移默化地感染着学生。因此,要与学生建立良好的师生关系,教师的"情感投资"要从日常小事做起,一个鼓励的眼神,一句激励的话语,一次亲切的微笑,一回善意的扶肩,甚至是一两句随口的询问,都能给学生留下愉快的回忆,留下情感的满足。

情绪具有很强的感染力,教师的喜怒哀乐在教育教学过程中很自然地影响着学生的情绪。所以,教师还要善于"包装"自己的情绪,使之处于快乐、饱满、振奋的良好状态。尤其是当教师把发自内心的、真诚的微笑引入课堂内外时,犹如兴奋剂,能够使学生腼腆胆怯的心理被融化,从而敢于去表达自己;又好比镇静剂,能够使外向好动的学生得到及时地提醒,意识到自己的言行需要控制;教师的微笑还能够让沉闷的课堂在鼓励引导下再现生机;微笑也是对不良行为的理解和宽容,引起学生的自我反思和觉醒,是对良好行为的鼓励和赞许,激励学生不断努力和进取。微笑营造出一种宽松的师生交往环境,进而使学生对所学的知识也有了"亲切感"。相反,面若冰霜、板着脸孔的教师令学生敬而生畏,心理上自然受到压抑,师生间的信息很难实现交流,教育教学效果必然大打折扣。有人说,微笑是人际交往的润滑剂,被人誉为"解语之花""忘忧之草",因此,当教师带着微笑面对学生时,微笑就是联系师生情感的纽带,是沟通师生心灵的桥梁,是创设和谐、愉悦的教育教学氛围的重要手段。

(二)运用合理的教学方法,让学生获得愉悦的学习体验

学习是学生的主要活动。著名教育家苏霍姆林斯基说:"如果教师不设法使学生进入情绪高昂和智力振奋的内心状态,就急于传授知识,那么,这种知识只能使人产生冷漠的态度,而不动感情的脑力劳动就会带来疲倦。"有经验的教师都深知这一点,懂得凡是能使学生发生情感触动的事物,就比较容易记住,而且保持牢固,甚至终身不忘;学生对之有好感、热爱的事物,就能牢固地保持在他们的记忆中。教学中,如果只是传授书本上的知识、教学目标只限定在知识的掌握和运用上,忽略情绪的调动和情感的陶冶,极易使学生感到索然无味。所以,教师应该在各个教学环节注重情绪、情感的渲染,使学生带着愉快的心情来学习知识,提高能力。

1. 创设问题情境,激发学生的学习兴趣和求知欲

古人云:"学贵有疑,小疑则小进,大疑则大进。"教师在组织教学时,通过设置各种问题情境,能够有效地引起学生的好奇心,激起学生要"弄懂"知识和掌握技能的欲望。问题情境的创设,是教师(也可以是学生)通过有关现象、事例、实验或其他学习材料提出有关的问题,来引发学生的学习兴趣。例如,物理教学中,在讲解有关蒸发知识的内容时,教师首先请学生做如下的吹气实验:第一次请学生将手掌放在离嘴大约15厘米的地方,张大嘴,慢慢地对着手掌呵气,学生会感到手掌"暖烘烘"的;第二次请学生将手掌摊开放在同样的位置,先闭嘴,然后嘴留一条小缝,用力向手掌吹气,学生会感到"冷飕飕"的。在这种情境下,学生自然会产生这样的问题:同样从自己嘴里吹出的气,理应温度相同,为什么吹气的方式不同,两次感觉不同,一次是暖烘烘,而另一次却是冷飕飕呢?问题情境的呈现,能引起学生情感(理智感)共鸣,对解决问题充满期望和兴趣,进而把注意

集中到新知识的学习上。

2. 重视教学过程的情感目标，调动学生主动参与的热情

求知本来是人世间最大的乐事，却在"要我学"的填鸭式教学方式下被异化了。传统的课堂教学，教师从头讲到尾，学生从头听到尾，教师是权威，担任着导演和演员的双重角色，学生只是观众，顶多跑跑龙套，敲敲边鼓，造成课堂寂静无声、死气沉沉，学生仿佛是在"梦中"一样。本来活泼好动、生机勃勃的中小学生，在课堂上变成了没有生命气息的"容器"，更多的是处于被督促、纠正、甚至是被呵斥的客体地位。"学生主体"大多成为停留在理论层面上"议而不行"的一句口号，学生习惯迎合书本和教师的标准，自主学习能力及创新的欲望一再被压抑，使得学生们极易感到乏味，这样培养出的学生也很难谈健康、快乐、全面发展，也不能适应现代社会对人才的需求。

中小学各学科新课程标准的出台，为课堂教学焕发生命活力提供了行动指南。它既有"知识与技能"领域的结果性目标，又有"过程与方法、情感态度与价值观"领域的体验性目标，这就是意味着教学的任务不仅在于让学生获得知识，而且要让学生在获得知识的同时，获得情感体验，学会学习，形成正确的价值观。例如，历史课程标准指出，通过组织学生观看《林则徐》《鸦片战争》《甲午风云》等影片，感受中国人民反侵略的斗争精神，并运用所学历史知识说明影片的历史背景，讲述历史故事；数学课程标准则让学生通过统计家庭每天丢弃垃圾袋的数量，经历数据收集、处理、呈现的过程，体会塑料垃圾对人类生活可能产生的危害等。为达到这样的课程目标，促使教师改变传统教学中学生被动接受式学习的状态，取而代之的是新的课程标准所积极倡导的自主、合作、探究的学习方式，即在教师讲授的同时，广泛采用讨论、课堂剧表演、体验与模拟实践、考察参观访问、创作与制作等灵活多样的方式进行教学。这一新的教学理念，充分激发了学生的主动意识和进取精神，增强了学生的好奇心、求知欲，让学生在感兴趣的自主探究活动中掌握知识和技能，体验学习"改头换面"的过程和乐趣。关键是它能够把学生的主体地位真正调动起来，学生由"要我学"转变为发自内心的"我要学""我爱学"，真正成为教学舞台上的主角，他们因此会觉得学习是一种乐趣，是一种享受，这样学习才有高效率。

（三）教会学生保持良好情绪的方法，提高其驾驭情绪的能力

你最近一段时间心情如何？你可能会说，有过欣喜、有过闷闷不乐，也遇到过紧张、焦虑或其他情绪。可以说，情绪与我们如影随形，能否妥善管理情绪关系到个体的生活质量、人格发展、学业进步和人生幸福。我们都愿意处于欢乐和幸福之中，然而，"人生不如意事十之八九"，当中小学生遇到会带来压力的事件时，教师可以教会他们利用一些调节和控制不良情绪的方法，逐渐提高其驾驭情绪的能力，主要有以下几种方法。

1. 合理认知情绪波动的起因

中小学生在认识问题时往往比较片面、激进，从而产生很多不良情绪，而人的认知和态度直接决定着情绪行为反应的方式。所以，当学生忧心忡忡、烦躁苦恼的时候，不要任其发展，应鼓励其分析原因。例如，一次考试失败，就认为自己一无是处，还觉得周围的人都用异样的眼光看自己，结果就会意志消沉，痛苦失望。因此，帮助学生找出考试失败的原因，合理认知，这是解决问题的关键，要让他们树立"我自己有能力，只要我努力一定能行"

"一两次的失败不算什么,失败让我认清了自己的问题,离成功又近了一步"等积极、合理的想法,给学生以鼓励,增强他们对抗挫折的信心,并明确努力的方向。

2. 自我排解

对于积累起来的不良情绪,不能长期积压在心里,可以采取适当的方式加以宣泄。首先,在不伤害自己和他人的前提下,通过较为剧烈的身体活动,或把自己胸中的怨言和不满痛快淋漓地写在纸上,之后一撕了之,或在僻静的地方痛哭一场,都能在一定程度上起到宣泄不良情绪的作用。有些学校为此设立了"心理宣泄室",给学生创造了一个自我调节的平台,在那里学生可以打沙袋、涂鸦、唱卡拉 OK 等,用这些方式缓解心理压力。其次,转移环境,心随境移,情随景迁,碰到不顺心的事情时,不妨暂离开现场,换个环境,做自己感兴趣的事情,有意识地转移注意力,如看电影、听音乐、健身、参加喜欢的公益活动,使紧张的情绪得到放松。

3. 寻求帮助

一个篱笆三个桩,一个好汉三个帮。当你身处逆境、压力重重之时,你最需要的是什么呢?亲朋好友亲切的问候、深切的理解和热情的帮助是每一个人都热切渴望的。这些问候、理解和帮助就是心理学中所说的社会支持。所以,教师要帮助学生建立起自己的社会支持系统,社会支持系统就是能对自己的许多方面,尤其是心理方面,给予支持和帮助的人际关系网络(主要是亲朋好友、教师、心理咨询人员等)。这样,学生在心情不愉快时就可以寻求他们的支持和帮助。

4. 注重修养,提高境界

这是调控情绪、长久保持良好情绪的根本途径。豁达乐观的胸怀是后天养成的,无论做人还是做事,教会学生培养自己的大爱之心、宽容之心,力求做到淡泊名利,不为蝇头小利而与人斤斤计较,由此所带来的内心平静与释然,将让其真正体会到"会当凌绝顶,一览众山小"的舒畅。与此同时,还要教会学生善于忆乐忘忧,对那些幸福、美好、快乐的往事要常常回忆,以便在心中泛起喜悦的涟漪,激发他们去开拓未来;而对那些不愉快的事情则尽量要像打扫房间一样,及时处理掉。

(四)家校结合,营造良好的情绪、情感氛围

家庭是孩子的第一所学校,是人类情绪、情感丰富的资源所在地。中小学生大多数是在家庭-学校"两点一线"中生活成长,每个学生的情绪、情感不可避免地打上了家庭的烙印。基于此,学校要与家庭形成合力,共同为孩子营造"在家暖心,在学校开心"的情绪、情感氛围。教师要与家长沟通,指导家长认识到家庭成员是孩子情绪、情感学习的榜样,如果家庭成员能够和睦相处,善于处理各种情绪、情感,不仅能使孩子生活在温馨的家庭氛围中,得到关心爱护,心情愉快,获得健康积极的社会情感,而且还会使孩子耳濡目染,学会以同样的方式处理生活中的情绪、情感。值得一提的是,良好和谐的亲子关系是孩子愉快成长的重要保证,为此,学校要加强对家庭教育的指导,帮助家长树立正确的教育观念,以民主型的教养态度和风格与孩子平等地进行沟通,以朋友的身份帮助、鼓励、欣赏孩子,而不是以训导者的身份来对孩子指手画脚。当孩子感受到尊重,与父母一起分享、探讨人生的苦或乐时,对孩子成长是最有利的。

思考练习

一、单项选择题

1. 人们欣赏名画《蒙娜丽莎》时,陶醉在"永恒"的微笑中,感到非常愉悦。这种情感属于(　　)。
   A. 道德感　　　B. 理智感　　　C. 美感　　　D. 自豪感

2. "动之以情"说的是情绪的(　　)。
   A. 信号功能　　B. 调节功能　　C. 感染功能　　D. 开导功能

3. "暴跳如雷""浑身战栗"体现的情绪状态是(　　)。
   A. 心境　　　　B. 激情　　　　C. 应激　　　　D. 热情

4. "砍头不要紧,只要主义真。杀了我一个,还有后来人。"此诗句中所表现出的高尚情操是(　　)。
   A. 美感　　　　B. 理智感　　　C. 道德感　　　D. 激情

5. "化悲痛为力量""不要意气用事"是(　　)。
   A. 意志对认识的影响　　　　B. 情感对认识的依赖
   C. 意志对情感的作用　　　　D. 情感对意志的作用

6. 下列不属于情绪外部表现的是(　　)。
   A. 心潮澎湃　　B. 眉开眼笑　　C. 坐立不安　　D. 轻声呻吟

7. 小明即将上考场,有点激动和焦虑,这属于情绪、情感的(　　)。
   A. 主观体验　　B. 外部表现　　C. 生理唤醒　　D. 认知活动

二、简述题

1. 简述情绪的种类。
2. 简述情绪和情感的功能。
3. 简述阿诺德的"评定-兴奋"情绪说。

第七章 意志

> **学习目标**
> 1. 意志的概念和特征。
> 2. 掌握意志过程、意志品质
> 3. 掌握良好意志品质的培养

第一节 意志概述

对事物的认识需要认知过程（感知、记忆、思维）的参与，情绪、情感负责调解和控制人的内心状态，但这些都不能保证人的成功。人们要想取得成功，就要借助心理过程中的一个重要方面——意志。

一、意志的概念

意志是有意识地支配、调节行为，通过克服困难，实现预定目标的内在心理过程。无意识的本能活动、盲目的冲动或一些习惯性动作等都不含有或很少有意志的成分。在社会生活中，小到我们搬一件东西、解一道数学题，大到参加科学考察、抗洪抢险，都需要意志的参与。人要达到自己预定的目的，就一定要克服各种各样、难易程度不同的困难。由于人们要克服的困难存在差异，意志行动的表现也有所不同。

意志包括感性意志与理性意志两个方面。感性意志是指人用以承受感性刺激的意志，它反映了人在实践活动中对于感性刺激的克制能力和兴奋能力，如体力劳动需要克服身体在肌肉疼痛、呼吸困难、血管扩张、神经紧张等感性方面的困难与障碍。理性意志是指人用以承受理性刺激的意志，它反映了人在实践活动中对第二信号系统刺激的克制能力和兴奋能力，如脑力劳动需要克服大脑皮质在接受第二信号系统的刺激时所产生的思维迷惑、精神压力、情绪波动、信仰失落等理性方面的困难与障碍。

意志既要考虑客观事物本身的运动状态与变化规律，还要考虑主体的利益需要，尤其要考虑人对于客观事物的反作用能力。

二、意志的特征

1. 有明确的目的性

人的认识、情感和行动有的是有目的的、自觉的,有的则不是。人类之所以不是消极、被动地适应环境,而是积极、能动地改造世界,成为现实的主人,正是由于意志的目的性导致的。

一个人在行动之前,总是先经过深思熟虑,对行动的目的有了充分的认识,并且把行动的结果储存在头脑中之后才采取行动。在活动过程中,方法的选择、步骤的安排等始终从属于确立的目标,然后以目标来评价行动的结果。人的这种自觉的目的性还表现在能发起符合目的的行动,制止不符合目的的行动。

2. 人所特有的心理现象

在实际生活中,并不是所有有目的的行动都是意志的表现,有的行动虽然也有明确的目的,但不与克服困难相联系,就不属于意志行动。因此,个体的行动需要克服的困难越大,意志的特征就显得越充分,越鲜明。动物的行为虽然也作用于环境,但动物的行为是无意识发生的,而且对于动物本身来说也是偶然的。因此,动物只能是消极地适应环境,而只有人类才能积极、主动地影响环境和改造环境。意志是意识的能动作用,只有人才有意志行动。

3. 表现为有意识地对行为进行调节

意志行动是有目的的行动,这就决定了意志行动是受人的主观意识调节和控制的。意志对行为的调节表现在两个方面,即发动行为和制止行为,发动行为表现为推动人们从事达到预定目的所必需的行动,制止行为表现为制止与预定目的不相符的愿望和行动。这两个方面在实际生活中是相互联系、相互制约,例如,学生为了明天的考试而紧张复习,这时即使有精彩的电视节目也放弃不看。

人的意志行动并不是经过一次发动和制止就可轻而易举地完成,往往需要反复多次克服内在、外在的困难和干扰才能完成,也就是说,一方面,人要根据预定的目的支配自己的行动;另一方面,行动的结果又不断地反馈给意识,进而对行动进行判断、调节和校正,最终才能实现预定的目的。

4. 对客观规律的依存性

意志对规律的依存性是指人的意志行动是以客观规律为依据的。

人的意志集中体现了意识的能动性。这表现在两个方面:一是意志可以能动地反映客观现实;二是意志可以能动地变革现实,克服困难,实现预期的目的。但是,人的意志并不是绝对自由的,是以客观规律为依据的。人的一切愿望、行动都必须符合客观规律,否则,将一事无成,例如,青少年在制订学习计划时,一方面要考虑到自己的学习能力,另一方面要考虑学习任务的难易程度,只有把两者有机地结合才能制订出切实可行的学习计划。如果没有考虑到自己的承受能力,而无限制地加大学习的数量和难度,只能品尝失败的苦果。

三、意志与认知、情感的关系

（一）意志与认知的关系

1. 认知过程是意志产生的前提和基础

首先，意志的重要特征是具有明确的目的性，人们只有在认识了客观事物的发展规律，并运用规律去改造客观世界时，才能确定行动的目的，并制定实现目的的计划和方法。列宁说："人的目的是客观世界所产生的，是以它为前提的。"若没有对客观世界的认识，意志行动也无从产生。其次，意志行动还要随形势的变化而不断调整，这也需要通过认知活动把握事态的发展，分析主客观条件，以决定是加速意志行动过程，还是调整意志行动的进程和方向。再次，意志行动与克服困难相联系，而对困难的性质和大小的估计离不开认知过程，人们如果对困难的性质认识不清，对困难的严重性估计不足，就有可能虽付出了很多努力，却事与愿违。

2. 意志对认知过程会产生重要的影响

人对外部世界的认知活动总是有目的、有计划的，离不开精细的观察、持久的注意和专注的思考。如果没有意志的参与，这些都无法做到。另外，人们在认知过程中常常会遇到各种困难，克服这些困难需要意志的努力。在认知过程中，一些意志薄弱、不能坚持的人，就不能承担复杂而艰巨的任务，其学习和工作会缺乏成效。

（二）意志与情感的关系

1. 情感过程推动或阻碍意志行动的实现

积极的情感可以使人斗志旺盛，对人的意志行动起促进作用；消极的情感则会削弱人的斗志，阻碍人的意志行动的实现。例如，热爱教育事业的教师会兢兢业业，几十年如一日地投身于教育工作中；不热爱教育事业的教师则会不思进取，对教育工作敷衍了事，最后可能不得不离开教师岗位。再如，很多家长强迫孩子去学声乐或练体操，孩子以一种"不乐意"的情绪被迫去学，缺乏主动、积极的意志行动参与，其结果可想而知。

2. 意志对情感具有调节作用

良好的意志品质可以控制不良情绪，使人保持积极、乐观的心境。"以理智战胜情感"是指在理智认识的基础上，靠意志的力量去克服和抑制不理智的情感。例如，《三国演义》中，诸葛亮不念师友之情，挥泪斩马谡；一个得悉亲人遭遇不幸的演员强忍悲痛，按时登台表演。这些都是意志对情感直接控制的例子；反之，意志薄弱的人常常会受情感的左右，或一次失败就情绪低落，一蹶不振；或难以控制不良情绪，做出背离理智的冲动行为。

总之，认知、情感和意志密切联系、彼此渗透。发生在实际生活中的同一心理活动，通常既包括认知过程又包括情感过程，任何意志过程总包含有理智成分和或多或少的情感成分，而理智和情感过程也包含有意志成分，不存在纯粹的、不与任何认知和情感过程相关的意志过程。例如，学习是一个典型的认知过程，但同时离不开意志对行为的调节与控制，学习过程也总伴随着一定的情感活动。

第二节 意志的生理机制

意志过程与认知过程、情感过程一样,也是脑的机能,但是,意志过程的生理机制还没有被完全揭示出来。

巴甫洛夫的研究证明,意志行动是通过一系列随意运动来实现的,大脑皮层的运动分析器对随意运动具有特别重要的意义,它感受和分析来自运动器官(肌肉、肌腱、关节)的神经冲动,并调节运动器官的活动。

巴甫洛夫指出,言语是全部高级神经活动随意运动的调节者,在人们的意志行动中起主导作用。因此,一个人在长跑途中,别人对他喊"加油""努力",或者自己的内部言语激励自己"坚持到底",都能帮助他很好地完成意志行动。

20世纪50年代末,斯佩里(R. W. Sperry)等人对割裂脑病人的脑功能进行了系统的研究。通过对割裂脑病人的研究发现,大脑两半球切开的人会对自己身体左侧失去意志和控制,但有这样的情况:当把一幅图在其左侧呈现时,信息传达给大脑左半球,其右手就会像一位受理性支配的艺术家那样勾画草图;当把图在其右侧呈现时,信息传达给大脑右半球,其左手则会像一台自动打字机一样临摹图画,但被试者意识不到他在做什么。可见,大脑左半球言语中枢是意志控制的场所。

研究表明,大脑额叶是形成意志行动的目的并保证贯彻执行的部位。额叶区严重损伤,人就会丧失形成自我行动的愿望,不能独立制订行动计划,也意识不到行动中的偏差和错误,无法有效调控自己的行动,如果要求这类病人依次画圆圈、十字、三角形、正方形等,他画了一个圆圈后仍继续画圆圈。另外,如果要求病人对一个声音用右手做出反应,对两个声音用左手做出反应,并形成右-左-右-左的刻板运动,随后突然改变序列,变成右-左-右-左,病人无法接受新的命令提示,只会继续做先前的反应。后来人们发现,儿童的额叶比其他各叶发育成熟的时间晚,其言语系统的机能较弱,自觉性较差,意志力也较差。

网状结构在行为的意志调节中有重要的意义。行为的意志调节必须以大脑皮质的优势兴奋中心为前提,要使大脑皮质建立优势兴奋中心,必须有高于正常的动力供应,而网状结构则是大脑皮质动力供应的特殊"电池"和操纵台。

总之,意志行动是大脑许多复杂的神经过程相互作用的结果,其中,中央前回运动区和额叶起着十分重要的作用。

第三节 意志行动及其过程

一、意志行动概述

(一)意志行动的概念

如果说感觉和知觉是外部刺激向内部意识的转化,那么意志过程就是内部意识向外部行为的转化。因为意志过程总是伴随着行动,并指向外部的特定目标,我们把意志过程中所表现出来的行动称为意志行动。

意志行动是人类所特有的，只有人类才能预先自觉地确定行动目的，有意识地调节行为。动物虽然也能作用于环境（如挖洞、啃食树木等），甚至有些高等动物表现出某种带有目的性的行为（如黑猩猩觅食），但从根本上讲，它们都未能上升到自觉意识的水平，这是因为动物不能明确意识到行动的目的，也无法预测和控制行为的后果。而人在从事活动之前就有了明确的行动目标，可调节和引导自己的行动，并能预测和控制活动的结果，这一点动物是无法做到的。

（二）意志行动的特征

1. 自觉的目的性

意志行动与目的不可分离，没有目的就没有意志行动。例如，人的本能行为如咳嗽、眨眼等，无意识动作如走路时的姿势等，都没有自觉的目的，当然不属于意志行动。意志行动是一种经过思考，根据一定的目的去支配和调节行动的心理过程。例如，人们在身体某一部分受到创伤时，为了使伤口早日愈合，减少痛苦，会及时在伤口处涂上药物；学生为了学习科学文化知识，上课认真听讲，记好笔记；教师克服生活和工作中的各种压力和挫折，尽职尽责地教书育人，这些都是意志行动。

自觉的目的性是意志行动的首要特征，这是意志行动的前提。人在从事活动之前，活动的结果已经作为行动的目的，以观念的形式存在于人脑之中了。正是由于这种明确、自觉的目的和对行动的意识，人才能产生符合目的的行动，同时又制止那些不符合目的的行动。离开自觉的目的，就没有意志行动可言。意志行动的目的越明确，目的的社会价值越大，意志的水平就越高，行动的盲目性和冲动性也就越小。

人和动物有所区别的一个方面，就是意志行动具有自觉目的性。但是，并非所有的人类行为都是有预定目的的，并非人类所有的行动都是意志行动。例如，人的一些无条件反射控制的本能活动（如吞咽、咳嗽、手遇针刺缩回、遇强光闭眼等），以及一些潜意识的动作（如吹口哨、自言自语、摇头晃脑等），都是不受意识控制的，没有明确的目的性，就不属于意志行动。那些有明确的行动目的，并在该目的支配和调节下的行动才是意志行动。例如，运动员为获得奥运金牌而刻苦训练，文学爱好者为成为作家而笔耕不辍，科学家为攻克难关而废寝忘食工作，都属于意志行动。

2. 与克服困难相联系

意志行动和克服困难总是紧密联系的。日常的有意动作，如打开窗户换新鲜空气，打开音响听音乐等都不算意志行动。意志行动总是调节人去克服困难，排除行动中的障碍。与克服困难相联系是意志行动的核心和基本特征。虽有自觉的目的性，但不与克服困难相联系的行动仍不是意志行动。

意志行动的水平往往随着困难的性质和克服困难难易程度的不同而变化。就意志行动过程中的困难来说，一般可分为内部困难和外部困难。

（1）内部困难。内部困难主要指主体内部的障碍，包括知识、经验欠缺，能力有限，以及身体疾患等。此外，不良的生活习惯、不好的性格特征等都有可能成为实现活动目的的内部障碍，如性格懦弱、自私、懒惰的人很难承担长期而艰巨的任务。

（2）外部困难。外部困难指意志行动中遇到的外部环境的阻碍，既可能是生活环境的局限和人际关系的复杂,也可能是恶劣的气候条件或工作条件等。20世纪90年代以前,人们乘热气球的环球航行总是失败,既与变幻无常的气候条件有关,也与设备不够精良有关。

人们往往由于无法克服内部困难,而总是过分夸大和惧怕外部困难,以致半途而废,一蹶不振。因此,我们只有培养坚强的品格,加强意志锻炼,勇于挑战自我,才能克服各种困难,达到预定的目标。

3. 以随意运动为基础

随意运动是指一种受意识支配的,具有一定目的性和方向性的活动,通常是一些已经熟练掌握的动作。例如,运动员自如地运球上篮,学生熟练地屈膝做操,画家持笔作画,音乐家操琴谱曲,都是意志行动的表现。意志行动离不开个体的行为,但个体的行为表现并不见得都是意志行动,例如,一个不会作画的人信手涂鸦,一个不会打拳的人胡踢乱打,没有明确的目的性和方向性,更谈不上熟练掌握,这些都不是意志行动。一般来说,随意运动越熟练,掌握程度越高,意志行动也就越容易实现。因此,坐在钢琴前练琴两个小时,一个钢琴家要比一个初学弹琴的小孩更容易做到;一个经验丰富的司机可以担负起长途驾驶的任务,第一次跑长途的司机就会感到困难无比。

因此,明确、自觉的目的性是意志行动的前提,克服困难是意志行动的核心,随意动作是意志行动顺利进行的基本手段。只有具备这三个特征,才能构成完整的意志行动。

二、意志行动的阶段

意志行动是一个复杂的自觉行动的过程,有其发生、发展和完成的心理历程,一般可以分为两个阶段:采取决定阶段和执行决定阶段。

(一)采取决定阶段

采取决定阶段是意志行动的初始阶段,也是内部决策阶段,这个阶段虽然在意志行动的实现过程中不易被觉察,但对具体行动的发动和目的的实现有极其重要的作用。采取决定阶段包括以下四个环节。

1. 动机斗争

人的意志行动有自觉的目的性,单纯的动机使得行动的目的单一而明确,使意志行动可以顺利实现。例如,学生为了升入大学而努力读书,人们为了获得提升而勤奋工作等。但是,现实生活中,人们确定行动的目的并非总是这样简单而直接,复杂的生活环境常常造成利益冲突,使人们同时产生几个不同的目标或多种愿望,这会导致内心的矛盾冲突,引起动机斗争。

动机斗争一般有以下几种类型:

(1)双趋冲突,指个体以同等程度的两个动机去追求两个有价值的目标时,因不能同时获得而产生的动机冲突,古语中"鱼和熊掌不可兼得"就是这种冲突的体现。

要解决双趋冲突,只能权衡轻重,趋向认为更重要、更有价值的目标。例如,一个学生认为,考研继续深造虽然有新的学业压力和经济负担,但是长远来看,研究生学历更符合社会发展的要求,会使自己有更大的收益,那么,他可能会放弃眼前的工作机会而选择考研。

(2)双避冲突,指个体以同等程度的两个动机去躲避两个具有威胁性的事件或情境时,因不能同时避开而产生的动机冲突。例如,"前有断崖,后有追兵",再如,一个学生犯了严重的错误，想认错，又怕挨批评；不认错，又担心被人揭发后受更大的处分。对于这种情况，需要当事人权衡轻重，做出明智的选择，当这个学生认识到立即承认错误并悬崖勒马才是补救的最好方法时，其动机冲突也就随之解决了。

（3）趋避冲突，指个体对一个事物同时产生两种相反的态度取向时内部的动机冲突。在生活中，我们对一个人爱恨交织，对一件东西取舍不定，就是趋避斗争。面对这种情况，只能权衡利弊，做出接受或放弃的决定。例如，一个人既为炒股的丰厚收益所吸引，又为股市的高风险而担忧，再考虑到自己工资微薄，没有雄厚的炒股资本，可能会就此放弃炒股。

（4）多重趋避式冲突，指人们面对两个或两个以上的目标，而每个目标又分别有吸引和排斥两方面的作用，无法简单地选择一个目标而回避或拒绝另一个目标，必须进行多重选择，因此而拿不定主意时所遇到的冲突。例如，有个人得到两个工作机会，一个地位高而待遇低，一个待遇高而地位低，对选择哪个工作难以拿定主意，产生了多重趋避式冲突。人们要解决这种冲突，需要对各种可能性进行深入的思考，要花费较长的时间进行决策。

在大多数情况下，一个人存在着复杂多样的动机，但它们在意志行动中所起的作用是不同的。其中，最强烈、最稳定的动机常成为主导动机，主导动机决定着行动的方式和行动过程的坚持，还决定着意志过程的结果。除了主导动机外，其余的动机都属于行动的辅助动机。主导动机和辅助动机有时可能会发生转化。

冯特根据动机的特点把意志行动的基本形式分为三类：一是冲动动作，是由一种动机引起的行动，例如，儿童看见糖果后直接去抓，没有什么思虑和反省。二是有意动作，是由清晰有力的动机引起的。三是选择动作，是指存在相互对立的动机，但它们势均力敌，只有通过动机斗争才能确定占优势的一种，并由它引起动作。

选择是意志的一个基本特点。要选择，就涉及决策，广义来说，一个人如果至少有两种行动的可能，并且根据某种标准选择其中之一，力求设法加以实现，则这个人就是在做一项决策。只有一种可能性的行动或多种选择之间无须仔细思考就去决定的行动，就不需要决策。决策因问题而引起，可以看成是问题解决的过程。

2. 确定行动的目的

在动机冲突被解决或明确了行动的主导动机之后，人们行动的方向和目的就容易确定。作为意志行动，都要有预先确定的行动目的，这是意志行动产生的<u>重要环节</u>。

从某种意义上说，动机冲突的解决也涉及对外界多种行动目的的权衡选择。人们的行动目的有高尚和卑劣之分，最终应确立既有益于社会也有益于个人的行动目的。目的也有远近、主次的不同。一般来说，我们总是要先实现近期目的，再实现长远目的。人们的行动目的也有主要目的和次要目的之分，人们既可以选择先实现主要目的，再实现次要目的；也可以选择先实现次要目的，再集中力量实现主要目的。

意志行动的目的受个人的期望和抱负水平的影响。期望是主观上希望发生某件事的心理状态，是一种与将来有关的动机，期望的结果就是意志行动所要达到的目的。由于期望的结果会带来需要的满足和情绪的好感，因而可促使人产生要达到目的的动机。在现实生活中，人们会有各种期望，行为的结果和期望之间会产生矛盾。因此，人们在行动之前就要确定行动的目的，制定出近期目的、中期目的和长远目的，目的的确定和选择是意志行动的一个基本特征。

抱负水平是指个人在做某件实际工作之前估计自己所能达到的成就目标，许多人在工作和活动中对自己要达到的标准有较高的要求,这种要求就是抱负水平。抱负水平并不是越高越好,适度的抱负水平是避免挫折和失败,获得自信与成功,使个体得以顺利发展的重要因素。抱负水平制约着人们对行动目的的追求。

影响一个人抱负水平高低的因素很多,主要有以下几个:

(1) 个体的成就动机,指一个人希望从事对其来说有重要意义且有一定难度和挑战性的活动,并获得成功的倾向。成就动机的高低因人而异,相应地,抱负水平的高低也因人而异。成就动机高的人追求成功心切,因而其抱负水平也较高;成就动机低的人在逃避失败与追求成功的两者中更偏重于前者,因而其抱负水平也就较低。

(2) 个体过去的成败经验,个体过去的成败经验会直接影响其目前的抱负水平。如果一个人过去有较多成功的经验,则会增强其自信心,使其对未来的成功有更多的信心与期待,从而形成较高的抱负水平;如果一个人过去失败的次数较多,则会使其对自己的能力产生怀疑,总担心遭到更多的失败,为了逃避失败,便会确立一个较低的抱负水平,力求在这个水平上获得成功。

(3) 个体所处的外部环境,抱负水平的确立不仅受个体自身因素的影响,还受外部环境因素的影响。父母、老师及朋友的期望,个体所处的团体乃至所生活的社会风气等都会直接影响个体抱负水平的高低。例如,长辈的期望高,个体便会确立较高的抱负水平以满足这个期望;团体或社会若形成一种追求高目标的氛围与风气,则处于其中的个体也会形成一个较高的抱负水平。

影响抱负水平的因素很多,上面只概括地介绍了几个主要因素,它们对抱负水平都有着重要的影响,且它们相互依赖,共同对抱负水平的高低产生影响。

3. 选择行动方法

个体确立行动目的之后,就需要选择适宜的行动方法。有时,行动方法同行动目的有直接的联系,无须选择。例如,要想升入大学,就只有努力学习;要想自如地同英语国家的人顺畅交流,就只能努力学好英语。但在许多情况下,达到同一个行动目的的方法可能有多种,需要进行选择。首先,要比较不同方法的优缺点,以及能否顺利、有效地达到行动目的;其次,要考虑行动方法是否符合公众利益和社会道德。

4. 制订行动计划

人们在选订行动目的和行动方法之后,在采取行动之前还有一个步骤,就是制订行动计划。特别是在复杂的意志行动中,如打一场战争或做一次大手术,都需要精心准备,做好计划。计划的制订要在调查研究的基础上进行,要综合考虑主客观因素,力争周密而严谨,一个切实、合理的计划将为执行决定打下良好的基础。

(二) 执行决定阶段

在一系列内部决策完成之后,意志行动的下一步就是执行所做出的决定。即使动机再高尚,行动目的再明确,方法再完善,如果不采取实际行动,这一切也只是空中楼阁。因此,执行决定阶段是意志行动的关键阶段。

首先,执行决定阶段是一个不断克服困难的过程。在采取决定阶段,主要是克服主观上的内部困难;在执行决定阶段,既要克服内部困难,还要克服外部困难。引起执行决定过程中内部困难的因素很多,有的可能是前一阶段的动机冲突未解决好,原先被压抑的动机又开始抬头，与当前的动机相互冲突；有的可能是由于境况的变化，产生了新的动机，与原有的行动目的相矛盾；另外，淡漠的态度，消极的心境，自私、懒惰、保守等不良性格都可能成为意志行动中的障碍，使人的行为处于犹豫、动摇的状态，阻碍活动目的的实现。在执行决定的过程中，引起外部困难的原因也很复杂，既可能是缺少资金、设备，也可能是时间、空间存在不利因素，还可能是人为的干扰和破坏。对此，应该先解决内部困难。只要认定行动目的是有意义的，计划是合理的，就应该发挥主观能动性去排除干扰，克服自身的弱点，坚持意志行动。当内部困难得到了解决，外部困难一般总能够加以克服。例如，长征路上的红军战士面对敌人的围追堵截和凶险恶劣的地理形势，抑制内心的恐惧、动摇和畏缩，以革命的英雄主义和乐观主义精神爬雪山，过草地，胜利到达陕北，完成了在当时条件下几乎不可能完成的壮举。当然，如果有人力不可抗拒的客观原因使得决定无法执行，就应该果断终止原定计划，再做新的打算，这仍然是意志行动的良好表现。

其次，执行决定阶段还要接受成败的考验。很多时候，执行决定是一个漫长的过程。例如，科学家为发现一种新物质，长年累月地在实验室里进行研究；运动员要夺得奥运冠军，需要多年的训练和无数比赛的磨砺。在这些过程中，有短暂的成功，也有暂时的挫折和失败。我们要让意志行动的目的最终实现，就要有对待成败的正确态度，既不要迷失在成功的喜悦里，造成对后面意志行动的轻率和盲目，也不要因一时的失败就丧失信心，半途而废。特别是对待失败，我们应该冷静地分析原因，总结经验，避免犯同样的错误。我们只有经历过成败的考验，做到胜不骄、败不馁，才能取得最后的成功。

执行决定阶段包括开始行动、面临困难、处理挫折等环节，是意志行动最重要的部分。执行决定阶段意志的强弱主要表现在两个方面：一方面，坚持预定的目的和计划好的行动程序；另一方面，制止那些不利于达到目的的行动。在执行决定阶段，个体往往需要根据实践的结果及时调整、修改行动方案，包括审定自己的目的，检查行动的方法。因此，是否执行决定、怎样执行决定是衡量意志是否坚强的主要标志。

第四节　意志品质的特征与培养

一、意志品质的基本特征

1. 自觉性

意志的自觉性是指一个人是否对行动目的有明确的认识，尤其是是否认识到行动的社会意义，主动以行动目的调节和支配行动方面的意志品质。自觉性是意志的首要品质，贯穿于意志行动的始终。自觉性强的人，能够广泛地听取别人的意见并进行取舍，独立自主地确立合乎实际的目标，自觉地克服困难，执行决定，对行动过程及结果进行自觉的反思和评价；在行动中能主动、积极地完成符合国家和人民需要的任务，并能自觉地调整个人利益、集体利益、国家利益三者之间的关系，不为物质利益而动心。

与自觉性相反的意志品质是易受暗示性与独断性。易受暗示性的人，行动缺乏主见，没有信心，容易受别人左右，因而会随便改变原来的决定；独断性的人，盲目自信，拒绝他人的合理意见和劝告，一意孤行，固执己见。易受暗示性和独断性的人都对事物缺乏自觉、正确的认识，分不清是非曲直。

2. 果断性

意志的果断性是指一个人是否善于明辨是非，迅速而合理地采取决定和执行决定方面的意志品质。果断性强的人，当需要立即行动时，能迅速地做出决断对策，使意志行动顺利进行；而当情况发生新的变化，需要改变行动时，能随机应变，毫不犹豫地做出新的决定，以便更加有效地执行决定，完成意志行动。

与果断性相反的意志品质是优柔寡断和草率决定。优柔寡断的人遇事犹豫不决，患得患失，顾虑重重；在认识上分不清轻重缓急，思想斗争时间过长，即使执行决定也是三心二意。草率的人则相反，在没有辨明是非之前，就不负责任地做出决断，凭一时冲动，不考虑主、客观条件和行动的后果。优柔寡断和草率决定都是意志薄弱的表现。

3. 自制性

意志的自制性是指一个人能否善于控制和支配自己行动方面的意志品质。自制性强的人，在意志行动中不受无关诱因的干扰，能控制自己的情绪，坚持完成意志行动，还能制止自身不利于达到目的的行动。

与自制性相反的意志品质是任性和怯懦。任性的人，自我约束力差，不能有效地调节自己的言论和行动，不能控制自己的情绪，行为常常被情绪所支配；怯懦的人，胆小怕事，遇到困难或情况突变时惊慌失措，畏缩不前。

4. 坚持性

意志的坚持性是指一个人在意志行动中能否坚持决定，百折不挠地克服困难和障碍，完成既定目的的意志品质。这是最能体现人的意志的一种品质。坚持性强的人，能根据行动目的，在长时间内毫不松懈地保持身心的紧张状态，在任何情况下都坚持不变，直至达到目的，"锲而不舍，金石可镂"就是意志坚持性的表现。凡有成就的人，都有极强的意志坚持性，几乎所有有成就的科学家，都有一种百折不挠的精神，意志的坚持性品质是事业成功的重要条件。

与坚持性相反的意志品质是顽固、执拗和见异思迁。顽固、执拗的人，对自己的行动不进行理性评价，执迷不悟，或者是明知不可为而为之；见异思迁的人，则缺乏坚定性，容易动摇，随意更改目标和行动方向。

二、良好意志品质的培养

意志品质不是生来就有的，良好的意志品质需要在后天教育和实践活动中有目的地加以培养。教师可采用以下几个策略培养学生良好的意志品质。

1. 加强世界观和人生观教育，确立正确的行动目的

自觉的目的性是意志行动的重要特征，学生意志品质的发展建立在一个正确而合理的行动目的基础上。因此，在学校教育活动中，教师应该对学生加强科学的世界观和正确的人生观教育，使他们勇于探索人生的意义和价值，学会明辨是非，分清善恶与荣辱。只有这样，才能使他们既具有崇高的人生目标，又能在日常的生活和学习中确立有意义的行动目的。

在对学生进行世界观和人生观教育时，应该紧密结合社会现实和学生当前的学习、生活实际，帮助他们把个人的理想和价值追求同国家、社会、集体的利益联系起来，既具有远大

的目标，又能转化成日常学习和生活中苦干、实干的精神。例如，我国著名数学家陈景润在中学时代一位数学老师的启迪下，立志要摘取哥德巴赫猜想这颗数学王冠上的明珠，为中国人争光。在以后的十几年中，他不顾条件的艰苦，埋首于数字和草稿纸中，夜以继日地进行推导、演算，终于取得了重大突破，得到了世界数学界的认可。

2. 组织实践活动，加强意志锻炼

坚强的意志是在克服困难的实践活动中磨砺出来的。在学校教育中，学生日常的学习、劳动和课外活动，都需要为达到一定目的付出艰辛的努力，这是培养学生良好意志品质的有效途径。特别是学习活动，更需要一种锲而不舍的精神，因此，教师应该科学、严谨地组织学生的学习活动，合理安排班集体的劳动和课外文体活动，使每个学生融入其中，全身心地投入。学生形成了良好的学习习惯和劳动习惯后，他们良好的意志品质也会发展起来。在学校日常活动之外，教师也可以有意识地组织能磨炼学生意志的实践活动，如晨练、爬山、野营、徒步旅行等，有时甚至可以人为地给他们制造一些适当挫折和磨难。

在学生良好意志品质的培养中，教师还要根据学生的实际情况，因材施教。对于学生在实践活动中表现出的良好意志品质，教师要及时肯定，帮助其保持下去；对于学生表现出的不良意志品质，则要及时指出，设法教育、纠正。例如，对于行为盲从、易受暗示的学生，教师应该培养他们对集体和他人的义务感和责任感，启发他们的独立精神和自觉意识；对于行事轻率、行为鲁莽的学生，要帮助他们认清行为的不良后果，帮助他们学会控制自己的情绪，理智行事；对于优柔寡断、怯懦的学生，则要树立他们克服困难的信心和勇气，帮助他们学会审时度势，当机立断；对于行为偏执、性情孤僻的学生，要从心理上接近他们，帮助他们正确看待个人与社会、集体的关系，使其行动符合群体的利益。

3. 加强学习动机教育，培养正确的观念

学生的学习动机多种多样，有的为父母而学，有的为教师而学，有的为考大学而学，有的为超过同伴、同学而学。正确的动机是意志品质培养的一个重要方面，教师应重视学生的自我学习动机教育，逐步提高其动机水平。例如，建议学生适当参加一些科技活动，培养自己的爱好，形成稳定的学习动机和认真负责的学习态度；让学生利用正确的自我评价来培养和激发学习动机；可因势利导，让学生逐步对自己提出更高的要求，克服利己主义动机，形成正确的动机。

4. 发挥教师和班集体的影响，给学生必要的纪律约束

学生意志品质的形成离不开周围的人和环境的影响，特别是在学校教育中，教师和班集体发挥着不可忽视的作用。除了父母之外，学生对在学校生活中与自己朝夕相处的教师有一种特别的信任和尊重，并不自觉模仿其言行。因此，教师想培养学生良好的意志品质，首先要自己在工作中表现出目标明确、处事果断、兢兢业业、不畏困难的作风。身教重于言传，教师的行为榜样对学生意志品质的培养有特殊的效果。

学生所在的班集体是其成长的重要环境，在具有良好班风的集体中，集体成员之间互帮互助，注重集体的利益，集体成员也为自己是集体的一员而自豪。当学生建立起对集体的义务感和荣誉感时，就会为了集体的目标和利益去努力学习，热心支持集体活动，在此过程中，独立、坚强、勇敢、自律等意志品质也会得到培养。当然，要形成良好的班风，还要有严格的纪律去约束集体成员，使大家朝共同的目标努力。集体成员能够自觉遵守集体的规章

制度，不做违反纪律的事，这本身就是最好的意志锻炼，有利于培养良好的意志品质。

5. 启发学生进行意志的自我锻炼

学校的政治思想教育、课内外的实践活动，以及教师和班集体的影响，要在学生的意志品质形成中真正发挥作用，还必须调动学生的主观能动性。随着学生自我意识的增强和自我评价能力的提高，他们逐渐意识到意志品质的重要性，以及自己意志品质的缺点和不足，就会予以积极配合，主动接受这些教育影响。在教育实践中，人们发现学生能够进行意志品质的自我锻炼，并有一些行之有效的方法和途径。例如，用格言、座右铭警醒自己，用杰出人物的事迹对照、监督自己的言行；同身边的榜样相比较，找出差距，迎头赶上；制订作息计划和学习计划，并严格执行；自己设计一些加强意志锻炼的活动，并努力实践；每天坚持记日记，反思自己的言行和思想，对发现的缺点及时改正。

三、意志规律在品德教育中的应用

品德教育是学校教育的重要组成部分，培养德才兼备的人才是社会主义教育的目的。意志过程同品德教育有着紧密的联系。

1. 意志在学生道德品质形成中有重要的作用

道德品质的形成过程是一个知、情、意、行的培养过程，所谓知、情、意、行，即道德认识、道德情感、道德意志和道德行为。如果说道德行为是品德形成的标志，道德意志则是品德形成的关键阶段。学生从认识各种道德规范到转化为实际行动，如果只是昙花一现，或是"三天打鱼，两天晒网"，并不能代表其道德品质的真正形成。学生只有做到持之以恒地去遵守社会道德规范，舍己为人，助人为乐，即使遇到误解、打击也毫不退缩，才真正具备了良好的道德品质。因此，在品德教育中，应注重学生意志力的锻炼，使学生的道德行为出于自觉性，达到经常化，形成良好的道德品质。

2. 品德培养要借助于意志行动过程来实现

意志行动过程包括内部的采取决定阶段和外部的执行决定阶段，是一个由内部决策转化为外部行动的过程。品德教育过程是一个由外到内的过程，虽然外部的德育影响内化到学生的内心世界，达到主观的认可和接受；但品德的真正形成是一个由内到外的过程，即学生将接受的道德准则和道德观念在行为上表现出来，落实到自己的实际生活中去，这就是一个意志行动实现的过程。在社会生活中，学生经常会遇到社会、集体和个人利益的矛盾，以及公与私、善与恶之间的冲突，教师应注意对其进行引导，通过其内部的动机斗争，确立正确的道德目标。教师还应依据学生的实际情况制订道德培养计划，选择适合的道德训练途径和方法。当然，最重要的还是要不遗余力地去贯彻和执行这些计划和目标，这既是学生的一个自觉行动的过程，也离不开教师的引导和监督。学生在克服了各种困难，接受了成败的考验，充分体验到道德行为带给自己的愉悦和自豪感之后，道德目标也就伴随着意志行动过程的完成得到实现。

3. 良好的意志品质是品德形成的重要保证

意志品质的自觉性可以帮助学生去主动了解各种道德规范，独立地评价和认识善与恶、美与丑，并能自觉地采取行动，按自己的道德准则行事；意志品质的果断性可以帮助学生在是非面前或是道德考验的紧急关头勇于承担责任，果敢、坚决地采取行动；意志品质的坚持性使学生在道德行动中遇到困难和阻力时既能坚持原则,百折不挠,又能因地、因时制宜,机智、灵活地达到预定目的;意志品质的自制性可以保证学生抵制不道德的观念,在私利和诱惑面前不为所动,为顾全社会和集体的利益甘于奉献,勇于做出牺牲。

最后需要说明的是,意志过程对学生学习活动和道德教育积极作用的实现,不仅仅是教师对学生的一个外在控制和督促的过程,更重要的是发挥学生的主观能动性,使他们在自我教育中自觉地加强意志锻炼,完善意志品质,更好地促进学业的进步和道德水平的提高。

 思考练习

一、单项选择题

1. "明日复明日,明日何其多?我生待明日,万事成蹉跎。"教师经常用这首诗鼓励学生珍惜时光,努力学习。这种行为属于( )。
   A. 自觉性　　　　B. 果断性　　　　C. 坚持性　　　　D. 自制性
2. 意志行动的首要特征是( )。
   A. 自觉的行动目的　　　　　　　B. 以随意运动为基础
   C. 克服内外困难　　　　　　　　D. 受意识能动调节支配
3. 学生既害怕学习困难,又害怕学习不好受到批评,这反映的冲突是( )。
   A. 双趋式冲突　　B. 双避式冲突　　C. 趋避式冲突　　D. 以上皆非
4. "三天打鱼,两天晒网"是意志缺乏( )的表现。
   A. 自觉性　　　　B. 果断性　　　　C. 坚持性　　　　D. 自制性
5. 有人遇事总是举棋不定、优柔寡断,他们缺乏的意志品质是( )。
   A. 自觉性　　　　B. 果断性　　　　C. 坚持性　　　　D. 自制性

二、简答题

1. 简述动机冲突的类型。
2. 简述情绪和情感的功能。

三、案例分析题

明明想当飞行员,可身体很弱,时常生病。张老师说:"要想身体强壮,必须坚持锻炼。"明明回家就制订了锻炼身体的计划:每天早晨锻炼半个小时,先做广播体操,再跑步。第一周,明明按计划做了;第二周,明明有两天起晚了,没有跑步;第三周,天气变冷了,明明不愿意早起,他想:"天气冷啊,要是明天暖和了,我一定早起。"可是天气越来越冷,明明没能早起锻炼。

根据上述案例,请回答下列问题:

(1) 明明早起锻炼的行动动机和目的是什么?
(2) 明明这一意志行动的决策内容是什么?
(3) 明明这一意志行动中的意志努力如何?
(4) 明明的意志品质怎么样?
(5) 你认为该如何培养明明的意志品质?

第八章 个性倾向性

> **学习目标**
> 1. 个性倾向性、需要、动机和兴趣的概念。
> 2. 理解需要、动机、兴趣的重要理论。
> 3. 运用所学知识分析、解释相关心理现象和个体行为。

第一节 需 要

一、个性倾向性的概念

个性倾向性又称个性的动力系统,是指决定个体对待客观事物的态度与行为的内部动力系统,由需要、动机、兴趣、信念和世界观等多种心理成分组成。其中,需要是个性倾向性的源泉和基础;动机是个性发展的内驱力;兴趣是认识倾向性的表现形式,是个性发展中最现实、最活跃、最能动的因素;理想、信念、世界观是人意识到的需要系统,是个性倾向性的集中表现,是个性心理的核心,它指导着人的行动,影响着人的整个心理面貌。

二、需要概述

(一) 需要的概念

需要是有机体对内部环境和外部生活条件的要求在头脑中的反映,是个体的心理活动与行为的基本动力。

需要是一种个体内部的紧张状态,导致这种紧张状态的原因是生理或心理上的缺失或不足。当个体在生理或心理上出现某些必要因素的缺失或不足时,个体与环境之间的平衡就会被打破,从而产生一种内部的紧张状态。例如,人血液中的水分不足,就会感到口渴,从而产生喝水的需要;社会治安状况不好,人就会感到人身安全得不到保障,从而产生安全的需要。如果需要得到满足,这种紧张状态就会被消除,出现新的平衡状态,当个体在生理或心理上出现新的缺失或不足时,又会产生新的需要。

个体所有的需要都指向一定的对象。由个体生理或心理上的缺失或不足引起的需要,归根结底是个体对生存和发展要求的反应。这种客观要求有的来自内部，如人口渴了就要喝水，这是由机体内部的要求引起的；有的来自外部，如小学生为了满足教师或家长的期待，而产生好好学习的愿望。这些要求无论是来自内部还是外部，都指向能满足个体生存和发展要求的一定对象。

人的需要在指向一定的对象时还具有一定的选择性。这种选择性具体表现为对满足需要方式的选择。例如，人饿了要吃东西，但具体吃什么东西，人们往往都有各自的选择；有的人随便吃块面包就行了，有的人还要求食物色、香、味俱全。一般来说，个体满足需要的经验、个体的爱好和价值观、个体生活的文化习俗等都会影响个体满足自己的需要的选择对象。

需要是人活动积极性的源泉。需要、兴趣、爱好、动机、价值观、人生观等都是推动人们从事各种活动的动力因素，但需要是最根本的动力因素，其他动力因素都是在需要的基础上形成和发展起来的。需要使人朝着一定的方向，追求一定的目标，以行动求得满足，需要越强烈、迫切，就越容易引起并推动人们的活动。可见，需要是个人活动积极性的源泉。在西方心理学中，需要往往被称作内驱力，即内部驱动力。

（二）需要的分类

人的需要是多种多样的。随着社会文明的发展，人的需要层次、种类会越来越多，越来越复杂。人多种多样的需要互相联系，构成了一个庞大的需要系统。我们可以从不同的角度对需要进行分类。

1. 根据需要的起源分类

根据需要的起源划分，可以将需要分为自然需要和社会需要。

（1）自然需要。自然需要与维持个体的生存与种族繁衍相联系，是一种本能的需要，例如，摄食、运动、休息、睡眠、排泄、母性等需要就是人的自然需要。在马克思的著作中，也把这一需要称为直接需要。自然需要是人和动物都有的一类需要，但人和动物的自然需要的具体内容不同，满足需要的手段也不一样。人生活在社会中，自然需要不但可以通过自然界的物质得到满足，还可以通过使用社会产品得到满足，例如，人需要防寒避暑，这种需要就可以通过使用暖气和空调等现代技术手段来满足。人与动物的自然需要的本质不同在于，人的自然需要受社会生活条件的制约。

（2）社会需要。社会需要与个体的社会生活相联系，是后天习得的需要，例如，人对劳动、交往、学习、审美、威信、道德等的需要就属于社会需要。社会需要是人类所特有的一类需要，它常常是从社会要求转化而来的。人们在社会生活中，社会不断向个体提出各种要求，当个体认识到接受这些要求的必要性时，社会要求就会转化为个体的需要。社会需要反映了人类社会的要求，对维系人类社会生活、推动社会进步有重要的作用。例如，劳动需要表现为热爱劳动，向往劳动，如果暂时丧失了劳动机会，人就会感到不安和难受。在我们的社会里，劳动不仅是为了个人生活，也是为了社会的公共福利；劳动使人们获得幸福、欢乐和光荣。交往需要表现为不愿意被孤立、隔离，需要别人关心，需要友谊，需要爱情，需要别人的认可和接受，需要别人的支持和合作等。只有一个人的这种需要得到满足时，才能增强他的安全感。

2. 按照需要对象的性质分类

按照需要对象的性质划分，可以将需要分为物质需要和精神需要。

(1) 物质需要。物质需要是以物的使用价值来满足的需要。这里所说的物，不仅指解决人们衣、食、住、行的各种物品，也包括大自然提供给我们的以维持生命的物质，如空气、阳光等。在物质需要中，既包括自然需要，又包括社会需要。随着社会的进步和生产力的发展，人的物质需要将不断发展。在现代社会，人类的物质需要越来越多地通过人化的自然物来得到满足，而不简单地局限于对纯自然物的需要。

(2) 精神需要。精神需要是人对通过物质所派生出来的精神东西的直接依赖而产生的需要。其是通过人与物、人与人之间的联系，以及人的各种活动而形成的情感、友谊或某种心理状态来满足的需要，主要是指对艺术和美的享受的需要、探求文化科学知识和真理的需要、创造发明的需要等。这是人所特有的需要，是人的需要与动物的需要的重要区别。

物质需要和精神需要密不可分地联系在一起，是相互影响、相互促进的。第一，物质需要是精神需要的基础，人为了满足精神需要，必然要有相应的物质基础，例如，人满足求知需要离不开对书、笔等学习工具的物质需要。人只有在基本的物质需要得到一定程度的满足之后，才会产生一定的精神需要；物质需要的满足和发展又会促使新的精神需要的产生。第二，精神需要的满足和发展也会刺激物质需要的发展。第三，物质需要和精神需要往往是相互结合、相互渗透的，例如，审美需要渗透在物质需要的各个领域，如别致的衣服、造型美观的住房、外观美丽的家具等。人们的精神需要也往往以物质需要的满足为手段，例如，人们欣赏歌舞音乐、陶冶情操是精神需要，这就产生了对歌舞剧院、彩电、录音机等的物质需要。

三、需要理论

(一) 马斯洛的需要层次理论

需要层次理论是美国心理学家马斯洛提出的。他认为，人类的所有需要可以按层次组织起来。人类最基本的需要是生理需要；人在生理需要获得满足之后，随之而生的是安全需要，以求免于威胁，免于孤独，免于别人的侵犯，只有这一需要获得满足之后，个人生活才有安全感；在此基础上，才会出现归属与爱的需要。以上三个层次的需要获得满足，个人的尊重需要才会充分地发展起来。最后，人的需要才发展到需要的最高层次，即自我实现需要。马斯洛的需要层次理论，如图8-1所示。

图8-1 马斯洛的需要层次理论

1. 生理需要

生理需要是人类维持自身生存的最基本的需要，包括对食物、水、空气、睡眠、性等的需要。在人的一切需要之中，生理需要是最优先的，对于一个处于极端饥饿的人来说，除了食物，对其他事物没有兴趣。在这种极端情况下，娱乐的愿望、获得一栋别墅的愿望、对历史的兴趣、对一双新鞋的需要等统统被忘记或退居第二位。人在生理需要得到相对满足后，就会出现更高一级的需要。

2. 安全需要

安全需要是人类要求保障自身安全、稳定、受到保护、免除恐惧和焦虑等方面的需要。当生理需要相对满足后，人就会出现一些新的需要，我们可以概称为安全需要，一个和平、安全、良好的社会，常常使其成员感到很安全，不会有犯罪、袭击、谋杀、专制等的威胁。人在这种需要获得相对满足后，就会出现更高一级的需要。

3. 归属与爱的需要

假如一个人的生理需要和安全需要都很好地满足了，就会产生归属与爱的需要。这一层次的需要包括两个方面的内容：一是归属的需要，即人都有一种归属于一个群体的愿望，希望成为群体中的一员，并相互关心和照顾；二是爱的需要，即人人都需要伙伴之间、同事之间的关系融洽，保持友谊和忠诚，还希望得到爱情，渴望别人爱自己，也希望爱别人。

4. 尊重需要

人人都希望自己有稳定的社会地位，要求个人的能力和成就得到社会的承认。这种需要可以分成两类：一是自尊，人希望在所生活的环境中，自己有实力、有成就、有信心，以及要求独立和自由等；二是受到别人的尊重，要求自己有名誉或威望，受到赏识，得到关心、重视或高度评价等。马斯洛认为，尊重需要得到满足，能使人对自己充满信心，对社会充满热情，体验到自己活着的用处和价值。

5. 自我实现需要

自我实现需要是最高层次的需要，它是指实现个人理想、抱负，使个人的潜在能力得以实现，完成与自己的能力相称的一切事情的需要。也就是说，是什么样的角色就应该干什么样的事，音乐家必须演奏音乐，画家必须绘画，诗人必须写诗，这样才能使他们感到最大的快乐。马斯洛认为，人们为满足自我实现需要所采取的途径是因人而异的，自我实现需要的产生有赖于上述四种需要的满足。

马斯洛认为，需要的产生由低层次向高层次的发展是波浪式地推进的，在低一层次的需要还没有被完全满足时，高一层次的需要就产生了，而当低一层次需要的高峰过去了但没有完全消失时，高一层次的需要就逐步增强，直到占绝对优势，如图8-2所示。

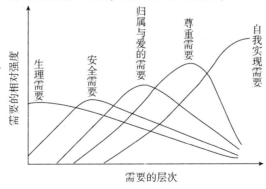

图8-2 需要的发展水平

在阐述了五层次需要内容之后，马斯洛进行了相应的分析和评价，主要内容如下：

（1）五种需要像阶梯一样从低到高，按层次逐级递升；但这样的次序不是完全固定的，是可以变化的。

（2）需要层次理论有两个基本出发点：一是人人都有需要，某层次的需要获得基本满足后，另一层次的需要才出现；二是在多种需要未获得满足前，首先满足较低层次的需要。

（3）一般来说，某一层次的需要相对满足了，就会向高一层次需要发展，追求更高一层次的需要就成为驱使行为的动力。相应的，获得基本满足的需要就不再是一股激励力量。

（4）五种需要可以分为两级。其中，生理需要、安全需要和归属与爱的需要都属于低级的需要，这些需要通过外部条件就可以满足；而尊重需要和自我实现需要是高级需要，它们是通过内部因素才能被满足的，而且一个人对尊重和自我实现的需要是无止境的。同一时期，一个人可能有几种需要，但每一时期总有一种需要占支配地位，对行为起决定作用。任一层次需要都不会因为更高层次需要的发展而消失，各层次需要相互依赖和重叠，高层次需要发展后，低层次需要仍然存在，只是对人行为影响的程度大大减小了。

（5）一个国家多数人的需要层次结构，同这个国家的经济发展水平、科技发展水平，以及文化和人民受教育的程度直接相关。在不发达国家，生理需要和安全需要占主导的人数比例较大，而高级需要占主导的人数比例较小；在发达国家，则刚好相反。

马斯洛的需要层次理论系统地探讨了需要的实质、结构及其发生、发展的规律。这不仅对建立科学的需要理论具有一定的积极意义，而且在实践上也产生了重要的影响。许多企业依据这个理论制定了满足职工需要的措施，以调动职工的工作积极性。马斯洛的需要层次理论也存在一定的不足，首先，马斯洛把生理需要、安全需要、归属与爱的需要、尊重需要都称为基本需要，并认为这些需要是人与生俱来的，需要的发展是一种自然成熟的过程，这严重低估了环境和教育对人需要发展的影响；其次，马斯洛强调个体优先满足低级需要，忽视了高级需要对低级需要的调节作用。

（二）其他需要理论

1. 勒温的需要理论

德国心理学家勒温（Kurt Lewin）假定个人与环境之间有一定的平衡状态，如果这种平衡状态遭到破坏，就会引起一种紧张，这种紧张状态就会导致人力图使其恢复平衡状态。勒温认为，需要是人类一切行为的动力，需要引起人的活动，以使其需要得到满足。需要的压力可以引起人心理系统的紧张；需要满足后，人紧张的心理状态就得到解除。反之，如果需要得不到满足或动机受到阻碍，人的这种紧张心理状态就会保持一定的时间，并使人具有努力满足需要或重新实现目标的意图。

在需要分类方面，勒温把心理学家们通常讨论的需要分为需要和准需要。需要是指客观的生理需要；准需要是指在心理环境中对心理事件起实际影响的需要，如毕业时要写论文、写好的信要投入信箱等。勒温所阐述的需要一般指准需要，他认为，不同的人，需要的强度是不同的。

2. 默里的需要理论

美国心理学家默里（H. A. Murray）认为，需要是用以代表脑区力量（其生理化学性质还不清楚）的构造物（一种权宜的虚构或假设的概念）。这种力量能组织知觉、统觉、智力活动、意志和行动，使某一现在的、不合意的情境寻一定的方向改变。也就是说，它能引起个体一系列的行为反应，使其原有的紧张情绪解除，具有定向目的性。他在《人格探索》和《人的评价》这两本著作中指出了需要的性质、作用和需要产生的机制，并对需要进行了分类，设计了分析个人需要的主题统觉测验（Thematic Apperception Test，TAT）。

默里认为，需要有以下几个特点和作用：

（1）需要与需要之间相互关联，两种或多种需要可能融合在一起，引起同一种行为后果；各种需要之间也可能发生冲突；需要之间可能因辅助作用而彼此关联，一种需要可以被置于为另一种需要服务的位置。

（2）需要作为一种力量，能够影响并组织个人的知觉、统觉、思维、意向，以及影响人的整个心理和行为。

（3）需要永远作为一种力量推动着活动，它是个性结构中不可缺少的成分。

（4）需要有不同的发展阶段。

3. 阿尔德夫的需要理论

美国心理学家阿尔德夫（Clayton Alderfer）认为，一个人的基本需要有三种，即生存需要、关系需要和成长需要。生存需要是人最基本的需要，是指人的基本物质生活条件被满足的需要，大体上相当于马斯洛的生理需要和物质方面的安全需要；关系需要是维持人与人之间关系的需要，大体上相当于马斯洛的人际关系方面的安全需要和归属与爱的需要；成长需要是人要求发展的内在愿望，大体上相当于马斯洛的尊重需要和自我实现需要。

阿尔德夫认为，人类的这三种需要并不完全是生来就有的，有的需要是通过后天的学习产生的。这三种需要之间并没有明显的界线，它们是一个连续体，并不是层次等级。他指出，各种需要获得的满足越少，满足这种需要的愿望越强烈，例如，缺乏食物的人，渴望获得更多的食物。他还认为，低级需要的满足会增强对高级需要的追求；高级需要的缺乏会加强对低级需要的追求。例如，个体在生存需要被满足后，对关系需要的追求就会强烈；个体在关系需要得不到满足时，会更多地追求生存需要。人类的需要不一定按严格的顺序由低级向高级发展，可以越级，在遇到挫折时，也可能倒退等。

4. 麦克莱兰的需要理论

美国心理学家麦克莱兰（D. McClelland）认为，人在生理需要获得满足后，基本需要有成就需要、权利需要和合群需要。这三种基本需要的排列层次和重要性是因人而异的，例如，资历高的经理成就需要强烈，对合群需要相对较低。他认为高成就需要可以通过教育培养，为此他组织了训练班，并取得了一定的效果。

四、需要的特征

需要是人和动物共有的心理现象，但是，人类的需要和动物的需要是有本质区别的。人的需要主要是由人的社会性决定的，具有社会的性质；人的需要的内容和满足需要的手段也与动物不同；人具有意识能动性，能调节和控制自己的需要。人的需要表现为以下特征：

1. 对象性

人的需要不是空洞的，是有目的、有对象的，而且随着满足需要对象的扩大而发展。人的需要的对象既包括物质的东西（如衣、食、住、行），也包括精神的东西（如信仰、文化、艺术、体育）；既包括个人生活和活动（如个人日常的物质和精神方面的活动），也包括参与社会生活和活动以及这些活动的结果（如通过相互协作，带来物质成果，通过人际交往，沟通感情，带来愉悦和充实感）；既包括想要追求某一事物或开始某一活动的意念，也表现为想要避开某一事物或停止某一活动的意念，这些意念的产生都是根据个人需要及其变化决定的。各种需要彼此之间的区别，就在于需要的对象不同；但无论是物质需要，还是精神需要，都必须有一定的外部物质条件才能满足。

2. 阶段性

人的需要是随着人所处发展时期的不同而发展变化的。也就是说，个体在发展的不同时期，需要的特点也不同。例如，婴幼儿期主要是生理需要，即需要吃、喝、睡；少年时期开始发展到对知识、安全的需要；青年时期发展为对恋爱、婚姻的需要；成年时发展为对名誉、地位、尊重的需要等。

3. 社会制约性

人不仅有先天的生理需要，而且在社会实践中，在接受人类文化教育过程中，发展出许多社会性需要。这些社会性需要受时代、历史的影响，也受阶级的影响。在经济落后、生活水平低下时期，人们需要的是温饱；在经济发展、生活水平提高的时期，人们需要的不仅是丰裕的物质生活，同时也开始需要高雅的精神生活。不同的阶级的人，需要也不一样，资产阶级需要的是不劳而获、坐享其成；工人阶级需要的是自由、民主、温饱和消灭剥削。由此可见，人的需要具有社会性和历史与阶级的制约性。

4. 独特性

人与人之间的需要既有共同性，又有独特性。由于生理、遗传、环境、条件因素不同，每个人的需要都有自己的独特性，年龄、身体条件、社会地位、经济条件不同的人，都会在物质和精神方面有不同的需要。

第二节 动 机

一、动机的一般概述

（一）动机的概念

动机是指引起和维持个体活动，并使活动朝向某一目标的内部动力。动机是直接推动个体活动的动力，人的需要、兴趣、爱好和价值观等都要转化为动机后，才能对人的活动产生动力作用。

（二）动机的动力作用

动机的动力作用具体表现为动机的激活功能、指向功能、维持和调整功能。

1. 激活功能

动机的激活功能表现在动机能激发有机体产生某种活动。带着某种动机的有机体对某些刺激，特别对那些与动机有关的刺激，反应特别敏感，从而激发有机体去从事某种反应或活动，例如，饥饿者对食物、干渴者对水特别敏感，因此也容易激起他的寻觅活动。

2. 指向功能

动机与需要有一个根本性的差异，需要是有机体因缺乏而产生的主观状态，这种主观状态是一种无目标状态；而动机不同，动机是针对一定目标或诱因的，是受目标引导的。也就是说，需要一旦受到目标引导就成了动机。由于动机种类不同，人们行为活动的方向和所追求的目标也不同，例如，在学习动机的支配下，学生的活动指向与学习有关的目标，如书本、课堂等；而在娱乐动机支配下，其活动指向的目标则是娱乐设施，这就是动机的指向功能。

3. 维持和调整功能

当个体的某种活动产生以后，动机维持着这种活动指向一定的目标，并调节着活动的强度和持续时间。如果达到了目标，动机就会促使有机体终止这种活动；如果尚未达到目标，动机将驱使有机体维持和加强这种活动，以达到目标，这就是动机的维持和调整功能。

（三）动机的分类

1. 根据动机的引发原因分类

根据引发动机的原因，可将动机分为内在动机和外在动机。内在动机是由活动本身产生的快乐和满足所引起的，它不需要外在条件的参与，例如，个体追逐的奖励来自动机活动的内部，即活动成功本身就是对个体最好的奖励；学生为了获得知识、充实自己而努力读书就属于内在动机。外在动机是由活动的外部因素引起的，例如，个体追逐的奖励来自动机活动的外部，有的学生认真学习是为了获得教师和家长的好评等就属于外在动机。内在动机的强度大，时间持续长；外在动机持续的时间短，往往带有一定的强制性。事实上，这两种动机缺一不可，两者必须结合起来才能对个体的行为产生更大的推动作用。

2. 根据动机在活动中所起的作用分类

根据动机在活动中所起的作用，可将动机分为主导性动机与辅助性动机。主导性动机是指在活动中所起作用较为强烈、稳定、处于支配地位的动机，辅助性动机是指在活动中所起作用较弱、不稳定、处于辅助地位的动机。在儿童的成长过程中，活动的主导性动机是不断变化与发展的。事实表明，只有主导性动机与辅助性动机的关系较为一致时，人的活动动力才会加强；若主导性动机与辅助性动机彼此冲突，人的活动动力就会减弱。

3. 根据动机的起源分类

根据动机的起源，可将动机分为生理性动机和社会性动机。生理性动机是与人的生理需要相联系的动机，具有先天性。社会性动机是与人的社会性需要相联系的动机，是后天习得的，如交往动机、学习动机、成就动机等。人的生理性动机受社会生活条件所制约。

4. 根据动机行为与目标远近的关系分类

根据动机行为与目标远近的关系，可将动机划分为近景动机和远景动机。近景动机是指与近期目标相联系的动机，远景动机是指与长远目标相联系的动机，例如，有的学生努力学习，其目标是期末考试获得好成绩，而有的学生努力学习，其目标是为今后从事教育事业打基础；前者为近景动机，后者为远景动机。远景动机和近景动机具有相对性，在一定的条件下，两者可以相互转化。远景动机可分解为许多近景动机，近景动机要服从远景动机，体现远景动机，我们可以把"千里之行，始于足下"作为对近景动机与远景动机辩证关系的描述。

二、需要、动机与行为的关系

需要和动机是有区别的。需要是人积极性的基础和根源，动机是推动人活动的直接原因。人类的各种行为都是在动机的作用下向某一目标推进的，而人的动机又是由于某种欲求或需要引起的，但是，不是所有的需要都能转化为动机。需要转化为动机必须满足以下两个条件。

1. 一定的强度

需要必须有一定的强度才能转化为动机，也就是说，某种需要必须成为个体的强烈愿望，迫切要求得到满足；如果需要不迫切，则不足以使人去行动以满足这个需要。

2. 适当的客观条件

需要转化为动机要有适当的客观条件，即诱因的刺激，既包括物质的刺激也包括社会性的刺激。有了客观的诱因才能促使人去追求它、得到它，以满足某种需要；相反，就无法转化为动机。例如，停留在荒岛上的人很想与他人交往，但荒岛缺乏交往的对象（诱因），那么，他的这种需要就无法转化为动机。

可见，人的行为动力是由主观需要和客观事物共同制约决定的。按心理学所揭示的规律，需要引起动机，动机支配着人的行为。当人产生某种需要时，心理上就会产生不安与紧张的情绪，成为一种内在的驱动力，即动机，它驱使人选择目标，并进行实现目标的活动，以满足需要。需要被满足后，人的心理紧张消除，然后又有新的需要产生，再引起新的行为。这样周而复始，循环往复。

三、动机强度与学习效率的关系

心理学研究表明，动机强度与学习效率的关系不是一种线性关系，而是倒U形曲线关系。中等强度的动机最有利于任务的完成，也就是说，动机强度处于中等水平时，学习效率最高，一旦动机强度超过了这个水平，对行为反而会产生一定的阻碍作用，例如，如果一个人的学习动机太强，急于求成，反而容易产生焦虑和紧张的情绪，进而干扰其记忆和思维活动的顺利进行，使注意和知觉的范围变得过于狭窄，使学习效率降低。在考试时，动机过强的学生，一心想考出好成绩，就会在临场发挥时处于高度紧张状态，结果往往不能充分发挥出真正的水平，这便是动机过强反而降低效率的典型例子。因此，为了使学习效率提高，应避免动机过强或过弱，使其处于最佳水平，在其他因素恒定的情况下，就能最大限度地提高学习效率。

动机最佳水平往往会因任务性质的不同而不同。在比较容易的任务中，学习效率有随动机的提高而上升的趋势；而在比较困难的任务中，动机最佳水平有逐渐下降的趋势。这种现象是美国心理学家叶克斯和多德森通过动物实验发现的，也就是说，随着任务难度的增加，动机最佳水平有逐渐下降的趋势，如图8-3所示，这种规律性趋势称为叶克斯-多德森定律。

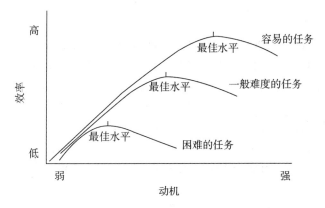

图 8-3　任务难度、动机强度与效率之间的关系

四、动机理论

(一) 本能理论

本能理论是最早出现的行为动机理论。本能理论的基本观点是，人的行为主要是受人体内在的生物模式驱动，不受理性支配。最早提出本能概念的是生物进化论的创始人达尔文，而在动机心理研究方面进行深入研究的则是心理学家詹姆斯（W. James）、麦独孤（W. McDougall）和弗洛伊德（S. Freud）。

詹姆斯把本能定义为无须事先经过教育就能自动完成的一种动作官能。他把饥渴、性本能等称为生物本能，把模仿、竞争、恐惧、同情、建设、母性等称为社会本能，他认为，社会生活的样式是由人的本能决定的。

麦独孤认为，人类的一切行为都来源于本能，社会只是一种结果，是人们与生俱来的、大体相似的本能趋向的结果。本能是行为的非理性的驱动力。本能都具有目的性，因而由本能所驱动的行为都在于奋力达到一定的目的。

弗洛伊德认为，人有两种本能：一种是生的本能，他称之为力比多（Libido，性力），并用力比多这个词来概括一系列行为和动机现象，如饮食、性、自爱、他爱等个人所从事的任何愉快的活动，都是生的本能。另一种是死的本能，他称之为萨那托斯（Thanatos，希腊神话中的死神），像仇恨、侵犯和自杀等都是死的本能。由于这两种本能在现实生活中都不能自由发展，常常受到压抑而进入无意识领域，并在无意识中同时共存，驱使人的行动。人的每一种动机都是无意识的生的本能和死的本能的混合物。

应当指出，本能理论过分强调先天和生物因素，忽略了后天的学习和理性因素。实际上，本能在人类的动机行为尤其是社会动机行为中不起主要作用。虽然本能对自然动机起着主导作用，是自然动机的源泉，但自然动机不具有重要的社会意义；而在现实生活中，人类纯粹的自然动机几乎是不能独立存在的，人的动机无一不受社会因素的影响或社会动机的调节。因此，本能理论只具有从理论上对自然动机进行解释的意义，而不具有重要的社会意义，例如，社会发展到今天，人们的吃饭行为已不纯粹是一种本能行为，人们一般是定时、定点就餐，在很多情况下，人们的吃饭行为并不是由躯体的饥饿感引起的。因此，我们说，本能理论没有把握住人类行为的社会本质，用本能这种不具有重要社会意义的动机来解释人类广泛而复杂的社会行为，必然会犯生物决定论的错误。

（二）驱力理论

驱力理论产生于20世纪20年代，美国心理学家霍尔（Granville Stanley Hall）是最早提出驱力理论的心理学家，而让驱力理论得以大力推广的是美国心理学家赫尔。

霍尔提出了驱力减少理论。他假定个体要生存就应有需要，需要产生驱力，驱力是一种动机结构，它供给肌体的力量或能量使肌体有所行动，使需要得到满足，进而减少驱力。赫尔的理论适用于解释生物的机能，如吃、喝、睡眠和性行为等。个体被剥夺食物会产生饿的感觉（驱力），驱力会推动个体寻找食物和产生吃的行为，从而使驱力下降。之后，赫尔又提出，人类的行为主要是由习惯来支配，而不是由生物驱力支配，他强调经验和学习在驱力形成中的作用，认为学习对肌体适应环境有重要的意义。驱力给行为提供能量，而习惯决定着行为的方向。赫尔认为，有些驱力来自内部刺激，不需要习得，称之为原始驱力；有些驱力来自外部刺激，是通过学习得到的，称之为获得性驱力。驱力、习惯强度共同决定了个体的有效行为潜能，它们之间的相互关系可以用公式表示

$$P = DH$$

P 表示驱力；H 表示习惯强度；D 表示有效行为潜能。

但是，驱力减少理论不能解释另一种行为，例如，是什么力量激发了一个人过量的、强制性的进食行为？为什么一个人可以通宵达旦地工作？为什么政治家在监狱里可以绝食数日？在这些行为中，人的驱力不是减少了，而是增加了。

驱力理论强调个体的活动来自内在动力，它忽略了外在环境在引发行为上的作用。针对这种缺陷，人们提出了诱因的概念，诱因是指能满足个体需要的刺激物，它具有激发或诱使个体朝向目标的作用，例如，诱人的美食激发人的进食欲望，漂亮的时装引起人的购买欲望，挑战性的任务激发人的成就需要。

诱因可以是物质的，如食物、时装等；也可以是复杂的事件和情境，如获得名誉、地位等；凡是人们需要得到的、有吸引力的刺激都可能成为诱因。诱因有积极和消极之分，对个体有吸引力的刺激物为积极诱因，个体回避的刺激物（如痛苦、贫困、失败等）为消极诱因。

赫尔接受了诱因这一变量的说法，将其作为行为的决定因素之一。他修改了先前驱力、习惯强度、有效行为潜能相互关系的公式，在其中增加了诱因，公式改为

$$P = DHK$$

P 表示驱力；H 表示习惯强度；D 表示有效行为潜能；K 表示诱因。

诱因是个体行为的一种能源，它促使个体去追求目标。诱因与驱力是分不开的，诱因是由外在目标所激发的，只有当它变成个体内在的需要时，才能推动个体的行为，并具有持久的推动力。这种理论强调了外部刺激在引起动机中的重要作用，诱因有唤起有机体行动和指导行动方向两种功能。

关于驱力与动机的关系，多数心理学家认为，驱力是潜在的行为动力，而动机是现实的行为动力，动机是机体驱力与外界诱因相互作用的产物。

（三）强化理论

强化理论是以斯金纳（Burrhus Frederic Skinner）为代表的心理学家提出的动机理论。斯金纳认为，人或动物为了达到某种目的，会采取一定的行为作用于环境。当这种行为的后果对其有利时，这种行为就会在以后重复出现；当这种行为的后果对其不利时，这种行为就

会减弱或消失。人们可以用这种办法来影响行为的后果，从而修正行为，因此，强化理论也被称为行为修正理论。

斯金纳把强化定义为增大行为发生概率的事件。他认为，强化从形式上可分为正强化和负强化。正强化就是给予被试者奖励性的刺激，以提高其行为发生的概率，例如，一个小男孩在客人来访时表现得很有礼貌，客人会夸赞这个小男孩，以后这个小男孩就会更多地表现出有礼貌的行为；负强化就是撤销那些令人厌恶的或惩罚性的刺激，以提高行为发生的概率。

斯金纳开始只将强化理论用于训练动物，如训练军犬和马戏团的动物，后来，斯金纳将强化理论进一步发展，并运用到人的学习上，发明了程序教学法和教学机。他强调，学习中应遵循小步子和及时反馈的原则，将大问题分成许多小问题，循序渐进地学习，他还将编好的教学程序放在机器里对人进行教学，收到了很好的效果。斯金纳根据其研究结果，提出了下列关于行为强化的原则：

（1）经过强化的行为趋向于重复发生。所谓强化因素，就是会使某种行为在将来重复发生的可能性增加的任何一种结果，例如，个体某种行为的结果受到别人的称赞，就会增加其这种行为重复发生的可能性。

（2）依照强化对象的不同采用不同的强化措施。人的年龄、性别、职业、学历、经历不同，需要就不同，强化方式也应不一样，例如，有的人更重视物质奖励，有的人更重视精神奖励，因此，应区分情况，采用不同的强化措施。

（3）分阶段设立目标，并对目标予以明确规定和表述。对于人的激励，首先要设立一个明确的、鼓舞人心而又切实可行的目标，只有目标明确、具体时，才能进行衡量和采取适当的强化措施，同时，还要将目标进行分解，分成许多小目标，完成每个小目标时都应及时给予强化，这样不仅有利于目标的实现，而且不断的激励可以使人增强信心。如果目标一次定得太高，就会使人感到不易达到或者能够达到的希望很小，就很难充分调动人为达到目标而做出努力的积极性。

（4）及时反馈。所谓及时反馈，就是通过某种形式和途径，及时将工作结果告诉行动者。要取得最好的激励效果，就应该在行动者的行为发生以后尽快对其采取适当的强化措施，例如，一名职工在实施了某种行为以后，即使领导者只对其做出"已注意到这种行为"的简单反馈，也能对其起到正强化的作用；如果领导者对职工的这种行为不予以注意，职工重复这种行为的可能性就会减小以至消失，因此，领导者必须把及时反馈作为一种强化手段。强化理论并不是对职工进行操纵，而是使职工有一个在各种明确规定的备选方案中进行选择最好的机会。因而，强化理论已被广泛地应用在激励和改造人的行为上。

（5）正强化比负强化更有效。在强化手段的运用上，应以正强化为主；同时，也要对坏的行为给予惩罚，做到奖惩结合。

强化理论纠正了本能论过分强调个体先天本能的不足，但其把所有人类行为的原因都归结于外部强化，否定了人的主动性和自觉性，是机械论的观点。

（四）动机的认知理论

随着认知心理学的发展，许多心理学家探索运用认知观点来解释人的动机现象，我们将这些动机理论统称为动机的认知理论。目前，动机的认知理论体系中较有影响的有认知失调理论、成就动机理论、归因理论。

1. 认知失调理论

认知失调理论的主要代表人物是费斯廷格（L. Festmger），他提出，每个人都有一个认知结构，认知结构是由知识、观念、观点、信念等组成的，认知结构中的每一种具体的知识、观念、观点、信念都可以看作一个认知元素，所有认知元素之间存在三种关系，即协调、不协调和不相关。当认知元素之间协调一致时，人就会处于协调状态，觉得心安理得，不去改变态度。当认知元素之间相互矛盾，处于不和谐的状态时，人就会感到紧张、焦虑和不安，此时，个体就会设法消除矛盾，以减少或解除这种失调状态，使认知元素之间达成协调、统一。人们不但会尽力消除失调状态，也会尽力回避那些将会增加或产生不协调的情境。费斯廷格主张，认知元素之间的不协调程度越大，人们想要减轻或消除这种不协调关系的动机也就越强。认知不协调的程度取决于两个方面的因素：一是认知元素对于个体的相对重要性，认知元素的重要性越高，认知不协调程度越大；二是不协调认知元素的数量，不协调认知元素的数量越多，它占认知元素总量的比例就越大，那么认知不协调的程度就越大。

2. 成就动机理论

成就动机理论的主要代表人物是阿特金森（J. W. Atkinson）和麦克莱兰。成就动机是指人们在完成任务中力求获得成功的内部动因，即个体对自己认为重要的、有价值的事情乐意去做，并努力达到完美地步的一种内部推动力量。成就动机分为追求成功的倾向和回避失败的倾向。当人追求成功的需要大于回避失败的需要时，总的成就动机是正值，表现为倾向追求成功的活动；反之，则表现为倾向回避失败的活动。当人追求成功的需要大于回避失败的需要，且任务处于中等难度水平时，成就动机最大。

3. 归因理论

归因理论的主要代表人物是韦纳（B. Wemer）。他认为，归因是指个体对自己成功与失败原因的看法与解释，人们对成败的归因是行为的基本动力。他把人们对成败的归因归纳为能力、努力、态度、知识、运气、帮助、兴趣等，认为具体的归因并不重要，重要的是个体归因的维度。他将个体归因的维度分成控制点、稳定性和可控性三个维度，根据控制点维度，可将成败原因分成内部和外部；根据稳定性维度，可将成败原因分为稳定和不稳定；根据可控性维度，可将成败原因分为可控和不可控。归因的三个维度的关系，如表 8-1 所示。

表 8-1 归因的三个维度的关系

控制点		内部		外部	
稳定性		稳定	不稳定	稳定	不稳定
可控性	可控	持久努力	一时努力	教师态度	他人帮助
	不可控	能力高低	生病	任务难度	运气

韦纳通过一系列的研究，得出一些归因的最基本的结论。

（1）个人将成功归因于能力和努力等内部因素时，他会感到骄傲、满意、信心十足；而将成功归因于任务容易和运气好等外部因素时，产生的满意感则较少。相反，如果一个人将失败归因于缺乏能力或努力，则会产生羞愧和内疚；而将失败归因于任务太难或运气不好时，产生的羞愧则较少。

（2）在付出同样努力时，能力低的人应得到更多的奖励。

（3）能力低而努力的人受到最高评价，能力高而不努力的人受到最低评价。因此，韦纳总是强调内部、稳定和可控的维度。

作为对成就动机理论的一个补充，归因理论特别强调人们成就的获得有赖于对过去工作是成功还是失败的不同归因。如果人们把成功和失败都归因于自己的努力程度，就会增强今后努力行为的坚持性；如果人们把成功与失败归因于能力太低、任务太重这些原因，就会降低自身努力行为的坚持性。运气或机遇是不稳定的外部因素，过分地归因于这一因素会使人产生"守株待兔"的行为，这也是具有高成就需要的人所不屑的。总之，只有将失败的原因归因于内、外部的不稳定因素时，即努力的程度不够和运气不好时，才能使行为人进一步坚持原行为。

第三节 兴 趣

一、兴趣的概念

兴趣是指一个人积极探究某种事物及爱好某种活动的心理倾向。它是人认识需要的情绪表现，反映了人对客观事物的选择性态度。

二、兴趣的功能

我国近代思想家、学者梁启超对兴趣的功能曾有过精辟的阐述，他说："总而言之，趣味是活动的源泉。趣味干竭，活动便跟着停止，好像机器房里没有原料，发不出蒸汽，任凭你多大的机器，总要停摆……，人类若到把趣味完全丧失掉的时候，老实说，便是生活得不耐烦，那人虽然勉强留在世间，也不过是行尸走肉。"这段话形象地描述了兴趣的重要性。

兴趣在人类活动中的基本功能主要表现为定向功能与动力功能。

1. 定向功能

兴趣的定向功能是指一个人现在和将来要做的事情往往是由自己的兴趣来定向的，它可以奠定一个人事业的基础和进取的方向，例如，一个人从小喜欢探究小动物的生活习性，其将来可能会去深入学习生物学或心理学，并作为终身研究的方向。因此，教学中，教师注意发展和培养学生的兴趣显得十分重要。

2. 动力功能

兴趣的动力功能是指人的兴趣可以转化为动机，成为激励人们进行某种活动的推动力。兴趣是活动的重要动力之一，也是活动成功的重要条件，如果学生对某学科产生浓厚的兴趣，就会克服各种困难去钻研，甚至达到废寝忘食的状态。因此，教师在教学中应善于唤起并组织学生的兴趣，以便激励他们更好地去学习。

三、影响兴趣形成的因素

兴趣的发生是以一定的需要为基础的。当一个人有某种需要时，就会对有关事物优先给予注意，而且对它有向往的意愿，从而产生兴趣。人的需要多种多样，因人而异，所以人的兴趣也是多种多样，因人而异的。人的需要改变了，兴趣也随之改变；但是需要不一定都表现为兴趣，如人有睡眠需要，不等于对睡眠有兴趣。

兴趣与动机密切相关。兴趣主要是一种认识的倾向，而这种倾向成为诱因，导致行为冲动时便会产生动机。因此，兴趣是动机产生或强化的重要主观原因，所谓"临渊羡鱼，不如退而结网"，"羡鱼"是对鱼有兴趣，而"退而结网"，就要有捕鱼的动机了。

兴趣与认知、情绪、意志有密切的联系。兴趣是一种特殊的认知倾向，它表现在对感兴趣的事物的感知、记忆、想象和思维上，并表现为对有关事物的优先注意和集中注意。兴趣的情绪色彩表现在对某种事物的兴趣越浓厚，人对它的情感也越深。稳定的兴趣对于克服工作中的困难，顺利完成任务意义重大。

兴趣与能力、理想、信念、世界观密切联系，兴趣能够促进能力的形成和培养；同时，能力会促进兴趣的发展。已经确立的正确的理想、信念、世界观对新的兴趣的形成起着指引方向和确定内容的作用。例如，如果学生的学习态度端正，学习兴趣浓厚，就有助于他确立远大的理想和科学的世界观，而这种理想和世界观又会促使他对学习产生更浓厚的兴趣。

四、兴趣的品质

兴趣的品质是人在认识事物的过程中形成和表现出来的稳定的心理特征，可以概括为以下四个方面。

1. 倾向性

兴趣的倾向性是指一个人的兴趣指向的是什么事物。由于兴趣的倾向性不同，人与人之间会出现很大的不同，如有的人对文学感兴趣，有的人对数学感兴趣，有的人对音乐感兴趣等。

2. 广阔性

兴趣的广阔性是指一个人兴趣范围的大小或丰富性的程度，也称为兴趣的广度。兴趣的广度具有明显的个别差异，如有的人兴趣十分狭窄，对什么都没热情，也不感兴趣；而有的人兴趣十分广泛，对多方面的事物或活动表现出兴趣。爱因斯坦是伟大的物理学家，但又非常喜欢音乐，小提琴拉得好，钢琴弹得也很出色，甚至能撰写文学评论。

兴趣的广阔性与兴趣的分散性不同。兴趣的广阔性是指一个人兴趣丰富，且其中往往有中心兴趣，也就是说，一个人在对很多事物或活动有兴趣的基础上，对其中的某一事物或活动特别感兴趣，并以其为中心去发展其他各种兴趣。兴趣的分散性指一个人兴趣易变、肤浅，而且没有中心兴趣，好像样样懂，但样样都不精。因此，在中心兴趣基础上建立兴趣的广阔性才是可贵的兴趣品质。

3. 稳定性

兴趣的稳定性是指中心兴趣持续的时间或巩固的程度。从这一品质考察，有的人兴趣持久而稳定。这种人一旦对某种事物或活动产生兴趣，就会始终保持不变，还会一步一步地深入下去，达到迷恋的程度。而有的人兴趣极不稳定，经常会对某种事物产生兴趣，但又不能持久，往往朝秦暮楚，见异思迁，这种暂时的兴趣纵然很强烈，但是对实践活动的推动作用并不大。可见，在兴趣的稳定性方面也存在很大的个别差异。

4. 效能性

兴趣的效能性是指兴趣对人的行动产生作用的大小。兴趣对人的行动的动力作用有积极和消极两种：凡是能对社会进步和个人身心发展起推动作用的兴趣，就是具有积极效能的兴趣；凡是对社会的进步和个人身心发展起阻碍作用的兴趣，就是具有消极效能的兴趣。同样，人们兴趣的效能性有很大的个体差异，例如，有的学生对上网很有兴趣，但主要用于玩游戏或聊天，影响了正常的学习和生活，这样的兴趣就是消极效能的兴趣。总之，高尚的兴趣具有积极的效能，低级的兴趣只有消极的效能。有积极效能的兴趣才能促使人参与某项活动，从而获得知识、经验，增长才能。

思考练习

一、填空题

1. 人本主义心理学家马斯洛认为，在人的一切需要中，_____需要是最基本的。
2. 需要按其对象性质可分为_____需要和_____需要。
3. 有人把学业失败的原因归因为自己太笨，这属于_____的归因。
4. 由个体的内部需要所引起的动机属于_____动机。
5. _____是指一个人兴趣范围的大小或丰富性的程度。

二、案例分析题

候老伯今年62岁，性格好强，原先在某大学宣传部工作，后调到学校办公室工作，现已退休。候老伯退休以后，心情烦躁，在家里待不住，成天在外面不愿意回家。家里人让他买菜，他故意到十公里之外的菜市场去买，来回消磨了大半天时间。他还无偿给别人种菜、除草，给旧火车头上油等。候老伯的老伴和子女们对他的这种状况无法理解，带他到医院看病，结果医生说候老伯没病。

试用马斯洛的需要层次理论分析候老伯的需要。

第九章 能力

> **学习目标**
> 1. 了解能力的概念与分类。
> 2. 理解能力与知识、技能的关系,能力的个体差异,影响能力形成和发展的因素。
> 3. 运用能力规律进行能力培养。

能力是成功完成某种活动所必备的个性心理特征之一。掌握知识形成技能,能力是前提;而知识的掌握,又能促进能力的发展。人的能力发展存在个体差异,主要表现为能力类型的差异、能力发展水平的差异和能力发展早晚的差异,影响能力形成和发展的因素以遗传素质与营养状况、早期经验、知识和技能、教育、社会实践、勤奋等最为显著。

第一节 能力概述

一、能力的概念

能力是大家比较熟悉的心理现象。现实生活中,每个人的能力不相同,例如,有的人运算敏捷,思路灵活,运算能力强;有的人过目成诵,记忆敏捷、牢固,有惊人的记忆力;有的人富于幻想和想象,有很高的创造能力;有的人擅长组织管理,具有较强的组织能力;有的人擅长音乐和绘画,有较高的艺术才能。能力是直接影响人的活动效率,使活动顺利完成的个性心理特征。

能力和活动紧密联系,一方面,人的能力是在活动中形成、发展和表现出来的;另一方面,人从事某种活动又必须以一定的能力为前提。活动有简单的,也有复杂的,简单的活动只需具备一种能力就可顺利完成,而复杂的活动通常要由多种能力结合才能顺利完成。

如果一个人具有完成某种复杂活动所必需的能力,并且能把这些能力很好地结合起来,出色完成这种活动,就表明这个人具有从事这种活动的才能。才能是各种能力的完美结合,常以活动的名称来命名,如音乐才能、绘画才能、文学才能等。如果完成某种活动所必需的能力得到最充分的发展和最完美的结合,并能创造性地、出色地完成相应的活动,就表明这个人是从事这种活动的天才。天才并非天生之才,它是在良好的素质基础上,通过后天环境和教育的影响，加上个人实践中的主观努力发展起来的。

掌握活动的速度和成果的质量被认为是能力的重要标志。苏联心理学家克鲁捷茨基指出，如果一个人能迅速而成功地掌握某种活动，比其他人较易于得到相应的技能和达到熟练的程度，并且能取得比中等水平优越的成果，那么这个人就被认为是有能力的。成功完成某种活动所需要的因素是多方面的，能力是个人成功完成某种活动的必要条件，但不是唯一的条件；个人的知识和经验、活动动机和身体健康状况等都是完成活动所必需的。

二、能力与知识、技能的关系

人的能力有高有低，人的技能、知识有多有少。能力与知识、技能既有区别，又联系密切。弄清楚能力与知识、技能的关系，有助于我们正确理解能力的概念。

（一）能力与知识、技能的区别

1. 能力与知识的区别

能力与知识不同。知识是人类社会历史经验的总结和概括，人类已经积累的知识是社会的财富。知识既是人心理活动的结果，又是心理活动的对象和内容，当知识以思想、观念等内容的形式被个体认识、领会、理解、掌握时，就变成个体意识和个体的知识系统，从而有利于人们去完成改造现实的某些活动。但是，知识本身并不是个体的能力特征，因为知识作为心理活动的对象，具有客观性，不存在个体差异，而只有掌握知识速度的快慢，领会、理解知识的深浅，记忆知识的敏捷、持久、精确程度，运用知识的灵活性等才存在较明显而又稳定的个别差异，这是个体对知识进行加工的心理活动过程的概括化程度差异，即调节认识活动的能力差异，例如，学习和掌握某数学公式及推导过程，调节这个推导过程的分析、概括活动的动力（敏捷、灵活、简缩、逻辑等）特性便属于能力范畴。

2. 能力与技能的区别

能力不同于技能。技能是一种通过练习而巩固了的自动化活动方式，它以行动方式的形式被人所掌握，基本上属于心理活动过程的范畴；而能力是对心理活动的可能性和动作的可能性而言。能力和技能都有概括性，但概括水平不同，技能是动作和动作方式的具体概括，能力是调节技能行动方式的心理活动的概括，是较高水平的概括。

总之，能力与知识、技能不能混同，例如，婴幼儿掌握的知识、技能都不多，但其能力发展却前途无量；年长者知识丰富，技能熟练程度高，但其能力发展却越来越慢。

（二）能力与知识、技能的联系

能力与知识、技能紧密联系，相辅相成。

首先，知识的掌握有助于技能的形成，而知识的掌握和技能的形成又能促进能力的发展。能力是高度概括化的调节认识活动和行为方式的心理现象，这种概括化的调节水平达到迁移程度并在个体身上巩固下来，就会促进个体的能力发展。例如，学生掌握数学知识，同时也掌握某些运算技能（心智活动技能），这些有利于其逻辑思维能力的发展；相反，缺乏必要的知识和技能，就会造成能力发展的巨大障碍。

其次，人们掌握知识、形成技能，又以一定的能力为前提，能力往往制约掌握知识和形成技能的快慢、深浅、难易以及灵活性和巩固程度。

三、能力的分类

在人适应环境和改造环境的过程中，不同的活动领域和不同性质的活动会对人提出不同的要求，从而使人形成相应的能力，心理学从不同的角度对能力进行了分类。

（一）按倾向性分类

按倾向性可把能力划分为一般能力和特殊能力。

1. 一般能力

一般能力又称普通能力，是指人完成大多数活动所共同需要的能力，是人所共有的最基本的能力。它适用于广泛的活动范围，符合多种活动的要求，并保证人们较容易和有效地掌握知识。

一般能力与认识活动紧密联系，观察力、记忆力、注意力、想象力和思维力都是一般能力，一般能力的综合体就是通常所说的智力。

2. 特殊能力

特殊能力又称专门能力，是完成某项专门活动所必需的能力。它只在特殊活动领域内产生作用，是完成特殊活动必不可少的能力，一般认为，数学能力、音乐能力、绘画能力、体育能力、写作能力等都是特殊能力，一个人可以具有多种特殊能力，但其中有一两种特殊能力占优势。研究表明，同一种特殊能力包含多种成分，各种成分对完成活动的作用不同。例如，音乐能力包括音乐感知能力、音乐记忆和想象能力、音乐情感能力和音乐动作能力，这些能力使人们成功完成音乐活动，但一些人可能在音乐情感能力方面占优势，另一些人可能在音乐记忆能力方面占优势等，这些成分的不同组合构成各种独特的音乐才能。

一般能力和特殊能力密切联系，一般能力是各种特殊能力形成和发展的基础，一般能力的发展为特殊能力的发展创造了有利的条件；特殊能力的发展也会促进一般能力的发展。人要成功地完成一项活动，既需要具有一般能力，又需要有与完成某种活动有关的特殊能力，一般能力和特殊能力共同起作用。

（二）按功能分类

按照功能，可把能力划分为认知能力、操作能力和社交能力。

1. 认知能力

认知能力是指接收、加工、储存和应用信息的能力，它是人们成功完成活动最重要的心理条件，知觉、记忆、注意、思维和想象能力都是认知能力。美国心理学家加涅提出三种认知能力，即言语信息（回答世界是什么的问题的能力）、智慧技能（回答为什么和怎么办的问题的能力）、认知策略（有意识地调节与监控自己的认知加工过程的能力）。

2. 操作能力

操作能力是指操纵、制作和运动的能力，劳动能力、艺术表现能力、体育运动能力、实验操作能力都被认为是操作能力。操作能力是在操作技能的基础上发展起来的，又成为顺利掌握操作技能的重要条件。认知能力和操作能力紧密联系，认知能力中必然有操作能力，操作能力中也一定有认知能力。

3. 社交能力

社交能力是指人们在社会交往活动中表现出来的能力，组织管理能力、言语感染能力等都是社交能力。社交能力包含认知能力和操作能力。

(三) 按创造性程度分类

按创造性程度，可把能力划分为模仿能力和创造能力。

1. 模仿能力

模仿能力是指效仿他人的言行举止而引起的与之相类似的行为活动的能力。学习绘画时的临摹，学习写字时从字帖上仿效名家书法，儿童仿效父母和教师的说话、表情等都是模仿，古希腊哲学家亚里士多德、进化论奠基人达尔文、美国心理学家詹姆斯等人都认为模仿是人的一种本能；与这种观点相对立的是社会学习观点，如美国心理学家多拉德等人认为，人类模仿行为是通过强化习得。美国心理学家班杜拉等人对人类模仿行为进行了系统的研究，班杜拉认为，模仿不是人先天的本能，而是在后天的社会化过程中通过人与人之间相互影响而逐渐习得的，模仿有使原有的行为巩固或改变、使原来潜伏而没有表现的行为得到表现、习得新的行为动作三种作用。

2. 创造能力

创造能力是指产生新思想，发现和创造新事物的能力，是成功完成某种创造性活动所必需的条件。从其拉丁语词源上看，是指在一无所有的情况下创造出新的东西。创造能力包含两个基本特征：独创性和价值性，但人们对这两个基本特征的看法是有分歧的，例如，心理学家黑菲伦等人认为，创造是提供对整个社会独特而有意义的活动，人只有具备了这种创造能力才算得上有创造能力。心理学家罗杰斯等人则认为，创造的独特性和价值性标准应该由创造者自己来定，不能上升到社会的高度。美国心理学家吉尔福特等人认为，表现为外部行为的发散性思维代表个人的创造能力，但是，强调发散性思维在创造能力结构中的作用，并不排斥集中性思维的作用。研究表明，人们在进行创造性思维时，整个过程反复交织着发散性思维和集中性思维。

模仿能力和创造能力紧密联系，创造能力是在模仿能力的基础上发展起来的，人们的活动一般总是先模仿，后创造，从模仿到创造；模仿是创造的前提和基础，创造又是模仿的发展。模仿能力和创造能力是相互渗透的，把能力划分为模仿能力和创造能力是相对的，模仿能力中包含有创造能力的成分，创造能力中包含着模仿能力的成分，这两种能力相互渗透。

四、智力的概念和智力结构理论

(一) 智力的概念

智力又称为智能或智慧，它是心理学工作者普遍关注的概念，但出于它的复杂性，至今还没有统一的定义。探讨智力和智力结构对于深入了解智力的本质，合理设计智力测验，确定发展智力的策略是十分必要的。

1. 国内学者对智力的解释

（1）智力是一种偏重于认识方面的心理特性。在我国，这种看法被许多人赞同，例如，我国心理学家、教育家朱智贤认为，智力是人的一种心理特性或个性特点，是偏重于认识方面的特点。我国学者董纯才等认为，智力是使人顺利地从事多种活动所必需的认识能力的有机结合，其核心成分是抽象思维能力。

(2) 智力就是能力。持该观点的代表人物是我国心理学家林传鼎教授，他指出，智力就是能力或智能，即人们运用知识、技能的能力。

(3) 智力是一种先天素质，特别是脑神经活动的结果。吴天敏教授认为，智力是脑神经活动的针对性、广阔性、深入性、灵活性在任何一种神经活动和由它引起并与它相互作用的意识性的心理活动中的协调反映。

2. 国外学者对智力的解释

(1) 智力是个体学习的能力。有些学者认为，智力就是个体学习的能力，个体的学习成绩可以代表其智力水平。智力高的学生，学习快，掌握的知识多；智力低的学生，学习慢，掌握的知识少，例如，学者伯金汉姆认为，智力就是学习能力。有的学者用智力来推断学习能力，或由学习能力推断智力，例如，学者克龙巴赫认为，智商130分的人，可以获得哲学博士学位；智商120分的人，可以大学毕业；智商115分的人，可以读到大学一年级；智商110分的人，可以高中毕业，有一半机会能读完大学等。

(2) 智力是个体的抽象思维能力。有些学者认为，智力高的人善于抽象思维，善于判断和推理，例如，法国心理学家比奈认为，智力是正确的判断、透彻的理解、适当的推理能力，认为善于判断、善于理解和善于推理是智力的三种要素。美国心理学家推孟认为，个体的智力与他的抽象思维能力成正比。

(3) 智力是个体适应环境的能力。有些学者认为，个体的智力越高，适应新环境的能力也越强，在西方最早给智力下定义的德国心理学家斯腾认为，智力是指个体有意识地以思维活动来适应新情境的一种潜力。瑞士心理学家皮亚杰认为，智力的本质就是适应。

(4) 智力是智力测验所测的能力。这是一种操作性的定义，对智力的内涵并没有做出规定，持这种观点的心理学家认为，智力是一个抽象的概念，离开了智力测验，几乎无法了解智力的含义。例如，美国心理学家希尔加德认为，智力是智力测验所测定的结果。

20世纪80年代以来，西方多数心理学家认为，智力的核心包含两种能力：语言能力和解决问题的能力。研究人员认为，智力应包含三种能力：抽象思维能力、解决问题能力和学习能力。

(二) 智力结构理论

关于智力的结构，西方还存在着许多不同的理论观点，且近年来又有了新的发展。了解这些理论，有助于我们认识的深化，由于智力理论很多，下面仅介绍其中影响较大的几种。

1. 斯皮尔曼的二因素理论

英国心理学家斯皮尔曼（Spearman. C）认为，智力可以被分为G因素（Generalfactor，一般因素）和S因素（Specialfactor，特殊因素）。G因素是在不同情况下影响智力操作结果的诸因素中的共同因子，即一般因素；除此以外，每种活动都还有一个特殊因素，即S因素，是该活动所需要的专门的智力因素。因此，不同活动须具备的智力元素就分别为$G+S_1$，$G+S_2$，$G+S_3$……。斯皮尔曼认为，G因素与S因素是相互关联的，G因素是智力结构的关键和基础，是决定一个人能力高低的主要指标，智力测验的目的是通过广泛取样来求得G因素。斯皮尔曼二因素模型如图9-1所示。其中，G是指G因素，1，2，3等是指各种不同的测验，S_1，S_2，S_3 等是指各测验的特殊因素。

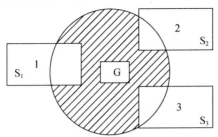

图 9-1　斯皮尔曼二因素模型

2. 瑟斯顿的群因素理论

群因素论是美国心理学家瑟斯顿（L. L. Thurstone）提出的，是根据对实际智力测验分数进行因素分析的结果。瑟斯顿发现在智力中并没有像斯皮尔曼所说的一般因素，也未发现所谓的特殊因素，他发现人类的智力组成中包含七种基本因素：词的理解力、语言流畅性、数字计算能力、空间知觉能力、记忆能力、知觉速度、推理能力。瑟斯顿根据因素分析发现的结果来界定智力，并且根据分析发现的七种基本因素编制智力测验，其编制的智力测验称为基本心理测验。

3. 三维智力结构理论

智力结构论是美国心理学家吉尔福特（J. P. Guilford）提出的一种智力理论。他认为，智力可以分为三个维度，即内容、操作和产品。智力活动就是人在头脑里加工（操作）客观对象（内容），产生知识（产品）的过程。智力活动的内容包括图形、符号、语义、行为，它们是智力活动的对象和材料。智力操作指智力活动的过程，它由上述种种对象和材料构成，包括认知（理解和再认）、记忆（保持）、发散思维、聚合思维、评价。智力活动的产品是指运用上述智力操作所得的结果，这些结果可以按单元计算，可以分类处理，也可以表现为关系、转换、系统等。吉尔福特三维智力结构如图 9-2 所示。

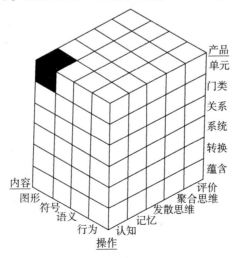

图 9-2　吉尔福特三维智力结构

4. 阜南的智力层次结构模型

英国心理学家阜南（P. E. Vernon）在1960年提出了智力层次结构模型，他继承和发展了斯皮尔曼的二因素论，并认为智力结构不是立方体三维结构模型，而是按层次排列的结构。他把智力分为四个层次：第一层次为最高层次，是一般因素（G因素）；第二层次为大因素群，分为两大因素群，即言语和教育方面的因素，操作和机械方面的因素；第三层次为小因素群，即言语理解、数量、机械信息、空间能力和手工操作等；第四层次为各种特殊因素。阜南的智力层次结构模型如图9-3所示。

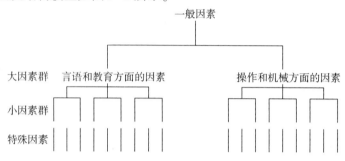

图9-3　阜南的智力层次结构模型

5. 流体智力和晶体智力理论

美国心理学家卡特尔（R. B. Cattell）和霍恩（j. L. Horn）根据智力的不同功能，将智力划分为两种：流体智力和晶体智力。流体智力是指人不依赖于文化和知识背景面对新事物的学习能力，如注意力、知识整合力等；晶体智力是指人后天习得的能力，与文化知识、经验的积累有关，如判断力等。从时间上看，流体智力在人的成年期达到高峰后，随着年龄的增长而逐步衰退；而晶体智力自成年后不但不减退，反而会上升。

6. 智力的三元结构理论

美国心理学家斯滕伯格（R. J. Sternberg）认为，现在的智力因素理论始终只是一种对智力特质的描述，而对智力活动的过程说明或无能为力，或回避。他认为，应该采用实验方法来分析智力活动的过程，对智力活动过程进行组成要素的分析。1985年，他提出了智力三元结构理论，该理论包括三个亚理论，即成分亚理论、经验亚理论和情境亚理论。

（1）成分亚理论。成分亚理论阐述解决问题时的各种心理过程，被认为是智力三元结构的核心。它包括三个层次的成分：一是元成分，它对执行过程进行计划和监控，并对结果进行评价，它是最概括性的成分，概括水平最高，参与面最广，更高层次的元成分控制其他层次的元成分；二是操作成分，它接受元成分的指令，进行各种认知操作，并提供信息反馈；三是知识习得成分，它习得选择解决问题的策略，学会如何解决新问题。

（2）经验亚理论。经验亚理论在经验水平上考察智力在日常生活中的应用，特别是处理新情境的能力和心理操作的自动化过程，具体可概括为应对新异性的能力和自动化加工的能力。

（3）情境亚理论。情境亚理论说明智力在日常环境中具有适应当前环境、选择更合适环境和改造现实环境的功能，具体可概括为适应、选择和塑造。

斯滕伯格在智力理论研究的许多方面都做出了创造性的贡献，他力图把认知心理学和智力理论联系起来，他的研究可以说是当前西方智力理论发展的一个缩影。

7. 加德纳的多元智力理论

1983年,加德纳(Howard Gardner)指出智力是个体用以解决问题和创造物质财富的能力。智力是复杂而多维的,他提出以下七种不同的智力,并认为每一种都很重要。

(1) 空间智力,这种智力用于导航或环境中的移动,也用于看地图和绘画中。
(2) 音乐智力,这种智力用在演奏乐器、唱歌或欣赏音乐方面。
(3) 言语智力,这种智力渗透在所有语言能力之中,包括语言和文字的理解与表达。
(4) 逻辑数学智力,这种智力在解决抽象逻辑、数学问题和逻辑推理问题上特别重要。
(5) 人际智力,这种智力用于与人交往,体现在对别人有同情心和善解人意等方面。
(6) 内省智力,这种智力对自己内部世界具有极高的敏感性。
(7) 身体运动智力,这种智力涉及控制精细的身体运动。

后来,加德纳又补充了自然探索智力和存在智力。自然探索智力是指能认识植物、动物和其他自然环境的能力,自然智力强的人,在打猎、耕作、生物科学上的表现较为突出。存在智力是指人们表现出的对生命、死亡和终极现实提出问题,并思考这些问题的倾向性。

多元智力理论一经提出,就得到了教育界的热烈响应,它为学校和教师培养人才拓展了理论思路,也更加富于实际的操作性;但是,这些智力究竟是否彼此独立,它们的存在究竟是否有实际的心理学证据支持,都是值得学术界进一步探讨的课题。

8. 皮亚杰的认知发展理论

认知发展取向的智力理论不是采用心理计量的研究取向,通过因素分析来建构智力理论,而是从认知发展的观点来描述智力的本质。认知发展理论以皮亚杰为代表,皮亚杰(Jean Piaget)的认知发展理论在内涵上只解释儿童智能的发展,而未从智力测验的观点从事智力理论探讨。皮亚杰以后的心理学家试图根据皮亚杰理论中有关智力的理念扩大推论,以作为编制智力测验的理论基础。

皮亚杰的认知发展理论的要点如下:

(1) 个体的认知发展在性质上就是智能发展,个体随年龄而增长的智能发展,在每一阶段所表现出的能力都是先天遗传与后天环境两个因素交互作用的结果。
(2) 在个体智能发展的心理历程中,适应、同化、平衡、认知图式等均为重要概念。
(3) 从婴儿期到青年期,智能发展分为感觉运动期(0—2岁)、前运算期(3—7岁)、具体运算期(8—11岁)和形式运算期(12岁及以上)四个时期。
(4) 个体智能发展的四个时期在开始时间上有个体差异,但各时期的先后顺序不会改变。
(5) 个体在智能发展的四个时期中,各时期所表现的智能性质不同。因此,随年龄增长所显示的智能发展不仅表现在智能的量的增加,而且表现在智能的质的改变。

上述观点是皮亚杰认知发展理论的精髓,也是他的理论特征。以往研究智力的心理学家,在凭智力测验鉴别个体智力的高低时,一般都忽略了个体随年龄增加时智能的质与量同时改变的理念,皮亚杰的这一个观点无疑是一项特殊的贡献。

当今心理学界智力理论和实践研究的总体趋势是将人的智力放在一个较为开放的,也更加接近真实的环境或情境中加以考察,把人类的智力作为一种复杂的系统来整体看待。因此,无论是在动态发展的理论和技术方面,还是在涉及交叉学科领域方面,都较传统理论有很大的改变,也只有这样,我们才有可能真正揭示人类智力的本质。

第二节 能力的个别差异

世界上没有两个能力完全相同的人。由于人的先天素质不同，后天的环境、教育和从事的实践活动也不同，因而人在能力上是有差异的。认识和了解不同的人表现在能力方面的差异，对于开发人力资源，合理利用人力资源是极为重要的。教育工作者也只有了解各个学生能力的特点及其发展水平之间的差异，才能做好教育工作，实现因材施教。

能力的个别差异表现在质和量两个方面，质的差异主要表现为能力一般类型和特殊类型的差异，量的差异则表现在能力发展水平、速度和年龄上的差异。

一、能力的类型差异

（一）一般能力的类型差异

人的一般能力类型差异主要表现在知觉、记忆、识记材料、言语和思维等方面的类型差异。

1. 知觉方面的类型差异

（1）综合型，其特点是知觉具有较强的概括性和整体性，但是分析方面较弱。

（2）分析型，其特点是具有较强的分析能力，对细节感知清晰，但对整体的感知较差。

（3）分析-综合型，较多的人属于分析-综合型，其知觉具有上述两种类型的特点。

2. 记忆方面的类型差异

（1）视觉型，其特点是视觉识记的效果较好，画家多属于这种类型，例如，达·芬奇在十几岁时到一个教堂游玩，看到很多壁画和雕刻，回家后就能将其全部默画下来，他画的画不仅轮廓、比例、细节与原画基本一样，而且彩色明暗也基本一样。

（2）听觉型，其特点是听觉识记的效果较好，音乐家多属于这种类型，例如，贝多芬在完全耳聋后，仍能根据听觉表象进行创作。

（3）运动型，其特点是有运动觉参加时识记的效果较好，运动员就属于这种类型。

（4）混合型。其特点是运用多种表象时识记的效果较好，大部分人都属于这种类型。

3. 识记材料方面的类型差异

（1）直观形象的记忆型，其特点是识记物体、图画、颜色和声音较好，艺术家属于这种类型。

（2）词的抽象记忆型，其特点是识记词的材料、概念和数字较好，数学家属于这种类型。

（3）中间记忆型，其特点是对于上述两种材料的识记效果都较好，大部分人属于中间记忆型。

4. 言语和思维方面的类型差异

（1）生动的思维-言语型，其特点是在思维和言语中有丰富的形象和情绪因素。

（2）逻辑联系的思维-言语型，其特点是思维和言语是概括性的，逻辑联系占优势。

（3）中间型，其特点是兼有上述两种类型的特点。

(二) 特殊能力的类型差异

特殊能力的类型差异体现在完成同一活动可以由不同的能力组合来保证，例如，三个同样是音乐成绩优异的学前儿童，第一个儿童可能具有强烈的曲调感和很高的听觉表象能力，但节奏感较弱；第二个儿童可能具有很好的听觉表象能力和强烈的节奏感，但曲调感较弱；第三个儿童可能具有强烈的曲调感和节奏感，但听觉表象能力较弱。可见，这三个儿童在音乐才能结构方面存在着差异。

击剑运动能力由观察力、反应速度、攻击力量和意志力等组成。有学者研究了三个具有同样水平和同样运动成绩的击剑运动员，发现他们的能力组成因素及发展水平不尽相同，其中，第一个击剑运动员的反应速度并不突出，但具有高度发展的观察力和正确估计情况并及时做出动作的能力，第二个击剑运动员则以一般的灵活性与坚韧性为特点，第三个击剑运动员则有强烈的攻击力量和必胜的信心。

现代社会中，因培养专业人员或某种工作的需要，特殊能力测验得到了较大的发展，例如，为了选拔合格的飞行驾驶员，我国有关部门曾制定了《学习飞行能力预测方法》，主要测量与飞行有关的特殊能力，如注意的广度、视觉鉴别力、运算能力、地标识别能力、图形记忆等。

二、能力发展水平的差异

能力发展水平差异主要指智力差异，即一般能力的差异。人智力方面的个体差异是十分显著的，在整个人群中，智力分布基本上呈常态分布，即两头人数少，中间人数多。研究者对大量未经筛选的人进行智力测验，其智力分布如表9-1所示。

表9-1 智力的分布

智商	名称	占人口总数的百分比
130 分以上	智力超常	1%
110—129 分	智力偏高	19%
90—109 分	智力中等	60%
70—89 分	智力偏低	19%
70 分以下	智力低等	1%

斯坦福大学心理学家推孟（L. M. Terman）和梅里尔（M. D. Merrill）对 2 904 个 2—18 岁的儿童进行智商测验，根据测得的智商分布情况列出一张智力分级表，如表9-2所示。

表9-2 智力分级表

智商	级别	所占比例
139 分以上	非常优秀	1%
120—139 分	优秀	11%
110—119 分	中上	18%
90—109 分	中等	46%
80—89 分	中下	15%
70—79 分	临界	6%
70 分以下	智力迟钝	3%

把智商与相应人数所占百分比分别作为坐标系的横坐标和纵坐标，可以画成一条曲线，这条曲线基本上呈常态分布图，如图9-4所示。

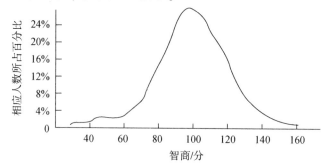

图9-4 智商分布曲线

标准的常态分布曲线的两侧是完全对称的。但是，智力分布曲线的两侧并不是完全对称的，智力低的一端范围较大，即智力低下的人比智力高的人略多。这是因为人类智力除按正常的变异规律分布外，许多疾病会损害大脑，导致智力低下。但是，智商是可以变化的，采取适当措施，经过若干时间以后，智商高的一端的范围将会逐渐扩大。

三、能力发展早晚的差异

人的能力的个别差异表现在发展速度的快慢上，也就是说，能力的显露有早也有晚。能力的显露比常人早称为"早熟"或"早慧"，有的人童年时期就表现出多方面的优异能力，例如，中国科技大学少年班的学生，他们的智力比同龄人要高出很多，他们在较短的时间内自学完别人需要几年才能学完的知识，提前进入大学进行学习。当然，人才早熟若不加培养，步入中青年后可能"泯为众人"，这种情况在历史上不胜枚举。中年时期，个体身体健壮，思想活跃，经验丰富，是人生的黄金时期，是人成才的好时期，一般认为，30—45岁是人的智力最佳年龄阶段，历史上的重大科学发现大部分都是人在这个年龄阶段完成的，诺贝尔奖获得者的年龄也大多在这一阶段取得的突破性成就。

当然，有的人才能显露较晚，属大器晚成型，例如，画家齐白石直到晚年才显露出他的绘画才能；达尔文50岁时才开始有研究成果，写出《物种起源》。个体大器晚成的原因是多方面的，可能是青年时期不努力或没有机会；也可能是一些才能的显露要厚积薄发，因而个体要从事很长时间的工作，才能显露相应的才能；也可能是某种特殊能力的显露时间较晚。但无论如何，即使个体智商不高，只要勤奋努力，也可能成为社会的有用之才，因为就成才而言，智力并非唯一因素。

四、不同能力发展速度的差异

人的不同能力在发展速度上也有差异，不同能力的衰退速度也不一样。

心理学研究表明，在一般能力上，人感知方面的能力发展最早且下降也较早，其次是记忆力，然后是思维能力，比较和判断能力在80岁以后才开始剧烈下降。在某些特殊能力上，如音乐能力、美术能力、运动能力、数学能力、语文能力等发展的早晚也往往有所不同，在同一个人身上，不同能力的发展速度如表9-3所示。

表9-3　不同能力的发展速度

项目	年龄（岁）				
	10—17	18—29	30—49	50—69	70—79
知觉能力	100%	95%	93%	76%	46%
记忆力	95%	100%	92%	83%	55%
比较和判断能力	72%	100%	100%	87%	69%
动作反应速度	88%	100%	97%	92%	71%

第三节　能力的形成和发展

一、影响能力形成和发展的因素

影响能力形成和发展的因素很多，其中，遗传素质和营养状况、早期经验、知识和技能、教育、社会实践、个人的主观努力等对能力形成和发展的影响最显著。

1. 遗传素质和营养状况

遗传素质是有机体生来就有的某些解剖生理的特点，主要是神经系统、脑的解剖生理特点以及感觉和运动器官的特性。先天素质是能力发展的自然前提，如色盲难以发展色彩辨别能力，天生或早期聋哑的人难以发展音乐能力。虽然遗传素质对个体的能力发展具有相当重要的意义，但素质并不等于能力，同样的素质基础可以形成各种不同的能力，同一种能力也可以在不同的素质基础上形成。初生的婴儿没有能力，但他生来具有一定的解剖生理素质，因而具有能力发展的一般可能性，在以后的生活实践中，其解剖生理素质可在活动中显露并发展起来，逐渐形成各种能力。

营养状况影响智力的发展已被许多生理学家及心理学家的研究所证实，研究发现，营养缺乏的妈妈胎盘上的脱氧核糖核酸含量远远低于一般人的平均值，而胚胎期脱氧核糖核酸的增加速度往往直接关系细胞数量的增加。儿童在胚胎期和出生后，身体和脑部处于迅速发育时期，脑的机能活动则依靠血液输送的养料来维持，母亲乳汁和蛋白质含量高的食物能提高儿童神经细胞的化学成分，从而保证其脑细胞化学成分的满足及其机能活动的需要，这些都将影响儿童智力的发展。

2. 早期经验

人的智力发展速度是不均衡的，不少人把学龄前称为人智力发展的一个关键期。美国心理学家布鲁姆（B. S. Bloom）在总结前人及自己研究成果的基础上，在1964年出版的《人类特征的稳定与变化》一书中提出了一个重要的假设：如果把人17岁的智力水平视为100%，那么人从出生到4岁就获得50%的智力，其余30%是4—8岁获得的，另外20%是8—17岁获得的。

苏联教育家马卡连柯也指出，教育的基础主要是在5岁以前奠定的，它占整个教育的90%。许多研究也证实，儿童的早期经验对儿童心理的发展有很大影响，一般来说，生动的和社会性的刺激有益于儿童感知能力的发展，与成人交往机会频繁则有利于儿童言语的发展。如果儿童与成人交往的机会太少，则其言语会发展缓慢；如果完全隔离儿童与成人的交往，失去与成人交往的机会，其心理发展会受到严重的阻碍，"狼孩"就是典型的事例。

儿童心理学的研究表明，婴幼儿是周围世界的积极探索者，有相当惊人的反应和学习能力。有学者对 4 000 名幼儿进行 20 分钟识字、阅读教学研究，结果证实，多数幼儿都能成功地识字和阅读，而且对视力和其他身心方面没有不良影响。早期教育与神经系统的成熟与发展有密切的关系，儿童出生后，其神经细胞在适应环境的过程中急剧地生出分支（树状突起）；3 岁前，形成人全部神经细胞的 70%—80%；5 岁前，绝大部分大脑神经细胞已经形成，大脑的语言、音感和记忆细胞及各种主要机能特征已趋于完善。人们进行学习不需要具备完全成熟的神经系统和大脑，相反，神经系统和大脑正是在学习过程中逐渐发展和成熟起来的。因此，儿童的智力有很大的潜力，有接受早期教育的可能。

3. 知识和技能

知识是人类社会历史经验的积累，从心理学的观点看，知识是头脑中的经验系统，它以思想内容的形式为人所掌握。技能是操作技术，是对具体动作的掌握，它以行动方式的形式为人所掌握。知识是能力形成的理论基础，技能是能力形成的实践基础。能力与知识、技能之间既相互联系，又相互制约，这体现在：人们掌握知识、技能以一定的能力为前提，能力制约着掌握知识技能的快慢、深浅、难易和巩固程度，而知识、技能的掌握又会导致能力的提高。当然，知识、技能的发展不是完全一致的：不同的人身上可能具有相同水平的知识、技能，但他们的能力水平却不一定是相同的；具有相同能力水平的人，也不一定能获得同等水平的知识和技能。

4. 教育

人的能力不是天生的，也不是自然恩赐的，人的能力的形成离不开教育，学校教育在人的身心发展中起主导作用，对人的能力发展也起主导作用。学校教育不但能使学生掌握知识和技能，还能促进学生能力的发展及其良好心理品质的形成。

"小时了了，大未必佳。"宋朝的方仲永就是一例，王安石在《伤仲永》一文说，方仲永幼年"指物作诗立就，其文理皆有可观者。邑人奇之，稍稍宾客其父，或以钱币乞之。父利其然也，日扳仲永环谒邑人，不使学"；至十二三岁，"令作诗，不能称前时之文"；至二十岁左右，已经"泯然众人矣"。可见，一个人缺少良好的学习和教育，即使小时是天才，长大也未必能成才。

5. 社会实践

人的能力最终是在改造客观世界的实践活动中形成和发展起来的。随着生产力的发展、科学技术的进步和人们社会生活领域的扩大，人也不断地产生新的需要，形成和发展了多种能力。社会上各行各业对从业者都有特殊能力的要求，这些特殊能力在学校里常常接触不到。因此，学生在学校里所形成的能力还不一定能完全适应社会的要求，需要参加某一具体行业的实践活动才能形成相应的特殊能力，如果学生不亲自参加社会实践活动，就不能具备某领域实践活动所要求的特殊能力。

6. 个人的主观努力

环境和教育的决定作用不是机械和被动地影响人的能力发展，没有个人的主观努力，个人要获得能力的发展是根本不可能的。

一个人的能力是否能获得很好的发展，与一个人发挥主观能动性的程度紧密联系。一个人如果积极上进，勤奋肯干，有强烈的求知欲，其能力就会得到很好的发展；相反，一个人如果放纵自己，饱食终日，无所事事，对正当的工作缺乏兴趣，其能力就不会得到很好的发展。世界上许多伟大的科学家和发明家，无论他们从事的领域多么不同，但是他们获得成功的途径却是相同的，那就是都经过了长期的刻苦努力。

除上述各因素外，个人的爱好、兴趣等对个人能力的形成和发展也有重要的影响。

二、能力的培养

针对学生的能力差异，教育者必须全面了解学生的能力发展规律和个体差异，及时发现人才，培养人才，因材施教，提高学生的整体能力水平，在教学中应注意做到以下几点。

1. 通过实践活动来培养能力

能力是完成某种活动的必要条件，是在活动中形成、发展的。能力只有通过实践活动才能培养起来，如要培养学生的创造能力，只有通过创造性活动才能实现。教师要有计划地组织学生开展实践活动，在实践活动中正确引导、启发学生的思维，而不要把自己的想法强加给学生。

2. 培养学生的兴趣与爱好

兴趣、爱好是促进能力发展的内部动力。例如，学生对数学的兴趣与爱好可促进其数学才能的发展，对绘画的兴趣与爱好可促进其绘画才能的发展。教师要培养学生的能力，必须培养学生有关的兴趣与爱好。

3. 培养学生的意志力

学生的学习过程并不是一帆风顺，总是有各种各样的困难，能力的发展，特别是思维能力的发展，总是在遇到困难和解决困难的过程中实现。教师要培养学生知难而进的精神，培养学生的意志和攻克难关的心理品质。

4. 引导学生正确自我评价、自我教育

学生的能力发展，教师的指导很重要，学生自我评价、自我教育也很重要。教师要帮助学生正确评价自己能力的类型特点和习惯上的特点，使学生发扬长处，克服短处，养成创造性思维的习惯，不断提高智力水平。

三、思考练习

一、单项选择题

1. 以高考的入学测验为例，如果一个考生在两个月内两次测验的分数大致相等，那么试题的（　　）。

　　A. 信度高　　　　B. 效度高　　　　C. 区分度高　　　　D. 难度小

2. 能够测到预先想测得的知识和能力的程度是测验的（　　）。
A. 信度　　　　　B. 效度　　　　　C. 区分度　　　　D. 难度
3. 大家都说小明具有创造性，测验后发现果真如此，说明该相测验的（　　）。
A. 信度高　　　　B. 效度高　　　　C. 区分度高　　　D. 难度小

二、案例分析题

根据能力与知识、技能的关系分析"高分低能"现象。

第十章 气质与性格

> **学习目标**
> 1. 了解气质、性格的概念。
> 2. 理解气质类型理论，胆汁质、黏液质、多血质、抑郁质四种气质类型的特点；性格与气质、能力的联系；性格的结构与分类，影响性格形成与发展的因素。
> 3. 能够运用气质与性格评定的方法，掌握气质规律在教育中的应用。

第一节 气质概述

在现实生活中，我们常会看到，有人生来好动，有人生来好静；有人脾气温和，有人性情暴躁；有人动作麻利，有人行动缓慢等等，这些区别就是心理学所称的气质区别。

一、气质的概念

现代心理学认为，气质是表现在人们心理活动和行为方面典型的、稳定的动力特征，对此定义的理解应注意以下四点：

（1）气质是个体心理活动和行为的外部动力特点，主要表现在心理活动的速度、强度、稳定性、指向性方面的特征。例如，一般把知觉的速度、情绪和动作反应的快慢归结为气质速度方面的特征，把情绪的强弱、意志的坚强程度归结为气质强度方面的特征，把注意持续时间的长短、情绪起伏变化等归结为气质稳定性方面的特征，把心理活动倾向于外部事物还是倾向于自身内部归结为气质指向性方面的特征。

气质作为人的心理活动的动力特征，它与人心理活动的内容、动机无关，即气质一般不受个人活动的目的、动机和内容的影响，具有较强的稳定性。它能使人的心理活动染上特定的色彩，形成独特的风貌，例如，一个情绪稳定、内向的学生，即使是在很熟悉的环境、很热闹的场面进行自己很感兴趣的活动，都会表现出不激动、较为稳重、不过分表现自己的特点。

（2）气质受神经系统类型这一先天生物学因素的影响较大，即先天因素占主要地位。研究表明，在儿童刚出生的最初几个星期，儿童对刺激物的敏感度、对新事物的反应等就有明显的差异，这些气质上表现出的明显个性特征显然不是后天生活条件所造成的，而是神经系统的先天特性造成的。研究人员曾研究了 20 对同卵双生子和异卵双生子，结果发现，同卵双生子在某些气质特点（如内向与外向）方面比异卵双生子表现出更大的相似性。

（3）气质具有一定的可塑性。气质虽然具有先天性，但并不意味着它完全不会变化，在生活环境和教育条件的影响下，气质可以得到相当程度的改变。例如，在集体生活的影响下，情绪容易激动的学生可能变得较能控制自己，行为动作较为缓慢的学生可能变得行动迅速。

二、气质的心理特点

气质由许多心理活动的特性交织而成的，反映了人在心理活动及行为上的各种动力特征，主要包括以下几方面。

1. 感受性

感受性指人对外界刺激的感受能力。感受性是神经系统强度特征的表现，可以根据人们产生心理反应所需要的外界刺激的最小强度来判断，不同的人对刺激强度的感受能力是不相同的。

2. 灵敏性

灵敏性指一般的心理反应和心理过程进行的速度，包括注意转移的快慢和难易，记忆的速度和准备性程度，思维的敏捷和灵活程度，动作的灵活、迅速程度等。

3. 耐受性

耐受性指人经受外界刺激作用时在时间和强度上可经受的程度，其具体表现在注意力集中的持续时间、对强弱刺激的耐受力、思维活动的持久性等方面。

4. 向性

向性指心理活动、言语与行为动作反应是表现于外部还是内部的特性，即外倾性和内倾性的总称，外倾性为神经活动兴奋过程占优势，内倾性为神经活动抑制过程占优势。

5. 情绪兴奋性

情绪兴奋性指以不同的速度对微弱刺激产生情绪反应的特性。它是人的神经系统特征在心理上表现出的特性，既是指神经系统强度的表现，也是指神经系统平衡性的表现。情绪兴奋性包括情绪兴奋性的高低和情绪向外表现的强烈程度。

6. 可塑性

可塑性指人根据外界事物变化的情况而改变自己适应性行为的灵活程度。它主要是神经系统灵活性的表现，能迅速适应环境、行动果断的人具有较大的可塑性；反之，则表现为刻板性或惰性。

三、气质的类型

气质是人生来就具有的表现心理活动的强度、速度、灵活性、倾向性等方面的动力特征，是人格的先天基础。气质使人的全部心理活动都染上独特的个人色彩，例如，有的人脾气暴躁，易动感情；有的人则沉着冷静，不动声色，这些差异属于气质类型的差异，就是我们常说的不同的"脾气""秉性"。从古至今,人们为了揭示气质的实质,探明其生理机制,进行了大量的研究、探讨,创立了许多不同的气质学说,主要有以下几种。

(一)体液说

古希腊医生希波克拉底在古希腊医生恩培多克勒"四根说"的基础上提出了气质的体液说。他认为,人体含有四种不同的液体,即血液、黏液、黄胆汁和黑胆汁,它们分别产生于心脏(血液)、脑(黏液)、肝脏(黄胆汁)和胃(黑胆汁)。希波克拉底认为,四种体液形成了人体的性质。在体液的混合比例中,血液占优势的人属于多血质,黏液占优势的人属于黏液质,黄胆汁占优势的人属于胆汁质,黑胆汁占优势的人属于抑郁质。该学说是一种朴素的唯物主义观点,虽缺乏科学依据,但对气质的分类比较切合实际,大多数人都是中间型或混合型的,而且在不同的情境下会呈现出不同的类型。

1. 多血质

多血质的心理特征属于敏捷而好动的类型。这种类型的人易于适应环境的变化,在新的环境里不感到约束,性格开朗、热情、善于交际,在群体中精神愉快,朝气蓬勃,常能机智地解脱窘境,工作、学习富有精力而效率高,表现出机敏的工作能力,愿意从事合乎实际的工作,对工作心驰神往,能迅速地把握新事物,在有充分自制能力和纪律性的情况下表现出巨大的积极性;兴趣广泛,但情感易变,不喜欢循规蹈矩的工作,有时轻诺寡信,见异思迁。这种类型的人适合从事与外界打交道、多变、富有刺激和挑战性的工作,如管理、外交、驾驶员、律师、运动员、记者等,不太适合做过于琐碎的、单调的工作。

2. 胆汁质

胆汁质的心理特征属于兴奋而热烈的类型。这种类型的人在言语、面部表情和体态上都给人以热情、直爽、善于交际的印象,有理想,反应迅速,行为果断,表里如一,不愿受人指挥而喜欢指挥别人。这种类型的人一旦认准了目标,就希望尽快实现,遇到困难也不折不挠,有魄力,敢负责;但往往比较粗心,自制力较差,容易感情用事,比较鲁莽,工作带有明显的周期性,能以极大的热情投身于事业,一旦筋疲力尽,情绪顿时转为沮丧而心灰意冷。这种类型的人适合从事与人打交道、工作内容和环境不断发生变化并且热闹的工作,如导游、推销员、节目主持人、演讲者、外事接待人员、演员、市场调查员等;不适合做需要长期安坐、要有耐心的工作。

3. 黏液质

黏液质的心理特征属于安静型。这种类型的人行动缓慢而沉着,严格恪守既定的生活秩序和工作制度,不为所谓的动因而分心,一般不做无把握的事。黏液质的人态度持重,交际适度,不做空泛的轻谈,情感上不易激动、不易发脾气,也不易流露情感,能自制,也不常显露自己的才能;其不足是,有时做事情不够灵活,不善于转移自己的注意力,惰性使其因循守旧,表现为固定性有余,灵活性不足。这种类型的人适合稳定、按部就班、静态的工作,如会计、出纳员、保育员、播音员等。

4. 抑郁质

抑郁质的心理特征属于沉静而羞涩,敏感的类型,精神上难以承受或大或小的神经紧张,情绪体验的方式较少,但内心体验深刻,不易外露,喜欢独处,交往拘束,兴趣爱好少,性格孤僻,遇事三思而后行,怯弱、自卑、优柔寡断,外在行为非常迟缓、刻板。这种类型的人适合安静、细致的工作，如校对、打字、排版、化验等。

（二）高级神经活动类型说

俄国心理学家巴甫洛夫的高级神经活动类型说科学地解释了气质的产生。他通过研究动物实验发现，高级神经活动的兴奋和抑制过程特性的独特的、稳定的组合构成高级神经活动类型。高级神经活动的兴奋和抑制过程具有强度、平衡性、灵活性三个基本特性，这三种特性的不同组合构成四种高级神经活动类型。

1. 强、不平衡型

该类型的特点是，兴奋、抑制过程强，但兴奋过程略强于抑制过程，是易兴奋、奔放不羁的类型，又称为兴奋型或不可遏制型。

2. 强、平衡、灵活型

该类型的特点是，兴奋与抑制过程都比较强，并且两者容易转化，反应敏捷，表现活泼，能适应变化的外界环境，又称为活泼型。

3. 强、平衡、不灵活型

该类型的特点是，兴奋与抑制过程都较强，但两者转化较困难。它是一种安静、沉着、反应较为迟缓的类型，又称为安静型。

4. 弱型

该类型的特点是，兴奋与抑制过程都弱，过强的刺激容易引起疲劳，甚至引起神经衰弱，并以胆小、畏缩、反应速度缓慢为特征，又称为抑制型。

这四种类型分别与希波克拉底的四种气质类型相对应，如表10-1所示。巴甫洛夫还预言，除了这四种类型外，还存在其他未知的神经系统特点和气质类型。现代心理学认为，神经活动类型是气质的生理机制，因此，巴甫洛夫的高级神经活动类型学说是有关气质生理机制学说中最有影响、最重要的一种理论。

表10-1 高级神经活动类型与气质类型对照表

神经系统的基本特点	高级神经活动类型	气质类型
强、不平衡	兴奋型	胆汁质
强、平衡、灵活	活泼型	多血质
强、平衡、不灵活	安静型	黏液质
弱	抑制型	抑郁质

（三）体型说

1. 克雷奇默的体型说

体型说是德国精神病学家克雷奇默（E. Kretschmer）提出的，他根据对精神病患者的临床观察，认为可以按体型划分人的气质类型。根据体型特点，他把人分成三种类型，即肥满型、瘦长型、筋骨型。肥满型产生躁狂气质，其行动倾向为善交际，表情活泼，热情，平易近人等；瘦长型产生分裂气质，其行动倾向为不善交际，孤僻，神经质，多思虑等；筋骨型产生黏液气质，其行动倾向为迷恋，认真，理解缓慢，行为较冲动等，他认为三种体型与不同精神病的发病率有关。

2. 谢尔登的体型说

美国心理学家谢尔登（W. H. Sheldon）认为，形成体型的基本成分——胚叶与人的气质关系密切。他根据人外层、中层和内层胚叶的发育程度将气质分成三种类型，如表10-2所示。

表10-2 三种体型/气质类型的体型特点和行为表现

体型/气质类型	体型特点	行为表现
内胚叶型（脏腑型）	身体肥胖，丰满，体态线条不明显（内脏优势）	情绪乐观，反应缓慢，行为随和，好舒服，好美食，好睡觉，爱交际
中胚叶型（肌肉骨骼型）	体格健壮，肌肉发达，体态线条分明（身体优势）	活泼好动，好胜心强，武断，过分自信，主动积极，咄咄逼人
外胚叶型（皮肤神经型）	身体瘦弱，体态呆板（大脑优势）	敏感，反应迅速，善于自制，睡眠差，易疲劳。对艺术有特殊爱好，并倾向于智力活动，工作热心负责

虽然体型说揭示了体型与气质的某些一致性，但是并未说明体型与气质间关系的机制，体型对气质是直接影响还是间接影响，两者之间是连带关系还是因果关系等，且其研究结果主要是从病人而不是从常态人得来的，因此缺乏一定的科学性。

（四）血型说

血型说是日本学者古川竹二等人提出的，他们认为，血型就是所有生物的体质类型和气质类型。气质是由不同血型决定的，血型有A型、B型、AB型、O型，与之相对应的气质也可分为A型、B型、AB型和O型。

1. A型

A型人精明，理智，内向，好静，感情含蓄，情绪稳定，不善交际，忍耐力强，具有独立性，易于守规，固执；做事细心、谨慎，但不果断，在家庭中是处理家务的能手；注重仪表，但不喜新奇。

2. B型

B型人聪明，活泼，敏捷，外向，善交际。兴趣广泛、多变，精力分散，行动奔放，易感情冲动，不习惯受束缚，热心工作，不怕劳累；动作、语调富于感情，易引起他人的注意；做事缺乏细心和毅力，大事故少，小事故却不少。

3. AB型

AB型的人属于复合气质类。AB型的人机智、大方，办事干净利落，冷静、不浮夸，行动有计划，喜分担责任，兴趣广泛。因倾向不同，有的人有领导能力，有的人则沉默寡言、满腹心事，待人接物缺乏经验，易吃亏。

4. O型

O型人外向，直爽，热情，好动，富有精力，爱憎分明，见义勇为，有主见，主观自信，急躁，好强，有野心，易激发感情；说话易用教训人的口气，易得罪朋友，动作不灵活，不易做需要有耐心的工作。

(五) 激素说

激素说是生理学家柏尔曼（Berman）提出的，他认为，人的气质特点与内分泌腺的活动有密切的关系。该学说根据人体内哪种内分泌腺的活动占优势，把人分为甲状腺型、肾上腺型、脑垂体型、副甲状腺型和性腺型。

1. 甲状腺型

甲状腺分泌物多的人，表现出精神饱满，感知灵敏，意志力强；甲状腺分泌物少的人，表现出动作迟钝、缓慢，可能发生痴呆症。

2. 肾上腺型

肾上腺型者皮肤干、黑，毛发浓密，精力旺盛，健壮有力，情绪易激动，好冲动。

3. 脑垂体型

脑垂体分泌物多的人，表现出骨骼粗大，性欲强，脑力发达，有自制力；脑垂体分泌物少的人，表现出为身体矮小，肌肉萎缩。

4. 副甲状腺型

副甲状腺分泌物多的人，表现出易激动，缺乏控制力；副甲状腺分泌物少的人，表现出肌肉无力，精神不足，缺乏生活情趣。

5. 性腺型

性腺分泌物多的人，表现为进攻行为猛烈；性腺分泌物少的人，表现出进攻行为少，易对文学、艺术、音乐感兴趣。

激素说过分强调了激素的重要性，从而忽视了神经系统特别是高级神经系统活动特性对气质的重要影响，有片面倾向。

(六) 活动特性说

活动特性说是美国心理学家巴斯（A. H. Bass）的观点，他用反应活动的特性，即活动性、情绪性、社交性和冲动性作为划分气质的指标，由此区分出四种气质类型。

1. 活动性气质型

活动性气质型的人总是抢先迎接新任务，爱活动，不知疲倦。婴儿期表现为手脚不停乱动，儿童期表现为在教室里坐不住，成年时显露出一种强烈的事业心。

2. 情绪性气质型

情绪性气质型的人觉醒程度和反应强度大。婴儿期表现出经常哭闹，儿童期表现出易激动、难于相处，成年时表现出喜怒无常。

3. 社交性气质型

社交性气质型的人渴望与他人建立密切的联系。婴儿期表现出要求母亲与熟人在身旁，孤单时好哭闹，儿童期表现出易接受教育的影响，成年时与周围人相处很融洽。

4. 冲动性气质型

冲动性气质型的人缺乏抑制力。婴儿期表现为不愿等母亲喂饭，儿童期表现为经常坐立不安，注意力容易分散，成年时表现为讨厌等待，倾向于不加思索地行动。

用活动特性来区分气质类型是近年来出现的一种新动向，但对于活动特性的生理基础是什么，这些学说却没有揭示出来。

四、气质规律在教育中的应用

气质规律在教育中的应用要注意以下几点。

1. 正确对待学生的气质特点，有针对性地进行教育

气质本身没有好坏之分，教师对学生的气质不应存在任何偏见，不能偏爱某种气质类型的学生或讨厌某种气质类型的学生，因为各种气质既有优点，也有缺点。例如，多血质的学生活泼、灵敏，有朝气，爱交际；但也有变化无常、粗枝大叶、轻浮、不稳重的一面。胆汁质的学生开朗、直率，反应敏捷；但粗心、急躁，易冲动。黏液质的学生稳重、踏实，善于自制；但比较固执、冷漠，行动缓慢。抑郁质的学生观察细致，感情细腻；但怯懦、多疑，行为孤僻。

教师的教育目的不是设法改变学生原有的气质，而是要引导学生克服其气质的缺点，发扬其气质的优点，使学生在原有气质的基础上建立优良的个性特征。教师的教育任务是找到适合学生气质特点、有利于培养气质积极特点的教育途径和方法。事实证明，对不同气质学生采取不同的教育态度与策略，所产生的实际效果是不同的，例如，严厉的批评才能使多血质的学生受到触动，从而改正自己的缺点；对抑郁质学生则要尽量采取温和、委婉、同情的态度，对他们的要求不能过于严格或急于求成，以免适得其反；胆汁质的学生容易激动，教师如果对其态度过于强硬，与之粗声大气地说话，就会惹怒他们，从而产生不必要的对立。对黏液质的学生，不能因为他们安静，不妨碍任何人，就忽视对其良好个性的培养。

2. 根据学生的气质特点有的放矢地进行教学

因材施教是一条很重要的教学原则，但在人们的一般认识中，因材施教强调教师在教学过程中要依据学生能力的不同水平加以分别对待。在这里，"材"的内涵被限制在"能力"的范围，这其实是一种误解，起码是不全面的认识；"材"的内涵应包括气质因素，换言之，教师在传授知识、技能时，不可忽视学生的气质特点。有研究表明，各种气质类型的学生都可以在学习知识、技能方面取得优良成绩，其主要原因是学生在学习中充分发挥了各自气质中的积极特点，克服了消极特点的影响，例如，胆汁质的学生发挥了思维较灵敏，学习热情高，意志坚强、不服输的特点，弥补了粗心与简单化的学习方式的不足；黏液质的学生以踏实、认真、刻苦、自制力强的优点，弥补了较迟缓与不太灵活的缺点。因此，教师在教学过程中，要充分调动学生气质中的积极特点，在学习的方式和方法上给予个别指导，帮助他们克服气质中不利于知识、技能学习的消极特点，真正做到因材施教，有的放矢。

3. 指导学生正确认识和调控自己的气质

作为教师，掌握气质的原理与规律不仅有利于教育工作，更重要的是可以指导学生正确认识自己的气质。教师应该使学生懂得，人的气质是不可选择的，要乐于接受自己的气质，因为每种气质都各有优劣之处，要指导学生善于认识和分析自身气质的积极特点和消极特点。在各种活动中，根据学生的气质特点合理地分配角色，充分调动学生气质中的积极特点，帮助他们有意识地克服气质中的消极特点。例如，多血质和胆汁质学生善于交往，热情，思维较敏捷，行动迅速，可让其多做一些宣传、组织、演讲与联络的工作，还要提醒他们应埋头苦干，学会坚忍、自制，不可蛮干和轻率；黏液质学生适合一些具体的、需要认真而又细致的工作，在工作中注意培养他们与人交往、敢于承担责任与创新的精神；抑郁质学生则适合一些需要精益求精且有耐心的事情，注意在工作中锻炼他们的胆量，学会与人合作，培养其自尊与自信的品质。总之，教师应调动学生的自我教育能力，让其自觉地克服自身气质中的消极特点并发挥积极特点，做气质的主人。

在教育工作中，教师身体力行才能收到教育的实效。因此，教师本人必须能正确认识与调控自己气质的优缺点，努力增强自身的言行修养。

第二节　性格概述

一、性格的概念及性格与能力、气质的关系

（一）性格的概念

我国心理学界一般把性格定义为：表现在人对现实的态度及与之相适应的、习惯化的行为方式方面的个性心理特征，对性格定义的理解应注意以下三点。

1. 性格是人对现实的态度和行为方式概括化与定型化的结果

人对现实的态度就是对社会、集体、他人和自己的看法和评价，是一个人的世界观、人生观的集中体现。人们生活在社会中，要对各种有关事物产生一定的看法，做出一定的选择，采取一定的行为方式，这个过程就是性格的表现。例如，"孔融让梨"的故事反映了孔融谦让、利他的性格特征，"守株待兔"的故事反映了守株待兔者懒惰、愚顽的性格特征。可见，性格的态度体系并不是孤立地存在，人对现实的态度总是自觉地渗透到生活和行为方式中，那些对社会、工作、他人抱积极态度的人，在生活中总是为人热情、坦诚，工作认真、勤恳；而对现实持消极态度的人，却时常表现出吝啬、斤斤计较、不负责任、独断专行等特点。人们对现实的态度和与之相适应的行为方式共同构成了人的性格。

必须指出的是，行为方式与性格特征的关系不是线性的，而是非线性的，它们之间有如下的复杂关系：

（1）在不同的人身上，同一性格特征可以有不同的行为方式。例如，两个人都具有热爱集体的性格特征，一个以其默默无闻地为集体做好事而赢得大家的称赞，另一个却以能歌善舞为集体争得了荣誉而受到大家的称赞。

（2）在不同人身上，不同的性格特征可以有相同的行为方式。

（3）在同一个人身上，同一性格特征在不同的时间、地点和条件下，可以以不完全相同的行为方式表现出来。

因此，我们必须看到行为方式与性格特征之间错综复杂的关系，否则，就容易被一个人的表面现象所蒙蔽。

2. 性格指一个人独特、稳定的个性心理

性格有很大的个体差异，每个人对事物的看法都自成体系，行为表现也有其独到之处，这是由每个人的具体生活条件和教育条件不同所致的；性格又是比较稳定的，因为它是一个人对事物的态度、行为方式的概括化和定型化的结果。在某种情况下，那种属于一时的、情

境性的、偶然性的表现，不能构成人的性格特征，例如，一个人在偶然的场合表现出胆怯的行为，我们不能就此认为这个人具有怯懦的性格特征。也就是说，性格必须是经常出现的、习惯化的、从本质上最能代表一个人个性特征的态度和行为特征。因此，如果我们了解了一个人的性格，就能预料他在某种情况下会表现出什么样的态度和行为，例如，诸葛亮之所以能成功使用空城计，是因为诸葛亮对司马懿多疑寡断的性格有足够的了解。性格的稳定性又不是绝对的，性格还有可塑性的一面。除了重大事件的影响外，一个人性格的改变一般都要经过较长时间的环境影响和主体实践。

3. 性格是个性特征中最具核心意义的心理特征

性格在个性特征中的核心地位表现在两个方面：一方面，在所有的个性心理特征中，只有性格与个体的需要、动机、信念和世界观的联系最为密切，个体对现实的态度直接构成了个体的人生观体系，个体的各种行为方式是在人生观体系的影响和指导下逐渐形成的。因此，性格是一个人道德观和人生观的集中体现，具有直接的社会意义。人的性格受到社会行为准则和价值标准的评判，所以有好坏之分，这一点与气质有明显区别。另一方面，性格对其他个性心理特征具有重要的影响。性格的发展影响着能力和气质的表现，成语"勤能补拙"就说明了性格对能力有巨大的作用；某一种气质的消极方面，也可以通过性格的优点加以改造或掩盖。

（二）性格与能力、气质的关系

1. 性格与能力的关系

性格与能力既有区别，又密切联系，互相制约。首先，在能力形成和发展的过程中，相应的性格特征也就发展起来了，例如，政治活动家、科学家、作家、艺术家的实践领域不同，但他们都具有高度发展的能力和坚强不屈的性格品质。鲁迅先生不仅是一位伟大的文学家，而且是杰出的思想家和革命家，他不但敏锐地洞察到了旧社会的一切弊病，具有高度发展的才能和创造力，而且在同反动派斗争的过程中形成了"横眉冷对千夫指，俯首甘为孺子牛"的优良性格特征。因此，人的特殊才能和才干往往是与高度发展的能力和优良的性格特征相联系的。

其次，能力的形成和发展受性格特征的制约。优良的性格特征能促进能力的形成和发展，例如，认真、谦虚、热忱、勤奋、坚韧、自制、责任感、进取心等优良的性格特征对能力的形成和发展起促进作用，因为能力的形成和发展总是与克服困难、自觉制定目标、有组织地行动、创新精神等密切联系。现实表明，能力发展水平高的学生，一般都具有他人所不及的高水平的坚韧性和自制力品质。

最后，优良的性格特征往往能补偿一个人某方面能力的不足，所谓"勤能补拙"就说明勤奋这种性格特征对能力的发展可起到补偿作用；但是，不良的性格特征，如粗心、懒惰、无事业心、敷衍塞责、狂傲自大、自卑退缩等则会阻碍能力的发展，甚至会使能力衰退。

2. 性格与气质的关系

性格与气质是既有区别又有联系的两种不同的个性心理特征。

（1）性格与气质的区别。第一，从起源来看，气质是先天的，一般产生在个体发生的早期阶段，主要体现为神经类型的自然表现；性格是后天的，在个体的生命开始时期并没有性格，它是人在活动中与社会环境相互作用的产物，反映人的社会性。第二，从可塑性来看，气质的变化较慢，可塑性较小，即使可能改变，但较不容易；性格的可塑性较大，环境对性格的塑造作用很明显。第三，从行为的内容来看，气质所指的典型行为是它的动力特征而与行为内容无关，因而气质无好坏善恶之分；性格主要是指行为的内容，它表现为个体与社会环境的关系，因而性格有好与坏、善与恶之分。

（2）性格与气质的联系。性格与气质的联系是相当密切而复杂的。相同气质类型的人可能性格特征不同，性格特征相似的人可能气质类型不同。具体来说，两者的联系有以下三种情况：

①气质可按自己的动力方式渲染性格，使性格具有独特的色彩。例如，同是"勤劳"这一性格特征，多血质的人表现出精神饱满，精力充沛；黏液质的人会表现出踏实、肯干、认真仔细。再如，同是"友善"这一性格特征，胆汁质的人表现为热情豪爽，抑郁质的人表现为温柔。

②气质会影响性格形成与发展的速度。当气质与性格有较大的一致性时，就有助于性格的形成与发展；相反，会有碍于性格的形成与发展。例如，胆汁质的人容易形成勇敢、果断、主动性的性格特征，而黏液质的人就较困难。

③性格对气质有重要的调节作用，在一定程度上可掩盖和改造气质，使气质服从于生活实践的要求。例如，飞行员必须具有冷静、沉着、机智、勇敢等性格特征，在严格的军事训练中，这些性格的形成就会掩盖或改造胆汁质者易冲动、急躁的气质特点。

二、性格的结构

（一）性格结构的基本成分

性格是一个复杂而完整的系统，一般来说，性格结构的成分主要包括以下四个方面。

1. 态度特征

人对现实的态度体系的个性特点是性格的重要组成部分。人对现实的态度是多种多样的，它由以下几个方面构成：

（1）对社会、集体、他人的态度特征。其积极的特征表现为：爱祖国，关心社会，热爱集体，具有社会责任感与义务感，乐于助人，待人诚恳，正直等。其消极的特征表现为：不关心社会与集体，甚至没有社会公德，为人冷漠、自私、虚伪等。

（2）对学习、劳动和工作的态度特征。其积极的特征表现为：认真细心，勤劳节俭，富于首创精神。其消极的特征表现为：马虎粗心，拈轻怕重，奢侈浪费，因循守旧等。

（3）对自己的态度特征。其积极的特征表现为：严于律己，谦虚谨慎，自强自尊，勇于自我批评。其消极的特征表现为：放任自己，骄傲自大，自负或自卑，自以为是等。

2. 理智特征

人们在感知、记忆、思维等认识过程中表现出来的个别差异就是性格的理智特征。

（1）在感知方面，有的人观察精细，有的人观察疏略；有的人观察敏锐，有的人观察迟钝。

（2）在思维方面，有的人善于独立思考，有的人喜欢人云亦云；有的人善于分析、抽象，有的人善于综合、概括。

(3) 在记忆方面，有的人记忆敏捷，过目成诵，有的人记忆较慢，须反复记忆才能记住；有的人记忆牢固且不易遗忘，有的人记忆不牢且遗忘迅速。

(4) 在想象方面，有的人想象丰富、奇特，富有创造性，有的人想象贫乏、狭窄；有的人想象主动、富有情感色彩，有的人想象被动、平淡。

3. 情绪特征

性格的情绪特征是指一个人在情绪活动中经常表现出来的情绪的强度、稳定性、持久性及主导心境方面的特征。

(1) 情绪强度方面的特征主要表现为：人的情绪对工作和生活的影响程度和人的情绪受意志控制程度。例如，有的人情绪反应强烈、明显，易受感染；有的人情绪反应微弱、隐晦，不易受感染。

(2) 情绪稳定性方面的特征主要表现为情绪的起伏和波动程度。例如，有的人产生情绪后，能够自我调节，不会大起大伏等。

(3) 情绪持久性方面的特征主要是指情绪对人身心各方面影响时间的长短。例如，有的人情绪产生后很难平息；有的人情绪虽来势凶猛，但转瞬即逝。

(4) 情绪主导心境方面的特征表现在不同的主导心境反映了主体经常性的情绪状态。例如，有的人终日精神饱满，乐观、开朗；有的人整日愁眉苦脸，烦闷、悲观。

4. 意志特征

性格的意志特征是指一个人在自觉调节自己行为的方式和水平上表现出来的心理特征。性格的意志特征主要包括以下几点：

(1) 对行为目的明确程度的特征，如独立性或冲动性，目的性或盲目性，纪律性或散漫性。

(2) 对行为自觉控制的意志特征，如自制或任性，善于约束自己或盲动。

(3) 对自己做出决定并贯彻执行方面的特征，如有恒心与毅力、坚韧不拔或见异思迁、半途而废。

(4) 在紧急或困难情况下表现出的意志特征，如勇敢或胆小，果断或优柔寡断，镇定或紧张等。

以上性格结构的四个方面不是独立存在的，它们相互联系、相互影响，构成一个统一体存在于每个人身上。因此，要了解一个人的性格，就应对其性格的各个方面进行全面分析。

(二) 性格结构的动态分析

一个人的性格并不是各种性格特征的机械拼凑和简单堆积，各种性格特征在每个具体的人身上总是相互联系、相互制约的。人在各种不同的活动中，各种性格特征会以不同的结合方式表现出来，有时以某种性格特征为主，有时以另一种性格特征为主，人的性格也是发展变化的。我们从以下几个方面进行性格结构的动态分析。

1. 性格结构的整体性

性格结构的整体性表现在各种性格特征之间有一定的内在联系，其中，性格的态度特征和意志特征在性格结构中占主导地位。例如，一个有正义感的人，其对待他人的态度往往是明朗而直爽的，往往不卑不亢；其在性格的意志特征方面则表现为勇敢、果断、敢作敢为，有坚持性。

2. 性格结构的多样性和复杂性

性格结构的多样性和复杂性表现在性格的各个侧面，在各种不同的场合，有时以某个侧面表现出来，有时又以另一个侧面表现出来。例如，雷锋所说的"对待同志像春天般的温暖，对待工作像夏天一样火热，对待个人主义像秋风扫落叶一样，对待敌人像严冬一样残酷无情"。在不同的情境中，性格以不同的侧面表现出来，不仅说明一个人性格特征的多样性和复杂性，而且说明这些性格特征在每个具体的人身上是有机地联系和统一的。

3. 性格结构的可塑性

生活环境的变化是性格发生变化的重要因素之一。例如，一个在家庭中被过分溺爱的孩子养成了一些不良的性格特征，但进入幼儿园后，过的是集体生活，接受良好的教育，不良的性格特征可以逐渐得到改变。又如，一个人遭受了重大挫折，可能使其性格发生变化。性格的变化在很大程度上又取决于个人的主观努力，一般来说，儿童的性格容易受环境的影响，成人的性格趋于稳定，不易受环境的影响；但成人可以通过主动的自我调节来塑造良好的性格，克服不良的性格。人的主观能动性，也是性格改造的有利因素，外界环境对性格的影响总是通过人的主观条件而起作用的。个人的已有性格越是深刻、稳定，外界刺激对人的性格的影响相对就越小。因此，儿童的性格变化受环境的影响大；而成年人的性格变化不易受环境影响，可通过主动的自我调节进行改造。

三、性格的分类

性格的类型是指一类人身上所共有的性格特征的独特结合。按一定的原则和标准把性格加以分类，有助于了解一个人性格的主要特征和揭示性格的实质。由于性格结构的复杂性，在心理学的研究中至今还没有大家公认的性格类型划分的原则与标准，以下介绍几种常见的性格类型划分方法。

（一）根据理智、情绪、意志三者在心理机能方面占优势分类

根据理智、情绪、意志三者中在心理机能方面占优势，可把人的性格分为理智型、情绪型和意志型。

1. 理智型

理智型的人通常用理智来衡量一切，并支配自己的活动。他们观察事物认真、仔细，思维活动占优势，很少受情绪波动的影响。

2. 情绪型

情绪型的人内心情绪体验深刻，外部表露明显，情绪不稳定。他们有时欢乐，有时抑郁，有时宁静，有时烦躁，言行举止受情绪影响，缺乏理智感，处理问题常感情用事。

3. 意志型

意志型的人行动目标明确，积极主动，勇敢、果断、坚定，自制力强，不易受外界因素的干扰；但有的人会显得固执、任性或轻率、鲁莽。

除了以上三种典型的类型外，还有中间类型，如理智-意志型、情绪-意志型等。

（二）根据心理活动指向外部世界还是指向内部世界分类

根据心理活动指向外部世界还是指向内部世界，可以把人的性格分为外向型和内向型。

1. 外向型

外向型的人心理活动指向外部世界，表现为热情、大方、不拘小节，情绪外露，善于交际，反应迅速，易适应环境的变化，不介意别人的评价；但有的人会表现出轻率、散漫，感情用事，缺乏自我分析和自我批评的态度。

2. 内向型

内向型的人心理活动指向内部世界，一般表现为以自我为出发点，感情比较深沉，办事小心谨慎，多思但不愿付诸行动；有时表现出反应缓慢，不善交往，适应环境的能力较差，很注重别人对自己的评价。

典型的外向型或内向型的人并不很多，大多数人属于中间型，介于内、外向型之间，兼有内向型和外向型特征。

（三）根据个体活动的独立性程度分类

根据个体活动的独立性程度，可以把人的性格分为独立型和顺从型。

1. 独立型

独立型的人具有坚定的个人信念，善于独立思考，能够独立地发现、分析和解决问题；自信心强，不易受他人的暗示和其他因素的干扰；在遇到紧急情况和困难时，显得沉着、冷静；但有的人则过于主观武断，喜欢把自己的意志强加于人。

2. 顺从型

顺从型的人做事缺乏主见，易受他人意见所左右，常常不加分析地接受别人的观点或屈从于他人的权势；在突发事件面前，常表现为束手无策或惊慌失措。

（四）根据人们在时间上的匆忙感、紧迫感和好胜心等特点分类

根据人们在时间上的匆忙感、紧迫感和好胜心等特点，可把人的性格分为 A 型、B 型和 C 型。

1. A 型性格

A 型性格的人常充满成功的理想和进取心，整天闲不住，时间感特别强。他们试图对每一分钟进行计算，因此导致急躁和长期的时间紧迫感，好争斗，易激动，不相信别人，事事都想亲自动手。这类人往往是一些智力较高、能力较强的人。

2. B 型性格

B 型性格的人是非竞争型的人。他们对受到的阻碍反应平静，喜欢不紧张的工作，爱过悠闲的生活，没有时间紧迫感，有耐心，能容忍，很少有敌意，喜欢娱乐，即使在娱乐活动中也不争强好胜。

3. C 型性格

C 型性格的人把愤怒藏在心里加以控制；他们在行为上表现出喜欢与别人合作，原谅一些不该原谅的行为；生活和工作中没有主意和目标；尽量回避冲突，不表现负面情绪，屈从于权威等。

四、影响性格形成与发展的因素

个体的性格特征不是天生的，是在先天素质的基础上，通过后天的家庭、学校教育和社

(一) 家庭的影响

家庭对一个人性格的形成与发展有重要的影响。家庭是儿童出生后接触到的最初的教育场所，家庭所处的经济地位和政治地位，家长的教育观念和教育水平，家长的教育态度与教育方式，家庭的气氛，儿童在家庭中扮演的角色与所处的地位等，都对儿童的性格形成有非常重要的影响。

1. 家庭气氛与父母的文化程度对儿童性格形成的影响

家庭成员之间，特别是父母之间的相互关系会直接影响儿童性格的形成。一般来说，家庭成员之间和睦、愉快的关系所营造的家庭气氛对儿童的性格有积极的影响；家庭成员间相互猜疑、争吵等所造成的家庭紧张气氛，尤其是父母离异的家庭，对儿童的性格形成有消极的影响。大量研究表明，离异家庭的儿童比完整家庭的儿童更多地表现出孤僻、冷淡、冲动、好说谎、恐惧、焦虑甚至反社会等不良的性格特征。

研究发现，父母的文化程度对儿童的性格发展会产生很大的影响，尤其对儿童的自制力、灵活性有显著的影响。父亲的文化程度对儿童性格的影响主要表现在儿童的意志特征上；母亲的文化程度除了对儿童在性格的情绪特征、意志特征上有某些影响外，对儿童性格的理智特征也有较大的影响。

2. 家长的教育观念、教育态度与方式对儿童性格形成的影响

家长的教育观念具体表现为教育观，即家长对家庭教育的作用与对所承担的角色、职能的认识；儿童观，即家长对儿童的权利与义务、地位及对子女发展规律的看法；人才观，即家长在子女成才问题上的价值取向的观念；亲子观，即家长对自己同子女有什么样的关系的看法。研究发现，家长教育观念正确与否，决定着家长对儿童采取何种教育态度与方式，而家长的教育态度与方式又直接影响儿童的发展，特别是性格的形成与发展。

心理学家对父母的教育态度与方式对儿童性格的影响进行了研究，其结果表明，在父母不同的教育态度与方式下成长的儿童，其性格特征有明显的差异。采取严厉教育态度的双亲对儿童过于苛责、限制、干涉、训斥，不考虑儿童的需要与特点，其子女会表现出文过饰非、弄虚作假，或者目空一切、消极对抗，甚至表现出明显的敌意；采取放任教育态度的双亲与子女形成和平共处的家庭关系，这样的家庭无法成为吸引子女情感的中心，这样的孩子容易形成冷酷、攻击、情绪不安，或者消极、与世无争和玩世不恭等性格特征；采取溺爱教育态度的双亲对子女百依百顺，甚至对子女不合理的要求和行为也不制止纠正，这样的孩子很容易形成任性、不礼貌、放肆等性格特征。

3. 儿童在家庭中的地位与角色对儿童性格形成的影响

儿童在家庭中所处的地位及扮演的角色会影响其性格的形成与发展，例如，父母对子女不公平时，受偏爱的一方可能有洋洋自得、高傲的表现，受冷落的一方则容易形成嫉妒、自卑的性格特征。

艾森伯格（P. Eisenberg）经研究认为，长子或独生子比中间的孩子或最小的孩子具有更多的优越感。孩子在家庭中越受重视，其性格发展越倾向于自信、独立、优越感强，如果其地位发生变化，原有的性格特征往往会随之产生不同程度的变化。苏联一位心理学家对同卵双生的姐妹进行研究，发现姐姐处事果断、主动勇敢，妹妹较为顺从、被动。经了解，在

这对双胞胎出生后,她们的祖母指定一个为姐姐,一个为妹妹。从童年时起,姐姐就担当起保护、照顾妹妹的责任,所以形成了前面所说的性格特征,而妹妹由于被照顾和保护,就形成了依赖、顺从的性格特征。

(二) 学校教育的影响

学校教育对学生性格形成的影响是多方面的,主要通过学校的传统与校风,教师的性格、态度与行为,师生关系,学生所在班集体,同学之间的关系,学校组织的团队活动、体育活动、课外活动等因素实现。

1. 班集体对学生性格形成的影响

学校的基本组织是班集体,班集体的特点、要求、舆论、评价对学生都是一种无形的、巨大的教育力量。在教师的指导下,优秀的班集体会对班集体成员提出严格而又合理的要求,其自身强大的吸引力感染着集体成员,充分调动所有成员的主动性、自觉性,从而促进学生良好性格的形成。与此同时,学生在集体中,通过参加学习、劳动及各种文艺、体育及兴趣小组等活动,通过同学之间的交往增强了责任感、义务感、集体主义感,学会了互相帮助、团结友爱、尊重他人、遵守纪律,也培养了乐观、坚强、勇敢、向上等优秀的性格特征。优秀的班集体不仅可以促进学生良好性格特征的形成,还可以使学生一些不良的性格特征得以改变。日本心理学家岛真夫曾挑选出班集体里地位较低的八名学生担任班级干部,并指导他们工作。一学期后,发现他们在学生中的地位发生了很大的变化,表现得自信、有责任心,整个班级的风气也有所改变。

2. 教师的性格、态度与师生关系对学生性格形成的影响

教师在学生性格的形成中所起的作用至关重要,特别是对小学生来说,其影响更为显著,教师的性格往往在小学生的性格上打下深深的烙印。教师的性格是暴躁还是安静,兴趣是广泛还是狭窄,意志是坚强还是薄弱,情绪是高昂还是悲观低落,办事是果断还是优柔寡断等,都会对学生的性格形成产生积极或消极的影响。教师对工作、对学生的态度对学生有示范作用,也会影响师生关系,对学生的性格形成也有重要影响。

(三) 社会文化的影响

社会文化对人的性格具有塑造功能,这表现在不同文化的民族各自固有的民族性格。米德等人研究了新几内亚三个民族的性格特征,他们分别居住在不同的自然环境中,有着不同的社会文化背景,他们在民族性格上的差异显示了社会文化环境和自然环境对性格的影响。研究显示,居住在山丘地带的阿拉比修族,崇尚男女平等的生活原则,成员之间互助友爱,团结协作,没有恃强凌弱或争强好胜,人与人之间一派亲和景象。居住在河川地带的孟都古姆族,生活以狩猎为主,男女之间有权力和地位之争,对孩子处罚严厉,这个民族的成员表现出攻击性强、冷酷无情、嫉妒心强、妄自尊大、争强好胜等性格特征。居住在湖泊地带的张布里族,男女角色差异明显。女性是这个社会的主体,她们每天劳动,掌握着经济的实权;而男性则处于从属地位,主要从事艺术、工艺和祭祀活动并承担孩子的养育责任,这种社会分工使女人表现出刚毅、支配、自主与快活的性格特征,而男人则有明显的自卑感。

(四) 自我教育的影响

自我教育是良好性格形成与发展的内在动力。人与动物最本质的区别就是人有主观能动性,有自我调控能力,因此,每个人都可以通过自我教育塑造良好的性格特征。俄国伟大的

教育家乌申斯基认为，人的自我教育是性格形成的基本条件之一，因为一切外来的影响都要通过自我调节而起作用。从这个意义上说，每个人都在塑造自己的性格。

在儿童成长的过程中，自我意识明显影响着性格的形成。儿童把自己从客观环境中区分出来是其性格形成的开始，从此，儿童就开始了自我教育、自我塑造的努力，当然，这种努力是在成人的指导、帮助下实现的。随着儿童自我意识的发展，这种自我教育、自我塑造的力量越来越强，儿童从自身性格形成的被控制者变为自我控制者，产生一种自我锻炼的独特动机。因此，教育者要鼓励和指导学生自我意识的发展，创造各种机会，加强他们自身性格的锻炼与修养。

第三节　气质和性格评定的方法

一、气质评定的方法

气质评定的方法主要有条件反射测定法、测验法、行为评定法。

1. 条件反射测定法

条件反射测定法是指在实验室里运用一定的仪器对被试者形成或改变条件反射的过程中，观察其神经活动过程的特性，从而了解和确定其气质特点的方法。

许多心理学家以不同形式的条件反射测定被测试者神经活动过程的特性，即强度、平衡性、灵活性。应用条件反射的方法研究神经系统的灵活性，通常的做法有两种：一是在改造刺激物意义的情况下，记录被试者的反应时间，有的被试者的反应时间没有变化，说明他们的神经系统灵活；有的被试者的反应时间明显延长，说明他们的神经系统具有较大的惰性。二是记录被试者的性格定型建立和改造的反应时间，从定型形成的速度和改造的容易程度了解神经系统的灵活性。

根据对被试者神经系统特性的测定，视其特性组合，可判定被试者所属的神经类型，即气质类型。条件反射测定法比较科学，其得到的结果比较准确；但使用该方法需要一定的仪器，主试者须经过特殊训练，使用该方法不够便利。

2. 测验法

测验法又称问卷法、自陈量表法，它要求被试者对一系列标准化问题做出回答，主试者据以分析被试者的气质特点。

波兰华沙大学心理学教授简·斯特里劳（J. Streleu）从 20 世纪 50 年代起对气质问题进行了大量研究，编制了几种适合不同对象使用的气质调查表。其中，最有特色且已被译成多种文字在国际上广泛应用的是斯特里劳气质调查表（S-T1），斯特里劳气质调查表共有 134 个测验题目，用来评定神经系统的四个特性，即兴奋强度、抑郁强度、神经过程平衡性和神经过程灵活性。此调查表已被译成中文，经测试，基本适用于我国。

我国心理学工作者陈会昌编制了气质调查问卷，该问卷主要以传统的四种典型的气质类型的行为特征为依据，由 60 个题目组成，每种气质类型 15 个题目。该问卷对于了解气质类型也是十分有效的，在我国的使用较为广泛。

3. 行为评定法

行为评定法是指在日常生活条件下观察一个人的气质特性,从而对其做出气质类型评定的方法。例如,教师要了解学生的气质类型,可以通过细心地观察学生在各种活动中的行为表现来判定。例如,观察学生能否准确而迅速地完成作业,能否坚持已开展的各项工作;当受到表扬或批评时,情绪活动有什么特点;在集体生活中,是否愿意与别人交往;是否喜欢体育活动,在运动中是否勇敢、机智;日常生活中是否活泼好动,对新环境是否很快适应等等。

运用行为评定法确定一个人的气质类型,要求观察者在观察、记录一个人日常生活中的行为特征、智力活动特征、言语特征与情绪特征之后,对所得材料进行分析、判断、归纳与组合,然后对照气质心理特征的指标确定其气质类型。但由于人的气质心理特征在生活环境的影响下常常会被隐藏,因而仅根据一个人的行为来判断一个人的气质类型是有困难的,也容易出现偏差。因此,教师在使用行为评定法时,必须对学生的生活环境、成长道路及其在各种环境中的表现进行全面、深入、细致的了解,并通过条件反射测定法、测验法加以佐证,才能把某些气质心理特征稳定的行为表现与偶然的行为区别开来,进而正确了解学生的气质类型。

二、性格评定的方法

性格评定是指对一个人的性格进行描述和测量。正确评定学生的性格可以帮助教师了解学生的性格特征与类型,预测他们的行为,这对教师因材施教,培养学生的良好性格,调动学生的积极性,都十分重要。

由于性格这一心理现象的复杂性,性格评定往往需要多种方法,下面介绍几种常用的方法。

(一)行为评定法

行为评定法主要包括观察法、谈话法、作品分析法和个案法。

1. 观察法

观察法是指在自然条件下通过观察一个人的行为、言语、表情、态度,从而分析其性格的方法。采用此方法,必须使被观察者处于自然情境中,保持心理活动的自然性和客观性,这样获得的资料才会真实;不论是长期观察还是短期观察,观察者都要做好计划。

2. 谈话法

谈话法是指通过与某人谈话从而了解其性格的方法。使用谈话法时,一定要事先确定谈话的目的,对谈话中的内容加以分析,采取多种谈话方式,保持谈话气氛的融洽、和谐、温馨。

3. 作品分析法

作品分析法是指通过对一个人的作品(如日记、命题作文、信札、传记、试卷或劳动产品等)的分析,来间接了解其性格的方法。这种方法一般用来收集资料,对研究人的性格具有辅助性的意义。

4. 个案法

个案法是通过收集一个人的家庭历史、社会关系、个人的成长史等多方面资料,来分析和了解其性格的方法。在学校中，使用个案法研究学生性格的步骤大致如下：

（1）制订计划。根据使用目的、学生的档案材料与初步观察所发现的问题制订计划。

（2）收集资料。采取不同的方式，如观察、面谈、分析作业与作文、家访、与任课教师或同学座谈等方式来收集学生各方面的具体表现，重点了解其对社会、学习、劳动，以及对人、对己的态度与行为方式，并做好记录。

（3）分析资料。分析资料就是对所收集的资料去粗取精、去伪存真、由此及彼、由表及里的分析，从中获取有价值的信息，进而分析学生的性格特征。

（4）寻找原因。根据对学生性格特征的分析，寻找这些性格特征与家庭、学校、社会环境和自我教育影响的联系，以及它们之间的内在联系。

实际上，个案法就是观察法、谈话法、作品分析法的综合运用。

（二）自然实验法

自然实验法是目前研究性格采用较多的方法，它是实验者根据研究的目的创设实验情境，主动引起被试者的某种性格特征的表露，然后经分析、概括来确定其性格特征的方法。一位苏联心理学家曾用该方法设计了冬夜拾柴火的自然情境，以研究儿童在困难条件下的性格意志特征，实验者把一部分干柴放到离宿舍不远但须走一段夜路的山谷中，把一些湿柴放到离宿舍较远但一路有灯光的储藏室中，要求学生定期在夜晚去捡柴火（不指定地点），实验者则藏在岔路口的小房内观察。结果发现，一部分学生勇敢而负责地到山谷中取干柴，有的学生边走边埋怨；有一部分学生怕黑，宁愿走远路去储藏室取湿柴。在这个实验中，实验者真实地了解到了学生性格意志特征的差异。

自然实验法最大的特点是简便易行，获得的材料真实、可靠。

（三）测验法

测验法是用标准化测验测定性格的方法，主要包括自陈法和投射法。

1. 自陈法

自陈法也称为问卷法，一般是让被试者按一定标准化程序和要求一次回答问卷中的大量问题，最后根据测验分数和常模来推知被试者属于哪种性格类型。常见的性格问卷有以下四种：

（1）卡特尔16种人格因素问卷。根据卡特尔提出的16种根源特质编制而成，共有187个题目，适用于具有阅读能力的16岁以上的青年。卡特尔等人后来又设计了分别适用于中学生、小学生、学前儿童的问卷。

（2）明尼苏达多项人格调查表。由美国明尼苏达大学的两位教授编制的，共有566个题目，包括14个分量表，它可以测量人格的各个特征，也可以鉴别癔症、强迫症、精神分裂症、抑郁症等。

（3）艾森克人格问卷。由英国心理学家艾森克等人编制，该问卷适用于7—15岁的儿童和16岁以上的青年两个版本，每个问卷包括四个分量表，即精神质量表、内外倾量表、情绪稳定性量表和效度量表。

（4）矢田部-吉尔福特性格检查表。矢田部-吉尔福特性格检查表简称Y-G性格检查表，是日本京东大学教授矢田部达郎根据美国吉尔福特的个性量表修订而成的，该量表由120个题目组成，包括12个分量表，适用于7岁以上的正常人。

2. 投射法

投射法是利用某些材料（一般是意义模糊的刺激），要求被试者对刺激材料进行解释，让他们在不知不觉中将自己的思想、态度、愿望和情感表露出来，从而确定其性格的方法。最常用的投射测验有主题统觉测验和罗夏墨迹测验。

（1）主题统觉测验。主题统觉测验由美国心理学家亨利·默瑞（Hurry. A. Murray）创制，它由30幅图片和一张空白卡片组成，图片内容多是人物，也有一部分风景。每幅图片的内容都模棱两可，可以做种种不同的解释。如图10-1所示。被试者根据图片编故事，所编的故事必须包括以下四个方面的内容：第一，图片中故事发生的情境；第二，图片中故事发生的原因；第三，图片中故事发生的结果；第四，自己的感受。

图10-1　主题统觉测验图片

主试者根据被试者对当前知觉图片所编的故事对其性格做出鉴定。由于主题统觉测验没有客观的评分系统，因而将其用于诊断时，信度、效度均偏低。

（2）罗夏墨迹测验。罗夏墨迹测验是瑞士精神病学家罗夏（H. Rorschach）编制的，它由十张对称的墨迹图片组成。其中，五张为黑白色，墨迹的深浅不一，两张是黑色加红色的墨迹图片，另外三张是彩色的墨迹图片。墨迹图位于白底卡片的中央，如图10-2所示。

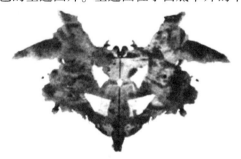

图10-2　罗夏墨迹测验图片

在测试过程中，主试者要求被试者对所呈现给他的墨迹图片进行描述，然后根据被试者的反应按以下四个方面进行统计：第一，反应的部位（全部还是部分）；第二，反应的决定因素（形状还是颜色）；第三，反应的内容（动物还是人或物体）；第四，反应的独创性（与众不同还是与众一致）。

在投射测验中,由于被试者不知道答案的意义,因而可以排除被试者作假的现象;但是,主试者必须经过特殊的训练才能对投射测验实施程序、计分和进行结果的解释。

思考练习

一、单项选择题

1. 一位先哲说过:"一个人的性格就是他的命运。"这说明人格具有(　　)。
   A. 稳定性　　　　B. 独特性　　　　C. 整合性　　　　D. 功能性
2. 诚实、正直、虚伪、自信、自尊等属于性格的(　　)。
   A. 态度特征　　　B. 理智特征　　　C. 情绪特征　　　D. 意志特征
3. 一个人生下来不是一张白纸,而是各有底色。这个底色就是(　　)。
   A. 性格　　　　　B. 气质　　　　　C. 能力　　　　　D. 兴趣
4. 安安平时比较踏实,遇事沉着、冷静,但比较死板,灵性不足。她应该属于(　　)气质类型。
   A. 胆汁质　　　　B. 多血质　　　　C. 黏液质　　　　D. 抑郁质
5. 人与人之间的差异主要体现在(　　)。
   A. 性格差异　　　B. 气质差异　　　C. 能力差异　　　D. 兴趣差异
6. 多血质对应的神经类型是(　　)。
   A. 强、不平衡　　　　　　　　　　B. 强、平衡、灵活
   C. 强、平衡、不灵活　　　　　　　D. 弱

二、简答题

1. 如何培养学生优良的性格?
2. 简述性格与能力的关系。

第十一章 中小学生心理特点

> **学习目标**
> 1. 了解中小学生生理发展的特点。
> 2. 掌握中小学生心理发展的特点。
> 3. 结合中小学生心理发展的实际特点进行教育。

第一节 小学生心理特点

一、小学生的生理发展特点

（一）身体结构的变化

儿童在经过了婴儿期的第一个生长高峰以后，逐渐进入一个平稳发展的时期，这个阶段生理上发展的最大特点是变化不明显。身高平均每年增长 4—5 厘米，体重平均每年增长 1.5—2.5 千克；女孩的身高体重开始超过男孩，男孩直到进入青春期才会在身高体重方面超过女孩。骨骼比幼儿时更坚挺，但富有弹性，比较容易变形、脱臼，但不易骨折，骨化是指骨组织的生成，儿童 7 岁时颅骨几乎完全骨化，腕骨骨化也比较明显，9—11 岁时掌骨和指骨完成骨化。刚入学的儿童，手指、手腕运动不够灵活协调，如一年级小学生刚学写字时，字迹歪歪扭扭，还经常把本子戳破。在小学阶段，脊椎骨的骨化才逐渐开始，所以小学生要保持正确的坐、立姿势，避免脊柱发育异常。随着骨骼的增长，小学儿童的肌肉大小和力量都逐渐增加，特别是手部的肌肉。儿童 6 岁时手脚还不够灵便，经过小学阶段各种书写、绘画、手工劳动等活动的训练，儿童手指小肌肉运动知觉已相当发达，灵活性和协调性都有较大提高；到 9—10 岁时，大脑对肌肉运动缺少耐力，容易疲劳。

牙齿变化很大，由乳齿改变为永久齿。额部加宽，嘴唇增厚，鼻孔加大，稚气的娃娃脸逐渐消失，躯体逐渐增长，胸腔加宽、变平，颈部增长，双臂与双腿肌肉未显著发育。

视觉器官正发育，屈光状况由透视逐渐趋向正视。小学儿童的视觉随着年龄的日益增长和学习活动的不断深入而逐渐提高，主要表现在视敏度和颜色视觉的发展。据研究证明，10

岁前儿童的视敏度不断提高，10岁儿童的水晶体的弹性较大，视觉调节能力范围最大，远近物体看得都较清楚；小学一年级儿童已能正确辨认各种颜色，能正确匹配各种不同颜色，对于经常见到的颜色也能叫出名称。10岁以后，随着年龄的增长，视觉调节能力逐渐降低。

小学生在学习言语的过程中，必须精确地分辨各种语音，如zh、ch、sh和z、c、s，以及汉语中四个声调和语音相近的字等。在音乐学习过程中，更需要精确地分辨各种音调、音强、音色、节奏等，这些都会促进儿童听觉的发展。据国外对5—14岁儿童的研究，儿童在十二三岁以前听觉感受性一直在提升。

这阶段小学生心、肺的重量和容量也继续增大。到9岁时，心脏的重量增至出生时的6倍，从出生时的100次/分钟下降到85次/分钟。呼吸系统已达到成人的成熟程度，6—7岁开始发育成熟，到12岁时肺泡显著增大增多，肺活量增大，呼吸频率随之下降。总之，心、肺的进一步完善保证了充满活力的儿童机体能够获得充足的能量和氧气。但小学生的身体较脆弱，过于激烈的运动会导致其心、肺负担过重，成人要注意保护。

（二）神经系统的发展

1. 大脑结构的发展

（1）脑重继续增加。六七岁儿童脑的大小已达成人的90%，脑的重量逐步接近成人水平（成人脑重为1 280—1 420克）：其中7岁儿童脑重平均为1 280克；9岁儿童脑重平均为1 350克，已达成人脑重的95%；12岁儿童的脑重平均为1 400克。根据大脑生理学的研究，儿童大脑重量的增加并不是神经细胞大量增殖的结果，而主要是神经细胞结构的复杂化和神经纤维的伸长。

（2）额叶显著增大。额叶增大是现代人与类人猿的重大区别之一，是随意运动的生理基础，枕叶到9岁已经基本成熟，额叶到11岁基本成熟。

（3）脑电波的频率呈上升趋势，神经纤维逐渐髓鞘化。脑电波是测量和分析脑发育过程的一个重要指标，若以波的频率作为成熟的标志，则13岁儿童的脑基本成熟。髓鞘化是脑内部成熟的重要标志，神经细胞轴突的髓鞘膜的发展，在童年期一直持续，发展速度和脑的生长同步。

2. 大脑机能的发展

儿童脑的兴奋过程与抑制过程逐渐趋向平衡，觉醒时间延长，睡眠时间缩短。儿童平均每天需要睡眠的时间：7岁为11小时，10岁为10小时，12岁为9—10小时。内抑制的形成速度不断加快，表明儿童能更细致地分析综合外界事物并调节控制自己的行为。同时，条件反射形成的时间缩短，形成后不易泛化，易巩固。

第二信号系统活动日益发展。幼儿是第一信号系统占主要地位，小学儿童由于言语的发展，第二信号系统初步占主要地位，其主要是在教学活动以及在与成人交际的过程中发展起来的。第一信号系统是动物和人共有的，对现实的具体的刺激（如声、光、电、味等）形成条件反射，第二信号系统则是人类所特有的条件反射机制，即对言语刺激、抽象信号等形成条件反射。第二信号系统的活动建立第一信号系统或非条件反射的基础上，这有助于儿童形成更抽象性和概括性的联系，为儿童抽象思维能力的发展提供了可能性。

二、小学生心理发展的特点

(一) 小学生认知发展的特点

1. 小学生观察力发展的特点

小学生观察力的发展水平随着年级的增高而提高，具体表现在两大方面。

(1) 小学生观察力的发展表现出由低到高的不同阶段。

我国学者丁祖荫通过对幼儿园到小学高年级学生观察图画能力发展的研究，认为儿童观察力的发展可分为四个阶段：

①认识"个别对象"阶段，儿童只看到各个对象或各个对象的一个方面；

②认识"空间联系"阶段，儿童可以看到各个对象之间直接感知的空间联系；

③认识"因果关系"阶段，儿童可以认识对象之间不能直接感知的因果关系；

④认识"对象总体"阶段，儿童能从意义上完整地把握对象，总体理解图画主题。

小学生从低年级到高年级分属于②③④阶段。

(2) 小学生观察品质逐步发展。

①观察的目的性。初入学的小学生，观察的目的性较低，他们一般还不会独立地给自己提出观察任务，也不能很好地排除干扰，在观察活动中往往受观察物的声音、形态、颜色等特点和个人兴趣、爱好的影响。中高年级小学生有所改善，但提高不多。

②观察的精确性。低年级小学生观察的精确性水平很低，他们观察事物不细心、不全面，常常笼统、模糊，只能说出客体的个别属性，不能表述细节。

③观察的顺序性。低年级小学生观察事物凌乱，不系统。中高年级小学生观察的顺序性有较大发展。

④观察的深刻性。低年级小学生对所观察的事物难以从整体上作出概括，他们往往较注意事物表面的、明显的、无意义的特征，而看不到事物之间的关系，更不善于揭露事物有意义的本质特征。中年级小学生观察的深刻性有较大的提高。

2. 小学生注意发展的特点

(1) 无意注意的发展先于有意注意，从无意注意向有意注意过渡。

(2) 注意有明显的情绪色彩。

(3) 小学生注意的品质逐渐提高。

(4) 具体生动、直观形象的事物更容易引起小学生的注意。

3. 小学生记忆发展的特点与教育

(1) 小学生的有意记忆明显增强。从无意记忆为主转变为有意记忆为主，是小学生记忆质变的第一个特点。初入学的小学生，记忆仍保持着学前儿童的主要特点，无意识记仍占重要地位。到小学二年级表现为无意识记和有意识记效果相当。从小学三年级开始，小学生的有意识记逐渐取代无意识记并占主导地位。

(2) 小学生的意义记忆迅速发展。从机械记忆为主向意义记忆为主过渡，是小学生记忆品质发展的第二个特点。小学低年级学生以机械记忆为主，这是因为他们的抽象思维水平还不高，内部语言的发展还不完善，知识较贫乏，缺乏良好的记忆方法和技巧，还不善于对记忆材料进行思维加工。到了三四年级，从机械识记占主导地位向意义识记占主导地位发展。在小学阶段，机械识记和意义识记的效果均随着年龄的增长而提高。在学生学习过程中，由于学习材料的性质不同，机械识记和意义识记都是必需的。

（3）小学生的抽象逻辑记忆水平逐步提高。从具体形象记忆向抽象逻辑记忆的方向发展，是小学生记忆品质发展的第三个特点。学前儿童的具体形象记忆优于抽象记忆，小学生记忆的主要方式是形象记忆。随着年龄的增长，小学生从以具体形象记忆为主过渡到以抽象记忆为主，但小学生在记忆抽象的材料时，主要还是以事物的具体形象为基础，即形象记忆仍起着重要作用。

4. 小学生思维的发展与教育

思维是人脑对客观事物本质属性的概括和间接反映。小学生思维的基本特点是从具体形象思维为主要形式逐步过渡到以抽象思维为主要形式，所谓抽象思维，就是掌握概念，并运用概念组成恰当的判断、进行合乎逻辑推理的思维活动。但这种抽象逻辑思维在很大程度上仍然是直接与感性经验相联系的，仍然具有很大成分的具体形象性。随着年龄的增长，推理和理解能力的发展，思维的灵活性和创造性也有所提高，抽象思维成为主要形式。

小学生在概念掌握方面尚有困难，他们的概括水平经历了直观形象水平-形象抽象水平-本质抽象水平的发展过程。年龄越低，对事物的概括越受具体事物的外表特征限制；年龄越高，越能反映事物的内在、本质的特征，而小学生的思维缺乏自觉性、灵活性，因而抽象思维能力发展相对较差。通过学习和训练，他们才能从许多个别、具体的事实中归纳出一般规律和结论，同时也初步能运用所掌握的规律和理论去解释其他类似的具体现象。

研究表明，小学生从小学四年级起就能够指出事物种和属的特征定义，这是由形象思维过渡到抽象思维的关键期。

5. 小学生想象发展的特点

（1）想象的有意性迅速发展。在教学过程中，教师会经常要求小学生按照教学目的产生相应的想象。例如，在读课文时，要求儿童富有感情地朗读，生动形象地讲述故事情节；在作文中，要求儿童围绕主题进行构思等，因此他们想象的有意性迅速发展起来。但是在整个小学时期，儿童想象主题的易变性还比较明显，想象不能很有效地指向某一预定的目的，尤其对于缺乏必要的知识经验或不熟悉的事物，他们的想象往往显得简单贫乏。

（2）想象中的创造成分日益增多。小学低年级学生想象的内容是事物的简单再现，缺乏独立性和创造性。随着教学的深入，生活范围的逐渐扩大，知识经验的丰富，表象的积累和言语的发展，中高年级小学生的再造想象更富有创造成分，而且以独创性为特色的创造想象日益增多。

（3）想象内容逐渐接近现实。小学低年级学生的想象往往与现实不符，或不能准确地反映现实。随着学习的深入，知识经验的不断积累，中高年级小学生的想象已能够比较真实地反映客观事物，其想象的内容逐渐趋于现实。

6. 小学生语言发展的特点

（1）在口头语言方面，小学生掌握了一定数量的词汇，能够运用简短、连贯的语句来表达思想。儿童的口头语言在形式上包括两种：对话语言和独白语言，儿童入学前，主要以对话语言为主；进入小学后，独白语言逐渐成了口头语言的主要形式。

（2）在书面语言方面，儿童在入学前只有口头语言的经验，还没有掌握书面语言，需要在教师的指导下接触和掌握书面语言。低年级小学生的书面语言落后于口头语言；到了中高年级，书面语言逐渐赶上甚至超过口头语言的水平。书面语言的掌握有一定顺序，主要包括识字、阅读、写作三方面，识字是儿童掌握书面语言的基础，阅读理解是儿童阅读能力的主要标志，写作则是书面语言的高级阶段。

（3）个体内部语言大致经历了出生思维时期、过渡时期和无声思维时期。刚入学的小学生处于出生思维阶段，三四年级以后，随着学习能力的发展，无声语言开始逐渐占主导地位，但是阅读或演算遇到困难时，仍会用有声语言来帮忙，即使在高年级也是如此。

（二）小学生情感发展的特点

小学生入学后，学校不断提出新的要求，他们情感的内容日益丰富、深刻和复杂化，社会性道德感的比重逐渐增加，情感的稳定性和控制能力有所增强，这些是儿童期情感发展的重要特征，各种高级情感也逐步发展。

小学生的道德感有很大发展，在集体活动中，逐渐认识到个人与集体的关系，在学习祖国历史文化过程中产生了爱国主义思想感情。通过教师的道德情感教育与培养，其爱国主义情感、义务感、责任感和集体主义情感、友谊感逐渐深化和提高。

小学生的理智感也有进一步发展，表现为求知欲的发展和对真理的追求。随着学习内容的扩展与深入，儿童对许多新鲜事物都充满好奇，除学习掌握课本知识外，儿童开始对课外读物产生兴趣。

小学生的美感有所发展。美术、音乐课程的学习和训练，课外的文艺活动，文艺作品的阅读以及影视节目的欣赏等都有助于美感的发展，主要表现在对艺术作品中具体的内容和形象的观赏方面。对艺术作品内在质量的评价，高年级以后才发展。

（三）小学生自我意识发展的特点

1. 自我意识的含义

自我意识是人对自己以及自己与周围人关系的认知。自我意识的发展过程是个体不断社会化的过程，也是个性特征形成的过程。在童年时期，儿童的自我意识正处于所谓的客观化时期，是获得社会自我的时期，在这一阶段，个体受社会文化影响显著，是学习角色的最重要时期。

我国心理学家韩进之等研究发现，儿童自我意识的发展随着年龄增长从低水平向高水平发展，是既有上升又有平衡的发展，分为三个阶段：上升期（一年级到三年级）、平稳期（三年级到五年级）、第二上升期（小学五年级到六年级）。

小学生的自我意识发展具体表现为自我认识、自我评价和自我体验的发展。

自我认识指个体对自己生理、心理及社会关系的认识，随年龄增长而逐渐复杂化，并逐渐形成生理自我、社会自我、心理自我的认知。

自我评价指个体对自己行为的评价。自我评价能力是自我意识发展的主要成分和主要标志，是在分析和评价自己的活动的基础上形成的。研究表明，自我评价能力在学前期就已经产生了，进入小学以后，其自我评价能力进一步发展起来，表现在从顺从别人的评价发展到有一定独立见解的评价。小学低年级自我评价的稳定性较差，到高年级则有明显提高。

自我体验是指个体对自己的情感体验，如自尊感、羞愧感、愉快感等。在小学阶段，自我体验与自我评价的发展具有很高的一致性，自尊心强的儿童往往对自己的评价比较积极。

2. 自我意识的发展

个体自我意识的发展经历了从生理自我到社会自我，再到心理自我的过程。

（1）生理自我。生理自我是个体对自己的生理状态以及自身与外部世界关系的反映，生理自我以个体的躯体为中心，是自我意识最原始的形态，生理自我在3岁左右基本成熟。

（2）社会自我。儿童在3岁以后，自我意识的发展进入社会自我阶段，自我评价的独立性、原则性、批判性正在迅速发展，对道德行为的判断能力也逐渐达到了前所未有的水平；但评价没考虑行为与动机的因果关系，自我的调节控制能力也较差。社会自我至少年期基本成熟。

（3）心理自我。心理自我是个体对自己的心理特征的意识，青少年开始形成自觉地按照一定的行动目标和社会准则来评价自己的心理品质和能力。青春期是自我意识形成和发展的第二个飞跃期。

3. 小学生社会性发展的特点

小学生的社会性发展突出表现在社会性认知与社会性交往两个方面。

（1）小学生的社会性认知。

社会性认知是指对自己和他人的观点、情绪、思想、动机的认知，以及对社会关系和对集体组织间关系的认知，与个体的认知能力发展相对应。

小学生社会认知发展具有的趋势：从表面到内部，即从对外部特征、外部行为的注意到更深刻的心理品质特征的注意；从简单到复杂，即从问题的某个方面到多方面、多维度地看待问题；从呆板到灵活的思维；从具体思维到抽象思维；从弥散性的、间断性的想法到系统的、有组织的、综合性的思想。

（2）小学生的社会性交往。

小学生的交往对象主要是父母、教师和同伴。

①入学后，与父母交往仍然是其社会关系的重要内容，但关系有了新变化，双方交往时间减少，发生冲突的数量也减少，解决冲突的方式多样化，父母对孩子的关注也有所减少，父母对他们的控制由直接控制逐步转为引导、教育，要求他们自我控制、自我监督。

②从对老师的完全崇拜到有着自己的想法和评价，小学生对教师具有"向师性"，低年级学生视教师的要求为金科玉律，对教师是无条件地服从、信任。从三年级开始学生不再完全崇拜教师，学生的各种表现影响着教师对学生的认知和评价，而教师的品德修养、教学水平、人格特征、期望等因素也直接或间接地影响着学生的发展。

③小学生在特定同伴群体中，通过解决个人与集体之间的矛盾解决个人与伙伴之间的矛盾，他们能更好地理解他人的动机和目的，能更好地对他人进行反馈。他们在这种横向的人际交往中学习社会生活所必需的技能和态度，使社会性发展进入一个新的阶段。

（四）小学生学习兴趣的培养

（1）加强目的性教育，激发学生学习的需要。

（2）设置适宜的学习目标，使学生产生成就感。

（3）充分运用学科优势，激发学生兴趣。

（4）利用教学内容和方法的新颖性激发学生的兴趣。

（5）启发学生自觉培养兴趣。

（五）小学生良好学习习惯的养成

（1）立足课堂主阵地，培养学生良好的学习习惯。
（2）课堂中正确引导，培养学生良好的学习习惯。
（3）注重激励与表扬，对学生进行强化教育。
（4）开展丰富多彩的活动，在活动中培养学生良好的学习习惯。
（5）家校共促，形成家庭与学校共同培养学生学习习惯的合力。
（6）循序渐进，注重对学生进行个别指导。
（7）开办多学科学习兴趣班，培养学生对自然科学、人文科学的兴趣。
（8）建立学生良好的学习习惯评价体系。

第二节　中学生心理特点

一、中学生心理发展的阶段特征

（一）少年期

少年期又称学龄中期，大致相当于初中阶段，是个体从童年向青年过渡的时期，具有半幼稚、半成熟的特点。在这一时期，学生处于生理发育的第二高峰期，整个少年期充满独立性和依赖性、自觉性和幼稚性等错综的矛盾，这一时期也被称为"心理断乳期"或"危险期"。

（二）青年初期

青年初期又称学龄晚期，相当于高中时期，是个体在生理、心理和社会性上向成人接近的时期。

二、中学生心理发展的一般特点

中学阶段是由儿童向成人过渡的时期，是人生发展变化最大的时期，这一时期学生心理发展的一般特点有过渡性、闭锁性和社会性。

三、中学生观察力的发展

（一）观察概述

1. 观察的概念

观察是人们认识世界、增长知识的主要手段，是人的一种有目的、有计划、持久的知觉活动，也是知觉的最高形式。观察是知识学习的条件，是科学研究的基础。

2. 观察的品质

（1）观察的目的性。观察的目的性表现为个体在观察前能否清楚地意识到观察的目的与任务，在观察过程中能否排除干扰、有始有终地完成观察任务。观察目的性强的人能主动、独立地提出观察任务，并能克服困难，持久专注地完成观察任务；而观察目的性弱的人意识模糊，容易受到刺激物和个人兴趣、情绪的支配，游离于观察的过程之外。

（2）观察的精确性。观察精确性强的人能细致全面地观察客体，能发现事物间的细微差别；而观察精确性弱的人则观察粗疏、笼统，容易遗漏对象的特征，对有细微差别的事物常常作出泛化的反应。

（3）观察的全面性。观察是否全面取决于观察是否有序以及是否使用了多种感官，观察有序的人观察系统，能捕捉到事物的全部信息，表达也有条理；而观察无序的人观察零乱，容易遗漏事物的重要细节，表达也很混乱。善用各种感官进行观察的人，就能获得事物的各种属性，获得对事物的整体认识；而只动用视觉器官进行观察的人，只能获得关于事物在形状、颜色、大小等方面的属性。

（4）观察的深刻性。观察深刻的人却能透过现象看本质，发现事物内在的联系；而观察肤浅的人往往只注意到事物外在的联系和表面特征。

（二）中学生观察力的特点

1. 目的性明确

中学生观察力的发展由被动接受家长或教师的任务进行观察，逐渐发展为自觉自主地制订观察计划，进行有意识的观察。

2. 持久性明显

随着年龄的增长，中学生能够排除各种干扰，坚持长时间观察，特别是有意注意的时间增长，且善于思考。

3. 精确性提高

在观察活动中，中学生能够全面、深入的了解事务的细节，既重整体辨认，又重细节辨认，观察的正确率逐步提高，对观察对象本质属性的理解逐步深化，并能用准确的语言表述观察的过程和结果。

4. 概括性增强。随着思维水平的提高，中学生观察力的概括性逐渐增强，他们能够在观察中发现事物的异同，找出事物的规律及与其他事物的内在联系。

（三）中学生观察力的培养

第一，引导学生明确目的与任务，是良好观察的重要条件。已有的知识经验会直接影响观察的效果，无论是课外还是实验观察，引导学生复习或预习有关知识是必要的。

第二，充分的准备、周密的计划、提出观察的具体方法，是引导学生完成观察的重要条件。缺乏计划性，实际观察中会手忙脚乱、顾此失彼、遗漏重点。只有理解的东西才能更好地感知，没有相应的知识准备，即使有了明确的观察目的，也不知如何着手去观察，尤其是一个完全陌生的事物，既不会引起学生强烈的兴趣，也不会引起学生稳定的注意和积极的思考。

第三，在实际观察中应加强对学生的个别指导，有针对性地培养学生良好的观察习惯。在观察活动中，每个学生的知识经验、个性特点、心理品质不同，观察的效果也不一样。因此，教师要有针对性地对学生进行个别指导。

（1）加强观察的引导。在观察活动中，教师要用言语引导儿童观察的方向，使他们掌握观察的顺序。

（2）充分利用多感官，提高观察的全面性、精确性。观察的目的在于从实践中获得感性经验。要使感性经验丰富、全面，就要动用各种感官全面获取信息。

（3）勤于思考，观察时要细致耐心，学会运用比较。教师要积极引导学生根据观察的目的、任务，对观察到的事物的个别对象，多进行分析、比较、综合，以发现事物间的异同或事物的发展规律，从而提高他们观察的分辨力和辨别力。

（4）指导学生观察时要尽可能运用言语。言语具有概括性，学生的观察活动有言语加入，能更好地对事物进行分析和概括，同时通过言语活动，还可以把所观察的结果保存起来，纳入已有的知识系统中。因此，教师应注意指导学生在观察时要出声或无声叙述观察到的事物，出声叙述有助于学生相互交流，相互学习，取长补短；而无声叙述则可以促进学生内部言语的发展，培养他们独立观察的习惯。一般来说，在对学生进行训练时，最好先让他们从有声叙述开始，逐步养成无声叙述的习惯。

第四，引导学生学会记录整理观察结果，在分析研究的基础上，写出观察报告、日记或作文。

第五，引导学生开展讨论、交流并汇报观察成果，不断提高学生的观察能力，培养好的观察品质。

此外，教师还应努力培养学生的观察兴趣与优良的性格特征，如学习的坚韧性、独立性等。

四、中学生注意的发展

（一）中学生注意发展的特点

1. 有意注意发展明显

中学时期无意注意还起着至关重要的作用，年龄越小，无意注意所占的成分越大。无意注意在小学二年级以前就已出现，以后迅速发展，到初中二年级达到发展巅峰，而后又缓慢下降。

与此同时，青少年的有意注意也得到了迅速发展，他们学习、活动的目的性、计划性和自觉性日趋提高。在注意发展的整个过程中，小学阶段是有意注意发展的重要阶段，而有意注意最终取代无意注意的主导地位是在初中阶段。

2. 不论何种注意，都在逐步深化

无意注意虽然在中学时期逐渐居于次要地位，但无意注意却有了进一步的深化，并达到成人的水平。这主要体现在：产生无意注意的原因由外部为主转变为以内部为主。最初无意注意的产生主要依靠外刺激物的作用，随着学生自身兴趣、爱好的逐渐稳定，无意注意的产生主要受到兴趣、爱好的影响。研究表明，由于强烈的直接兴趣的影响，约有90%的中学生的表现出明显偏科现象，这是无意注意发展和深化的具体表现。在无意注意得到深化的同时，有意注意也在逐渐发展并得到深化。有意注意是随着儿童在社会交往中对言语的掌握和使用逐渐发展起来的，并在初中阶段才开始显露其优势。

3. 注意特征存在个体差异

虽然中学生的有意注意有了明显发展，但无意注意的作用在学习活动中仍占有一定的地位，这就决定了中学生注意的发展明显地存在着几种不同的类型：以无意注意占优势的情绪型；以有意注意占优势的自觉意志型，也称智力型。

4. 注意品质不断改善

青少年学生在注意品质的四个方面都有了不同程度的提高。

（1）初中阶段随着年级的升高，青少年注意的稳定性增强。注意的稳定性对初一学生成绩的影响比学习能力对学习成绩的影响更加明显，在初一到初二阶段，注意稳定性的提高最为显著。在中学阶段，随着学生自制力的发展，中学生已经能较长时间保持注意，注意保持45分钟已无困难。因而课堂教学就不需要再像小学生需在一节课内变换几种教学形式和方法，只用某种适当的教学形式和方法，也能完成教学任务，保证教学效果。但在初中阶段，学生的情绪仍有冲动的特点，有时也难控制自己的注意，在一些学生中还有分心走神的毛病。注意的稳定性到高中阶段增长的速度逐渐缓慢，这可能与高中生注意稳定性趋于成熟有关。

（2）青少年在初中阶段，注意广度已经接近于成人水平，但受本身知识经验和直觉对象特点的影响仍然比较大。初中低年级的学生由于缺乏经验，注意的广度较窄，随着知识经验的积累，他们的注意广度不断提高。

（3）人的注意分配能力发生较早而发展得十分缓慢，但也在不断发展。青少年动作技能和智慧技能发展受经验所限，不可能在短期内达到各项活动的高度熟练，所以各个年级学生注意分配基本处于相同水平，没有太大的发展。初中低年级学生在注意分配时也会出现顾此失彼现象，如注意了抄写就忽略了听讲。初三以上的学生由于各种技能、技巧的稳定性有所提高，才使注意分配能力逐渐向较高水平发展。高中生在学习过程中能够根据不同活动的性质和任务，较好地分配自己的注意，例如，高中生既能听讲，又能抄写；既能注意教师讲解的主要问题，又能注意问题的前后联系，这种有机结合，说明高中生注意分配能力已日趋成熟。

（4）在注意转移的能力上，随着年级的升高，注意转移速度在加快，但这种变化并不明显。一般而言，初中低年级学生的注意转移还有一定的困难。随着经验的积累日益丰富，智力得到良好的训练和发展，心理活动的有意性逐渐增强，高中生注意转移能力才得到较快发展，大多数学生能自觉地根据活动任务把注意从一种对象转移到另一种对象上。

（二）中学生注意力的培养

注意是学习活动中最重要的心理条件。许多学习成绩不理想的学生存在一个共同的缺点，就是注意力涣散，表现为漫不经心、懒懒散散、粗心大意，因此，培养中学生的注意力非常有必要。教师可以从以下几方面着重培养中学生的注意力。

1. 培养间接兴趣

兴趣和注意有密切的关系，兴趣是培养注意力的一个重要的心理条件。对于有兴趣的事物，就会在大脑皮层形成优势兴奋中心，使注意力高度集中，使人记忆敏锐、思维活跃，对所学的内容能清晰地反映；相反，没有兴趣，就会对事情漠然置之，很难集中注意力。

间接兴趣是引起和保持有意注意的重要条件之一。有时活动本身缺乏吸引力，但活动的目的与结果使人感兴趣，为了完成活动任务，活动本身则成为有意注意的对象。因此，为了引发学生学习的间接兴趣，教师在一门课开始时应阐明本门课的学习意义和重要性，让学生明确认识到本学科知识对他们所具有的价值，以引起他们对学习的兴趣，从而调动他们对该门课学习的积极性，以唤起他们注意的维持。

2. 养成良好的学习习惯

良好的学习习惯有助于提高注意力。

（1）要使学生养成力图把握重点的学习习惯。不管是听课、读书或者是做作业，都要认真思考，认真思考的过程不仅能把注意力集中起来，还能使认识得到加深，并产生愉快的体验，使注意力稳定。

（2）要使学生养成劳逸结合的学习习惯。疲劳是集中注意力的大敌，长时间连续工作，彻夜不眠地看书往往使人疲劳，导致大脑神经兴奋水平降低，注意力难以集中。例如，长时间开车的司机会因疲劳驾驶出现事故，这是非常危险的，有些人为此付出过惨痛的代价。学生们在学习过程中，也一定要注意劳逸结合，保持精力充沛的状态，才能增强注意力集中的水平。

3. 保持良好的心理状态

导致注意分散最重要的因素是自己不稳定的心理状态，因此，保持良好的心理状态是维持注意的重要条件。

（1）自信心是能否集中注意力的关键。静下心来以后，就要相信自己能够集中注意力、全神贯注地听课，于是就取得好的效果；如果没有信心，认为自己的注意力集中不起来，那就容易出现注意力不集中，导致失败。

（2）心情愉快有利于注意力集中。心情舒畅或联想愉快的事情能帮助集中注意力。

（3）心情平静有益于注意力集中。情绪稳定有助于个人控制自己的心理状态，使自己集中精力，指向学习目标。在需要集中注意力之前，要先使心神安定下来，只要能静下心来，就等于集中了一半的精力；反之，一个心情焦躁、烦乱的人要想集中注意是很困难的。

4. 重视集中注意力的自我训练

培养自己注意力的可靠途径就是训练自己在各式各样的环境条件下都专心学习或工作，一旦确定了要干的事，就要有计划、有目地集中注意力，去干好要干的事，不受其他刺激的影响和干扰，例如，毛主席青少年时为了集中自己的注意力，就常到繁华闹市去读书。无论读书学习还是干事情，都把它们当作锻炼注意力的机会和场合，经常训练就会逐步形成良好注意习惯。

在进行集中注意力的自我训练时，要注意培养学生对不良刺激的容忍力。安静的环境有利于注意的集中，嘈杂烦乱的环境容易分散注意，但有干扰的环境是难以避免的，培养自己抗干扰的能力十分必要。对于抗干扰要特别注意的是，不管是对外部还是对内部（内心的烦乱）的干扰，都应处之泰然。这种内心的安静比环境的安静更为重要，因为环境的干扰只有通过内心的干扰才能起分散注意的作用。所以，不加强自己抗干扰的能力，而怨恨外界干扰，既是不公正的，也是无益的。对分散注意的刺激烦恼和愤怒，比刺激本身更能强烈地分散我们的注意。在这里需要的是耐性和韧性，并加强自我约束。在注意力的训练中，加强锻炼自我调节控制和自我管理能力是非常重要的。

五、中学生记忆的发展

青少年正处于记忆力发展的"全盛时期"，而且记忆训练所产生的效果也是人生各时期中最好的，表现出比较复杂的特点，同时青少年的记忆受多种因素的影响。

(一) 中学生记忆的发展特点

中学生的记忆发展体现在无意记忆和有意记忆的发展，也体现在形象记忆和抽象记忆的发展两方面。

1. 中学生记忆发展的总体趋势是随着年龄的增长记忆力不断提高，到16岁趋于成熟

从16岁到18岁，学生的记忆成绩基本上没什么变化，也就是说高中生处于记忆发展的"黄金时段"。

2. 同一年龄的中学生，受所记材料性质的影响，记忆效果不一样

总的来说，对直观形象的材料记忆要优于抽象材料，对图形记忆要优于词语。即使同样是语言材料，视觉记忆要优于其他感官（如听觉）收到信息的记忆。

3. 中学生短时记忆广度随年龄增长而不断增大

短时记忆的广度（容量）是有限的，一般人短时记忆的容量在七个"组块"左右，组块是指记忆的单位，组块的大小能随经验积累和训练水平而不断提高。中学生短时记忆的发展不单体现在组块数量的增加上，更重要的是体现在组块内容的丰富上。

4. 随着年龄的增长，中学生的有意记忆和无意记忆效果都不断提高，但有意记忆逐渐占主导地位

两种记忆效果都随着年龄的增长而提高。8岁儿童仍是无意记忆占优势，而有意记忆的主导地位是从10岁开始的。12岁以后有意记忆的优势更加明显，中学生能逐渐学会根据不同的教材内容，自己提出适当长远的记忆任务，主动选择良好的记忆方法，而不像小学生有意识记的任务往往由教师提出。

5. 中学生以理解记忆为主要记忆手段

机械记忆在10岁左右得到快速发展后，一直保持较高水平，直到高中阶段，才随着年龄的增长而有所下降。

6. 抽象记忆在中学阶段占了主导地位

中学生的形象记忆和语词抽象记忆都在发展，但从小学四年级起，由于思维从具体形象占优势发展到抽象逻辑占优势，所以抽象记忆的发展速度也超过了形象记忆，并最终在中学阶段占了主导地位。

(二) 培养中学生的记忆能力

针对中学生记忆存在的各种特点，教师可以教学生正确的记忆方法，培养他们良好的记忆能力，这也是学校教育的一项重要任务。

1. 教授学生基本的记忆策略

记忆策略是指主体控制记忆活动，增强记忆效果的方法。个体在记忆活动中常用的记忆策略主要有注意策略、复述策略、精细阐述策略、组织策略、提取策略等。

(1) 注意策略。注意是感觉记忆的内容进入短时记忆的前提，加强个体对记忆对象的注意，是提高记忆效果的重要条件。一种重要的注意策略是针对记忆对象提出相应的问题，这些问题可以激发个体注意并观察对象。

(2) 复述策略。复述是短时记忆的内容进入长时记忆的基本条件，研究表明，有无复述，复述的方式不同都会对记忆效果产生很大影响。有复述比无复述的记忆效果好，根据记

忆材料的内部结构复述比简单重复地复述记忆效果好。因此，好的复述策略就是根据记忆材料的内部结构进行复述。

（3）精细阐述策略。精细阐述策略就是在记忆材料中添加一种意义，或增加一定的细节，使较为分离的对象组合为一个整体，例如，要记住"电视"和"服装"两个词，就可以在这两个词中间加上一些联系，如"电视里正在播服装广告"。使用精细阐述的策略可以大大提高记忆效果。

（4）组织策略。组织策略是将一组信息划分为若干较小的单元，并且表示它们的关系，例如，为了记住课文的内容，对课文进行分段、概括段意就是组织策略的运用。

（5）提取策略。提取策略是根据需要提取信息的方法，一种有效的提取策略是分类提取，就是将要提取的对象归入一定知识类别，再在一定的知识类别中进行搜索，分类提取可以缩小信息搜索的范围，提高搜索的成功率。

个体记忆策略的发展，受个体的经验、思维发展水平和学习动机等因素的制约。其中思维发展水平是最重要的因素，个体思维发展水平的年龄特征决定了个体记忆策略发展的阶段性。研究表明，个体可以通过训练获得记忆策略，无论是学前儿童、小学生、中学生还是大学生，都可以通过适当的训练获得记忆策略。一旦个体获得了记忆策略，其记忆效果就会明显提高。

2. 重视对中学生记忆活动的指导

（1）唤起记忆的愿望。愿望是记忆的动力，为此，教师在各科教学中应及时给学生提出记忆的目的、任务和具体要求，在此基础上，应该培养学生主动、自觉地提出记忆的任务，特别是长远的记忆目标和意图，而不应临时抱佛脚，应付眼前考试，这有利于调动他们记忆的主动性、积极性。另一方面，还需培养学生学习的兴趣和强烈的求知欲，充分利用他们的无意识记。

（2）增强记忆的信心。记忆活动是一种艰苦的脑力劳动，每一种知识的记忆都是一个需要付出艰辛劳动的过程，这就要求学生必须意志坚定，信心十足。因此，教师首先要打破学生在记忆上不符合事实的自卑感，帮助他们在精神上得到解放，让他们相信自己的记忆力与一般人是一样的——人的大脑都有这种能力，别人能记住的，我也一定能记住。其次，设法使每个学生获得识记成功的体验，同时又要非常敏锐地发现每个学生识记的成功之处，并予以肯定，分享他们识记成功的喜悦。这样他们就会逐渐地由"害怕"记忆到"喜欢"记忆，由怀疑自己的记忆力到相信自己的记忆力。

（3）培养自我检查的习惯。再认和回忆既是检查记忆的指标，又是一种加强复习、巩固记忆的有效途径。自我测验、自我复述、自我回忆、自问自答、独立作业等都是自我检验的有效方式，自我测验和自我复述的效果较好，应向学生推荐，还要帮助学生了解自己在记忆过程中的优缺点，以便自觉地、有目的地克服缺点和发挥优点。这些自我检查能力和习惯的培养，有助于提高学生的记忆力。

（4）讲究记忆卫生。学生记忆力的培养，除上述措施外，讲究记忆卫生也是重要一环。记忆卫生是个内涵丰富的概念，主要包括：保持稳定而愉快的情绪；做到劳逸结合，参加文体活动；合理地遵循作息制度，保证适当的睡眠；利用最佳的记忆时间；科学地使用大脑；以及适当的营养、清新的空气等。

3. 合理组织学生复习

与遗忘进行斗争的首要方法是组织识记后的复习。复习在保持中有很大的作用,刺激物的重复出现是短时记忆向长时记忆转化的条件,没有重述的信息是不可能进入长时记忆的。(具体措施参考本书第四章第二节中"有效组织复习"的内容。)

六、中学生想象的发展

(一) 中学生想象发展的特点及规律

(1) 初中生想象的有意性迅速增长。初中二年级到初中三年级是学生空间想象力发展的加速期或关键期,初中生想象的创造性成分在不断增加。

(2) 初中生想象的现实性在不断发展。想象的内容比较符合现实,富有逻辑性,初中生的幻想具有现实性、兴趣性,有时也带有虚构的特点。达到理性的想象一般要到高中阶段。

(3) 想象中创造性成分日益增多。由于表象的积累和言语的发展,不但再造想象更富有独创的成分,而且以独创性为特色的创造想象也日益发展起来,初中生想象的特点主要表现在他们创造性成分的增加和理想的形成、发展方面。高中生更重视现实,他们的理想不仅考虑自己的兴趣,而且还要考虑到有无实现的可能和条件,一旦有可能如愿,他们就会为之而奋斗,争取实现自己的理想。

(二) 学生想象力的培养(想象规律在教学中的应用)

1. 在教学中发展学生的再造想象

(1) 扩大学生头脑中的表象储备。

(2) 帮助学生真正弄懂描述中关键性词句和实物标志的含义。

(3) 唤起学生对教材的想象,以加深对知识的理解和巩固。

2. 在教学中培养学生的创造想象

(1) 引导学生学会观察,丰富学生的表象储备。

(2) 引导学生积极思考,有利于打开想象力的大门。

(3) 引导学生努力学习科学文化知识,扩大学生的知识经验以发展学生的空间想象能力。以立体几何为例,使学生建立起正确的空间概念,正确理解空间图形的性质,了解空间元素的位置关系等都有利于发展学生的空间想象能力。

(4) 注意发展学生的言语能力。想象是在言语的调节下进行,并通过言语来表现,因此,言语的发展与想象的发展关系密切。只有言语的发展达到一定水平,学生的想象才可能从形象水平提高到符号水平,使想象变得更加广阔、深刻,更加概括且富有逻辑性。同时,教师在教学中重视用丰富、优美、清晰、生动、形象化的语言描绘事物,这不仅可以唤起学生的想象力,更为他们表现想象力作出榜样,使他们学会使用言语来表现想象,这对提高学生言语表达能力,发展学生的想象力,具有潜移默化的作用。

(5) 结合学科教学,有目的地训练学生的想象力。

(6) 引导学生进行积极的幻想。培养学生大胆幻想和善于幻想的能力也具有重要意义,对学生的幻想不应讽刺讥笑,应该珍视、鼓励、引导,帮助他们把幻想转变成理想,把幻想同创造想象结合起来。

七、中学生思维的发展

（一）中学生逻辑思维的发展

整个中学阶段，学生的抽象逻辑思维均得到了迅速的发展。但是，初中阶段与高中阶段，学生的思维发展特点存在质的不同。

初中生思维发展的最主要特点是抽象逻辑思维逐步占据主导地位，能运用假设、逻辑法则进行逻辑推理，但这时的逻辑思维还需要具体经验的支持；进入高中阶段以后，学生已能在头脑中进行完全的抽象符号推导，能在理论的指导下去分析、解决各种问题。总体而言，中学生思维的发展具有如下特点。

1. 抽象逻辑思维逐渐占据主导地位，并随着年龄的增长日益成熟

抽象逻辑思维要求人们撇开具体事物，运用概念和假设进行思维活动，它要求思维者按照提出问题、明确问题、提出假设、检验假设的途径，经过一系列抽象逻辑的过程，达到解决问题的目的。

初中阶段，由于生理心理的发展，初中生认知结构发生新的变化，他们在解决问题时能逐渐熟练地运用假设、抽象概念、逻辑法则以及逻辑推理等手段来解决问题。但在一定程度上，初中生的抽象逻辑思维还需要具体形象的支持。从初中二年级开始，学生的抽象逻辑思维开始由经验型水平向理论型水平转化，到高中二年级，这种转化初步完成，他们的抽象逻辑思维趋向成熟。高中阶段，学生在思维中运用假设的能力不断增强，思维假设性的发展，又使高中生的思维更具有预计性，他们在解决问题之前，能事先形成计划、方案以及策略；同时，高中生思维活动的自我意识或监控能力更加明显，他们能够意识到自己智力活动的过程，并在一定程度上加以监控。

经过中学阶段的发展，高中生的抽象逻辑思维已具备充分的假设性、预计性及内省性。抽象逻辑思维的各种思维成分基本趋于稳定，开始达到理论型抽象逻辑思维的水平；个体在思维品质和思维类型上的差异已趋于定型，与成人期的思维水平基本一致。

2. 形式逻辑思维逐渐发展，在高中阶段处于优势

整个中学阶段，形式逻辑思维已实现相当完善的发展，在其思维活动中占据主导地位，主要表现在概念、推理和逻辑法则等的应用能力方面。

（1）经过整个中学阶段的发展，中学生已经逐步掌握了系统的、完整的概念体系。在概念的理解上，从初中开始，已经逐步从理解概念的外延特征（如事物功用性或具体的描述）向理解概念的本质定义转变，甚至到了高中以后，学生已经能较正确地对社会概念、哲学概念和科学概念作出定义。在概念的分类上，已经逐步能揭露事物的本质，具有较强的理论性。

（2）学生的推理能力基本达到成熟。初中一年级学生已开始具备初级水平的推理能力，但假言、选言、复合、连锁等演绎推理和运用推理解决问题的能力都还较差。到了高中之后，学生的各种推理能力都得到了较好的发展，特别是高中二年级以后，学生的各项推理能力基本发展完善。

（3）能够较好地运用逻辑法则。初中生已经基本掌握并能运用逻辑法则，到高中二年级，学生在掌握和运用逻辑法则方面已趋于成熟。但在掌握不同逻辑法则的能力上存在着不

平衡性。

3. 辩证逻辑思维迅速发展

形式逻辑思维和辩证逻辑思维是抽象逻辑思维的两个不同的发展阶段，它们的发展和成熟，是青少年思维发展和成熟的重要标志。

中学生的辩证逻辑思维发展趋势是：初中一年级学生已经开始掌握辩证逻辑的各种形式，但水平较低；初中三年级学生的辩证思维则处于迅速发展阶段，是一个重要的转折时期；高中生的辩证逻辑思维已趋于优势地位，他们已经能多层次地看待问题，理解一切事物都处于互相制约、互相联系或者是对立统一的关系之中。

（二）对问题情境的思维有质的飞跃

在提问方面，与小学生相比，中学生对问题情境的思维具有三方面质的飞跃。

1. 提问趋于探究性

小学生好问，但其作用主要在于扩充知识，问题偏重于"是什么"；而中学生的问题偏重于"为什么"，主要在于寻求事物的内在联系和本质特征；到了高中阶段，提出的问题更有探究性与思辨性。

2. 提问具有开拓性

小学生提问的范围比较窄、直观性强，主要围绕自身能直接接触到的事物。中学生由于生活领域的扩大，学习内容的增多以及自我意识的发展，其提问的范围大大扩展，涉及诸多的社会现象甚至科学规律和人生意义。到高中阶段以后，学生更能以其丰富的想象和抽象的思维，摆脱时空束缚，在更广阔的背景上思考社会与人类、历史与现实、未来与理想、信仰与人生等具有哲理性的问题，使问题的范围得到开拓。

3. 提问具有批判性

中学生的提问不再像小学生一样，因很快得到成人的答案而感到满足，他们对成人现成的答案多持怀疑、批判的态度，提出的问题富有逆反性和挑战性，这也使他们更容易从习以为常的现象中发现和提出问题。

在求解方面，中学生对问题情境的思维能够运用假设，他们能撇开具体事物，使用以概念支撑的假设进行思维；而不是像小学生一样要么直接向成人索取答案，要么经验性地归纳，这使问题解决过程合乎科学性。同时，中学生对问题进行求解具有预见性，他们会拟订计划、思考步骤，有条理地求解问题。

（三）思维品质的矛盾性

中学时期学生的思维品质虽有了较大的发展，但与心理发展的矛盾性特点相对应，中学生在思维品质的发展中也表现出明显的矛盾性，这种矛盾性在初中阶段尤为突出，具体有以下两方面。

1. 思维的深刻性与表面性共存

随着思维抽象概括能力的提高，中学生思维的深刻性也有了明显的发展，但思维的表面性还明显存在。在初中阶段，学生在分析问题时还常被事物的个别特征或外部特征所困扰，而难以深入把握事物的本质，例如，对自然规律和社会现象进行评价时容易受到表面特征的影响。

2. 思维的批判性与片面性共存

随着自我意识和独立性的发展，中学生在初二以后其思维的批判性得到了显著的提高，他们已经不满足于教师或教科书关于事物和现象的解释，不再像小学生那样相信家长、教师的话和权威意见；喜欢独立地寻求和争论各种事物现象的原因和规律；常常会独立、批判地对待一切。但中学生（特别是初中生）的思维判性还不成熟，具有一定的片面性。初中生思维的片面性主要表现为思想的偏激与极端，不能全面、辩证地分析问题、解决问题，而是抓住一点而不计其余，这种思想的片面性体现在三个方面。

（1）反映在他们对人、对事的态度上，狂热的"明星崇拜"就出现在这个年龄阶段，少男少女们常收集大量他们所崇拜的明星照片，甚至在发式、服装、姿态及言行举止上都竭力模仿某位明星，从中获得心理上的满足感，而没有明确意识到自己在现实生活中的身份及所应追求的目标。

（2）思维的片面性还使初中生在思考、分析问题时极易钻牛角尖，经常陷入思想的死潭而不能自拔，严重者会出现心理障碍。

（3）初中生在日常的学习活动中，在显示出很高的创造力的同时，又暴露出思想上缺乏严谨的逻辑性及全面性，所以，对问题的处理结果常常是虽很有新意，但并不准确。中学生（特别是初中生）在独立思考能力发展上的这些特点和他们的知识不足相联系，和他们的辩证思维还不够发展相联系，教师一方面要大力发展他们的独立思考能力，随时加以引导，另一方面要对他们独立思考中的这些缺点给予耐心、积极的说服教育。对他们的缺点采取嘲笑的态度不对，同样，采取放任不管的态度也不对。

3. 思维活动中自我中心的出现

初中生思维活动的自我中心主要表现为：他们虽然能区别自己与他人的想法，但却不能明确区分他们自己关心的焦点与他人关心的焦点的不同。初中生自我中心式思维的结果之一就是在心理上制造出假想的观众，他们感觉每天就像生活在舞台上一样受到别人的欣赏或批评。在初中生自我中心的思想中，与"想象的观众"相对应的是关于"个人的虚构"，初中生将别人如此关注他们的原因解释为自身的"与众不同"，即他们具有一个独特的自我。因此，他们总是将思想集中在自己的情感上，常常夸大自己的情绪感受，认为他的情绪体验是独一无二的，只有他才能感受到那种极度的痛苦与极度的狂喜。初中生思维中这种自我中心的特点，与他们当时所具有的身心特点紧密联系。高中阶段开始后，这种自我中心倾向就会逐渐减弱，逐渐会明确区分自己与他人思想上关注点的区别，认识到自己的主观意见与现实之间的差异，更好地掌握分析问题的客观标准，这时个体的思维就又发展到一个新的水平。

（四）中学生思维监控的发展

1. 思维监控的概念

随着年龄的增长，青少年思维活动中的自我意识和监控能力逐渐明显化。思维监控是指为了保证达到预期目的，在思维过程中将思维个体作为意识的对象，不断对其进行积极主动的定向、控制、调节的能力。思维监控的发展是中学生思维发展的一个显著特点，也是其思维发展趋于成熟的一个标志。

2. 思维监控的功能

思维的自我监控是整个思维结构的统帅和主宰，思维的自我监控有六大功能。

（1）确定思维的目的。

（2）管理和控制非认知因素，有效保护积极的非认知因素，努力将消极的非认知因素转化成积极的非认知因素。

（3）搜索和选择恰当的思维材料。

（4）搜索和选择恰当的思维策略。

（5）实施并监督思维的过程。

（6）评价思维的结果，检查当前的思维结果是否与既定的目的一致；如果不一致，对前五种功能做必要的调整和修正，如此循环往复，直到实现既定的目的为止。

3. 思维监控的发展特点

初一到高一期间，中学生自我监控能力的发展速度比小学生快得多，其计划性、准备性、方法性和反馈性得到了很好的发展。青年早期个体与成人在问题解决过程中的即时监控表现差异不显著，他们的思维监控能力已接近成人水平。有关中学生自我监控能力发展特点的研究发现，随着年龄的增长，中学生自我监控水平不断提高。在计划性方面，随着年龄的增长，初步思考时间延长，停顿次数减少；在监视性方面，随着年龄的增长，悔步次数逐渐减少；在有效性方面，认知操作的总时间减少，错误数也逐渐减少；同时自我监控中的计划性和监视性也影响认知操作的速度和准确性。数学学科中自我监控能力的研究发现，在正常学校教育条件下，中学生数学学科自我监控能力随学生年龄的增长及数学知识的积累而不断发展，这种发展具有年龄阶段性特征，符合从局部监控到整体监控、从他控到自控、从不自觉经自觉到自动化等基本规律，敏感性、迁移性逐渐增强。

（五）中学生创造性思维的发展

随着年龄的增长，青少年的创造性思维水平不断向前发展，年级越高，创造性思维成绩越好，但发展速度不均匀。高二是创造性思维发展的高潮，初一和高三是创造性思维发展的低潮。随年龄的增长，高中生的创造性思维的流畅性呈下降趋势，变通性平稳发展，独特性逐渐提高。

初一学生的创造性思维水平较低，原因有很多。在生理方面，此时正是个体由儿童向青少年期过渡的年龄；中学生对行为规范具有高度的一致性趋向，思维变得较为稳健、平常；原有的认知结构已不适应初中。高中二年级学生创造性思维发展迅速，是因为在生理方面，这一阶段青少年已经发育成熟，并已经接近成年人；此外，这一阶段的青少年基本上完成了知识的学习任务，已经积累了较为完备的创造性思维所要求的有关领域的技能。

创造性想象是创造性思维的主要组成部分和表现形式，是指在创造活动中不依据现成的描述，而根据一定的目的、任务，在头脑中独立地创造新形象的过程。中学生创造性想象能力在12—17岁呈平稳增长趋势，但在14岁和18岁有所下降，也就是说，12—13岁、14—17岁是青少年创造性想象能力迅速发展的时期，17岁以后发展非常缓慢，呈现一种稳定状态。

除创造性想象外，中学生创造性思维的发展还表现在顿悟、类比迁移及假设检验等方面。中学生的创造性思维处于高度发展阶段，个体创造性思维水平的高低对其创造力的表现有重要影响。

（六）中学生创造性思维的培养

创造性思维是中学生智力发展的一个重要组成部分，因此教师如何培养学生创造性思维至关重要。教师在培养中学生创造性思维的过程中应着重在创设思维氛围、激发思维兴趣、培养直觉思维、训练发散思维以及发展逆向思维等方面。

1. 创设思维氛围

心理学研究表明，每一个健康的人都具有创新的潜能，但是把潜在的创新力转化为现实的创新力，必须要有一个激发潜能、形成创新力的环境和氛围。因此，教师必须践行"民主、平等"的教学观，改变传统的"把知识作为预先决定了的东西教给学生，对学生的奖励也往往是以学生对课本知识的顺从为条件"的课堂教学模式；同时教师还应允许每一位学生凭直觉和经验来进行分析、判断、推测，允许他们展开争议讨论，允许他们独立地发表各种设想和见解，最大限度地调动学生的积极性、主动性，保护他们创新思维的萌芽，从而促进学生创造性思维能力的培养和发展。

2. 激发思维兴趣

兴趣是动机的重要心理成分，是学生对知识主动探索的动力源泉，也是学生创新思维能力的基础与前提。教师要结合教材内容，适当设计运用一些生动的知识小故事、趣味性较浓的例题等，善于激发并利用学生的好奇心，启发学生积极思考问题，引导学生质疑问题，培养学生养成"无疑之处生疑"的良好思维品质。通过设疑，可以激发学生的思维兴趣和求知欲望及思维创新的欲望，激励学生进行广泛的、多方位的独立思考，培养学生思维的主动性和多向性。

3. 培养直觉思维

直觉思维是创造性思维的一种形式，在创新过程中往往发挥着先导作用。布鲁纳认为："直觉思维、预感的训练，是正式的学术学科和日常生活中创造性思维的很受重视而又重要的特征。"直觉思维源于观察、经验、知识的积累，并依靠想象力、洞察力等领悟事物的实质。

4. 训练发散思维

发散思维又称求异思维、辐射思维，是指思考者根据已有知识、经验的全部信息，对单一的信息从不同的角度，沿不同的方向，进行各种不同层次的思考，多触角、全方位地去寻求与探索，发展新的多样性的方法和结论的开放式思维。发散思维最主要的特点是多向性、变通性和独特性，在教学中，教师要着力引导学生敢于超越传统习惯的束缚，摆脱原有知识的羁绊和"思维定式"的禁锢，倡导学生提出大胆设想和独特见解，鼓励他们标新立异，另辟蹊径，寻求具有创新意识的简捷妙法。

5. 发展逆向思维

逆向思维亦称反向思维，是更高层次的思维形式，它有利于拓展思路，活化知识，提高解题能力，又有利于防止思维僵化，克服习惯性思维。在教学中，教师要深入挖掘教材的潜力，精心选编一些分析法的例题，为学生提供一手训练材料，让学生去分析、推理，从中探索出正确的答案或规律，并引导学生进行知识迁移，举一反三地去思考问题，突破单一的思维模式，在运用逆推法的过程中拓宽思路，使思维更加活跃，从而进一步发展学生的逆向思维。

八、中学生语言发展的特点

语言是人用于交际的最重要、最有效的工具，是人类高度结构化的声音组合，通过书写符号、手势等构成的符号系统，同时又是运用这种符号系统来交流思想的工具，随着社会的发展在人类的生产实践中逐渐产生和完善。

中学生语言发展的重要部分就是对字词概念的理解和运用。

（1）中学生对字词概念的理解逐渐能够把握本质。研究发现，初二是概念掌握的转折点。

（2）中学生对语法结构的掌握逐渐丰富。

（3）中学生语言表达能力迅速提高。

九、中学生的情绪特点

（一）中学生常见的情绪问题

1. 忧郁

表现为情绪低落、心情悲观、郁郁寡欢、闷闷不乐、思维迟缓、反应迟钝等，忧郁情绪是学生群体中一种比较普遍的消极情绪表现，长期的忧郁会使人的身心受到严重损害，使人无法有效地学习、工作和生活。

2. 恐惧

中学生常见的恐惧情绪有社交恐惧和学校恐惧。社交恐惧表现在怕与人打交道，遇生人特别是异性时面红耳赤、神经紧张，严重时拒绝与任何人接触，把自己孤立起来，对日常生活、学习造成很大的障碍；学校恐惧表现为对环境不适应、紧张、焦虑，害怕去学校，这种紧张情绪有时会导致一些诸如呼吸困难、心跳加快、出汗发抖、腹痛腹泻等症状，个别严重者会演变成情绪障碍。

3. 孤独

孤独感是青春期中一种常见的情绪感受，是自然正常的，它标志着中学生独立意识、自我意识的发展。但是，长期孤独会使人变得消沉、脆弱、萎靡不振、痛苦，进而严重影响身心健康，影响正常的学习、生活和人际关系。

4. 愤怒

学生由于思维片面、偏激，控制冲动能力较差，容易产生愤怒情绪。愤怒会使人的神经系统出现紊乱，容易诱发高血压、脑出血、神经衰弱等症状。暴怒会使人丧失理智，甚至导致违法犯罪。

这四大情绪问题，对有的中学生来说极容易出现，一旦出现，要及时地进行调控，避免身心健康受到损害。

（二）中学生情绪特点的表现

青春期是"疾风怒涛"时期，是人生的"第二次断乳期"。这个时期的青少年情绪体验跌宕起伏、剧烈波动，情感活动广泛且丰富多彩，表现出明显的心理年龄特征，具体表现为以下特点。

1. 爆发性和冲动性

青少年学生对各种事物比较敏感，自我意识发展迅速，心理行为自控能力较弱，一旦激起某种性质的情感，情绪就如火山般猛烈爆发出来，表现出强烈的激情特征，情感情绪冲破理智的意识控制,淋漓尽致地显露出他们对外界事物的爱、恨、不满、恐惧、绝望等情绪。

2. 不稳定性和两极性

青少年学生情绪强烈且波动剧烈,两极性明显,很不稳定,情绪很容易从一个极端剧烈地转向另一个极端,他们对事物看法较片面,很容易产生偏激反应。心理学家曾把处于这个时期青少年的情感情绪形象地比喻为"一个钟摆",在寻求平衡点的过程中摇晃于两极之间,这主要与这个时期青少年学生的认知发展特点有关。

3. 外露性和内隐性

外露性是指他们表现出强烈的情感情绪反应,对外界事物的喜怒哀乐喜形于色,淋漓尽致地抒发他们的内心感受。内隐性(掩饰性)表现为逐渐掩饰、压抑自己的情绪,使情绪的表露有时带有很大的掩饰性,随着年龄的增大、认知范围的扩大、个人知识经验的积累、自我意识的逐渐成熟,青少年学生情感情绪的自我认识、自我观察体验、自我监控的能力逐渐增强,他们逐渐学会控制自己的情感表现和行为反应。

4. 心境化和持久性

青少年一方面会因为成功或收获而使快乐的情绪体验延长,产生积极良好的心境;另一方面,挫折或失败会使不愉快的消极情绪延长为不良的心境,青少年的许多不良情绪(如焦虑、抑郁、自卑、烦躁、失望等)往往具有情绪心境化色彩。

(三) 中学生良好情绪的培养

1. 中学生良好情绪的标准如下

(1) 能正确反映一定的环境影响,善于准确表达自己的感受。

(2) 能对引起情绪的刺激作出适当强度的反应。

(3) 具备情绪反应的转移能力。

(4) 符合学生的年龄特点。

2. 中学生良好情绪的培养方法

调节和控制情绪一般可以从以下方面进行。

(1) 敏锐觉察情绪。敏锐地觉察情绪是指能够自我觉察、了解自己当时的主要情绪,并能予以命名,且大概知道各种感受的前因后果。只有首先觉知自己的情绪及产生的真正原因,才能适时对自己的情绪作出适当的反应,进而给情绪一个转化的出口。

(2) 平和接纳情绪状态。生命中的一切的情绪印象都有它该有的意义,以平和心态接纳发生在生命中的一切,负性情绪也有它存在的价值,如恐惧提醒我们危险的存在,愤怒是一种强大的力量,坦然接受自己的情绪,不苛求自己、不过于追求完美,以平常心来面对自己的情绪上的波动。

(3) 有效表达情绪。学会正确表达、合理宣泄情绪,在恰当的时候以恰当的方式表达自己的情绪体验,不要把情绪隐藏在心里,情绪不会因为压抑而消失,累积的情绪越多,心里的压力就越大,总有一天会爆发。

(4) 保持和创造快乐的情绪。我们可以通过陶冶性情的艺术类兴趣爱好、身体锻炼、创造愉快的生活环境等来保持和创造积极快乐的情绪。

(四) 中学生情绪调节的指导

1. 指导学生形成适宜的情绪状态

用词语、理智控制自己情绪发生的强度，比如有人用座右铭"忍"字来时刻告诫自己不要感情用事；当沮丧的时候，想一想过去愉快的情景，消极的情绪能得到一些缓解；转移注意可以改变情绪、情感发生方向；一个人长期进行脑力活动后，从事一下体力劳动，情绪就能稳定下来。

2. 丰富学生的情绪体验

教师应给学生创造一种过渡的情景，即从不紧张到稍微有些紧张，最后再到很紧张，使学生积累各种情景下的情绪体验，这样就能做到"临场不乱"。

3. 培养学生正确看待问题

由于学生分析问题的能力还不完善，对一个问题往往只从一个角度解释，所以容易遭受挫折。教师应该指导学生从多个角度看待问题，以发现问题的积极意义，从而产生健康的情绪。

4. 学生情绪调节的方法

（1）合理宣泄法。当人受到不良刺激而产生消极情绪时，应通过合理的宣泄来减轻心理负担，恢复心理平静。宣泄应采用适当方式，但必须合理、适当，否则，可能会导致消极后果。

（2）转移注意法。当人受到刺激产生不良情绪时，应尽可能离开不良刺激的环境，把注意力转移到新环境和新事物上去，避免不良情绪性的蔓延和加重。

（3）意志调节法。意志调节也称升华作用，升华是一种最积极的富有建设性的防御机制，它可以把社会所不能接受的攻击性冲动所伴有的"力比多"能量转向更高级、社会所能接受的目标或渠道，进行各种创造性的活动。

（4）幽默法。幽默法是指以幽默的方式处理困境，是没有个人的不适及不会影响别人情感的公开显露，它与诙谐、说笑话还不完全一样，幽默仍然允许一个人承担及集中注意于困窘的境遇上，而诙谐、打趣的话却引起分心或使其情感的问题迁移。

（5）补偿法。补偿法指一个真正的或幻想的躯体或心理缺陷可通过代偿而得到超乎寻常的纠正，这是一个意识或无意识的过程。例如，有些残疾人可通过惊人的努力成为世界著名的运动员。

十、中学生性心理的特点及指导

（一）中学生性心理的特点

中学时期性心理发展的特征，重点表现在青少年顺应自己性的生物学特点和性别的社会性特点。当代中学生性心理发展特征一般有如下几种情形。

1. 渴望了解和掌握性知识

调查显示，约有65%的中学生想了解或很想了解有关性知识。

2. 性情感的不稳定以及性适应能力较差

中学生对把握自己情感的发展、调节情感冲动常处于非理智状态，极易导致性情感动荡不定，性适应能力较弱。

3. 源于性心理压力的"网恋""网瘾"行为

电脑网络以一种崭新的面貌迅速地改变着青少年的生活，从积极意义上说，它把青少年带到了一个鲜活的前所未有的充满刺激的精神世界，使其身心得到了新的冶炼。青少年在性成熟阶段面对着许多性心理压力，在网络这个虚拟世界里通过聊天、打游戏得以缓解和消除，但个别人过于沉溺，便可能引起"网恋""网瘾"这两种心理疾病。

（二）对中学生正确处理异性交往的指导

1. 培养健康交往意识，交往时做到落落大方

我们要教育学生端正态度，培养健康的交往意识，淡化对对方性别的意识，交往时做到落落大方。

我们要提倡男女同学间的广泛接触，友好相处，不管是男同学还是女同学，不要先把性别作为是否可以接触的前提。学生时代的男女同学之间，应建立亲如兄弟姐妹那样的友谊关系，一个班就是一个大家庭。男女同学单独相处时，一定要光明磊落，理智处事，善于把握自己的感情。

2. 引导学生广泛交往，交往时把握好深浅度

广泛接触，有利于我们认识、了解更多的异性，对异性有一个基本的总体把握，并学会辨别异性。引导学生避免异性的个别接触，异性交往的程度也宜浅不宜深。

教师可以通过多组织集体活动，给学生提供集体交往的机会，使一些性格内向、不善交际的同学避免独自面对异性的羞涩和窘迫，也使一些喜欢交际的同学得到满足，这样，每个学生都能融入浓浓的集体气氛中。

3. 引导学生有礼有节，交往时要端庄稳重

在与异性的交往中，要引导学生有礼有节，举止要端庄稳重，言谈文雅高洁。教师要提示学生男女之间什么样的交往才是正确的、值得提倡的，教学生有礼有节地进行异性交往，特别告诉学生在与异性交往时要端庄稳重。

4. 引导学生把握好分寸，避免"早恋"

要引导学生在异性同学交往的过程中不可过于亲密，把握好交往的分寸。在交往中，即使少男少女对特定的异性对象产生好感、爱慕，也是十分纯洁的，告诉他们这是正常的，只是现在还为时尚早，还没有能力履行以后才能履行的责任。因此，对中学生异性交往过密的行为表现，我们在理解、宽容的基础上，还要多做调查研究，积极加以疏导。

作为教师，我们还要加强学生青春期的教育，消除学生对异性的神秘感，增强学生的自我控制能力，提高学生的性道德水平，使他们正确认识与异性同学的关系，把握与异性同学交往的分寸，掌握与异性同学交往的礼仪，从而让他们严肃地对待恋爱、婚姻及性等问题。

 思考练习

一、单项选择题

1. 一般情况下7—10岁儿童可以连续集中注意的时间大约是（　　）。
A. 20分钟　　　　B. 25分钟　　　　C. 30分钟　　　　D. 30—45分钟

2. 对小学生思维发展特点表述错误的是（　　）。
   A. 辩证逻辑思维初步发展
   B. 抽象逻辑思维从不自觉到自觉
   C. 抽象逻辑思维发展不平衡
   D. 以抽象逻辑思维为主向以具体形象思维为主过渡
3. 关于小学生想象发展的特点，下列说法错误的是（　　）。
   A. 想象的有意性发展迅速　　　　B. 想象中的创造成分日益增多
   C. 想象能很有效地指向某一预定的目的　D. 想象的内容逐渐接近现实
4. 儿童观察的发展可分为四个阶段，其中下面哪一项不属于小学生观察力发展的阶段？（　　）
   A. 认识"个别对象"阶段，儿童只看到各个对象或各个对象的一个方面
   B. 认识"空间联系"阶段，儿童可以看到各个对象之间可以直接感知的空间联系
   C. 认识"因果关系"阶段，儿童可以认识对象之间不能直接感知的因果联系
   D. 认识"对象总体"阶段，儿童从意义上完整地把握对象，总体理解图画主题
5. 王悦接到高考录取通知书已经10余天了，仍心情愉悦，她经常觉得平淡的事情能让她很高兴。这种情绪状态属于（　　）。
   A. 激情　　　　B. 心境　　　　C. 应激　　　　D. 热情
6. 当同学们获悉本班取得学校合唱比赛第一名时欣喜若狂，他们的情绪状态属于（　　）。
   A. 激情　　　　B. 心境　　　　C. 应激　　　　D. 热情
7. 在一项暑期夏令营活动中，天气炎热，同学们都感到口干舌燥，此时，小丽会因为自己还剩半杯水而高兴，而小月则因只有半杯水而担忧，这说明情绪具有（　　）。
   A. 主观性　　　　B. 感染性　　　　C. 客观性　　　　D. 两极性
8. 某中学一次教学考试，陈强是唯一一个的满分的学生，当老师宣布考试成绩时，陈强内心非常高兴，但他却表现出若无其事的样子。这反映了青少年情绪具有（　　）。
   A. 稳定性　　　　B. 持久性　　　　C. 掩饰性　　　　D. 短暂性

二、简答题

1. 简述小学生学习兴趣的培养。
2. 简述小学生良好习惯的养成。
3. 简述中学生情绪特点。
4. 简述詹姆士·兰格理论。
5. 简述小学生想象发展特点。

三、案例分析题

小林进入初中以后发生了很大的变化。小时候，他经常把"这是老师说的"挂在嘴边。现在，他经常跟同学们一起讨论书本以及老师的一些观点，觉得书本上和老师的很多观点不合理，经常以独立批判的态度对待老师和家长给出的建议，有时候甚至会因为一个问题或观点同老师争得面红耳赤。老师觉得小林有时候不能根据实际情况对所学原理加以恰当地运用，看待问题有点片面，对一些观点的怀疑和批判缺乏充足的论据。

问题：根据心理学原理分析小林思维变化的特点，提出促进小林思维发展的建议。

第十二章 心理健康

> **学习目标**
> 1. 了解心理健康的概念及标准。
> 2. 掌握行为改变和行为演练的基本方法。
> 3. 重点掌握中小学生常见的心理问题和矫治措施。

第一节 心理健康概述

一、心理健康的内涵

1. 心理健康的概念

健康指有机体的一种机能状态，一般指机能正常，没有缺陷和疾病。世界卫生组织指出，健康应包括生理健康、心理健康、社会适应和道德健康等。

世界卫生组织认为，心理健康是一种良好的、持续的心理状态与过程，表现为个体具有生命的活力、积极的内心体验、良好的社会适应能力，能够有效地发挥个人的身心潜力及作为社会一员的积极社会功能。

2. 如何理解心理健康

心理健康是个体心理活动在自身及环境条件许可范围内所能达到的最佳功能状态。心理健康的个体能够充分发挥自己的最大功能，妥善处理和适应人与人、人与社会环境之间的相互关系，它至少包括两层含义：一是无心理疾病；二是有一种积极发展的心理状态。

根据国内外的研究和实践，人的心理健康水平大致可划分为三个等级。

（1）一般常态心理。表现为心情经常愉快满意，适应能力强，善于与他人相处，能较好地完成同龄人发展水平应做的活动，具有承受挫折、调节情绪的能力。

（2）轻度失调心理。不具有同龄人所应有的愉快满意心境，与他人相处略感困难，独立应对生活和工作有些吃力，若主动调节或请专业人士帮助，可以恢复常态。

（3）严重病态心理。表现为明显的适应失调，长期处于焦虑、痛苦等消极情绪中难以自拔,严重影响正常的生活和工作,如不及时矫治,可能会成为精神病患者。

3. 心理健康的标准

(1) 自我意识正确。能正确评价、接纳自己。

(2) 人际关系协调。乐于交往,能和多数人建立良好的人际关系,具有处理矛盾的能力。

(3) 性别角色分化。能够获得相应的性别角色,行为方式和相应的性别角色规范一致。

(4) 社会适应良好。能够面对、接受、适应现实,能够妥善处理生活、学习和工作中的各种挑战。

(5) 情绪积极稳定。情绪乐观稳定,热爱生活,积极向上,对未来充满希望,有烦恼能自行解脱。

(6) 人格结构完整。具有较强的能力、完善的性格、良好的气质、正确的动机、广泛的兴趣和坚定的信念等。

4. 正确理解心理健康的标准

(1) 心理不健康与有不健康的心理和行为不能等同。心理不健康是指一种持续不良的状态,偶尔出现一些不健康的心理和行为并不等于心理不健康,更不等于已患心理疾病。因此,不能仅从一时一事而简单地给自己或他人下心理不健康的结论。

(2) 心理健康与不健康不是泾渭分明的对立面,而是一种连续状态。从良好的心理健康状态到严重的心理,正常心理、变态心理与常态心理之间没有绝对的界限,只是程度的差异。

(3) 心理健康的状态不是固定不变而是动态变化的过程。随着人的成长、经验的积累、环境的改变,心理健康状况也会有所改变。

(4) 心理健康标准是一种理想的尺度,它不仅为我们提供了衡量是否健康的标准,而且为我们指明了提高心理健康水平的努力方向。

二、心理评估

(一) 心理评估的概念

心理评估,是指用心理学方法和技术搜集的资料,对学生的心理特征与行为表现进行评鉴,以确定其性质和水平,并进行分类诊断的过程。心理评估是有针对性地进行心理健康教育的依据,是检验心理健康教育效果的手段,也是增强学生自我认识的途径。心理评估既可以采用标准化的方法,如各种心理测验;也可以采用非标准化的方法,如评估性会谈、观察法、自述法等。

(二) 心理评估的两种参考架构

现有评估手段是在两种参考架构的基础上制定的,即疾病模式与健康模式。疾病模式的心理评估旨在对当事人心理疾病的有无以及心理疾病的类别进行诊断,健康模式的心理评估旨在了解个体健康状态下的心智能力及自我实现的倾向,关注的是人的潜能和价值实现的程度、心理素质改善的程度,这在学校心理健康教育中应受到高度重视。

(三) 主要的心理评估方法

1. 心理测验

心理测验是一种特殊的测量,是测量一个行为样本的系统的程序。测验通过测量人的行为,去推测受测者个体的智力、人格、态度等方面的特征与水平,按照所要测量的特征,大体上可把心理测验分成认知测验、人格测验和神经心理测验。

2. 评估性会谈

评估性会谈是心理咨询与辅导的基本方法。教师通过评估性会谈既可以了解学生的心理与行为，也可以对学生的认知、情绪、态度施加影响。这种会谈法的优点是：在会谈中可以当面澄清问题，以提高所获得资料的准确性；通过观察会谈过程中双方的关系及学生的非言语行为，可以获得许多重要的附加信息。

此外，观察法、自述法等也是心理评估常用的方法，其中自述法是指通过学生书面形式的自我描述，了解学生的生活经历及内心世界的一种方法。

三、心理健康教育

(一) 心理健康教育的意义

1. 心理健康教育是预防精神疾病，保障学生心理健康的需要

有关调查表明，我国学生的心理健康状况令人担忧，而学校是学生心理健康教育的主要场所。

2. 心理健康教育是提高学生心理素质，促进其人格健全发展的需要

心理健康教育的意义不单针对各种心理疾病的防治，更主要的是促进全体学生的心理健康地发展，从更积极的意义上来说，心理健康教育是要提高学生的心理素质，促进其人格健全地发展。心理健康教育是学校日常教育教学工作的配合与补充。

(二) 心理健康教育的目标、任务和途径

1. 心理健康教育的目标

（1）心理健康教育的总目标。

提高全体学生的心理素质，充分开发他们的潜能，培养学生乐观、向上的心理品质，促进学生人格的健全发展。

（2）心理健康教育的具体目标。

①使学生不断正确地认识自我，增强调控自我、承受挫折、适应环境的能力。

②培养学生健全的人格和良好的个性品质。

③提高学生的心理健康水平，增强自我教育能力。

④对少数有心理困扰或心理障碍的学生，给予科学有效的心理咨询和辅导，使他们尽快摆脱障碍。

2. 心理健康教育的任务

（1）全面推进素质教育，增强学校德育工作的针对性、实效性和主动性。

（2）帮助学生树立在出现心理行为问题时的求助意识，促进学生形成健康的心理素质，维护学生的心理健康，减少和避免对心理健康的各种不利影响。

（3）培养身心健康，具有创新精神和实践能力，有理想、有道德、有文化、有纪律的一代新人。

3. 心理健康教育的途径

（1）心理健康教育活动课；

（2）学科渗透；

（3）班主任工作；

（4）学校心理咨询与心理辅导；

（5）家庭教育；

（6）环境教育；

（7）社会磨砺；

（8）其他途径，比如通过团队协作促使学生心理健康发展、利用班级黑板报、校报、广播等宣传心理健康知识。

（三）学校心理健康教育的途径

心理健康教育不能像知识教育那样主要通过教师的传授来完成，而需要渗透到学生日常生活的各个方面，通过多种方式进行。随着中小学生心理问题的日益严重，心理健康教育越发显得迫切而重要，学校心理辅导也日益成为学校实施心理健康教育的主要渠道。在学校开展心理健康教育有以下几种途径。

1. 开设心理健康教育的有关课程和心理辅导的活动课

心理健康教育与辅导有丰富的内容和独立的体系，需要专门设置一个科目，使它像其他课程一样有一定的时间来完成艰巨的任务。从目前国内各级各类学校开展心理辅导的情况来看，专门开设的心理健康课程一般有两种形式：（1）开设以讲授为主的有关课程，（2）开设心理辅导活动课。

2. 在学科教学中渗透心理健康教育的内容

学科教学是学校教育最主要、最基本的活动形式。学生获得知识、发展能力、形成品德、掌握方法主要是在学科教学过程中实现的。同样，在学科教学中渗透心理健康教育，在时间和空间上具有优势，可以使心理健康教育在学校里得以全方位地开展。

3. 结合班级活动、团队活动开展心理健康教育

结合班会活动、课外活动、团体活动来开展心理健康教育，心理辅导同学校、班级活动的宗旨是并行不悖的，从某种意义上说，学校心理健康教育与辅导还拓宽和加深了学校、班级的活动领域，提高了活动的科学性和有效性。但要注意的是，心理辅导仍须有自身的目标和内容，不要让心理辅导被班级、团队的日常活动所代替而丧失自己的特色。

4. 个别心理辅导或咨询

个别辅导是辅导教师通过与学生一对一的沟通互动来实现的专业助人活动，是对个别存在心理问题或心理障碍的学生提供针对性的辅导或矫治，以缓解学生的心理困惑或压力，并促使学生学会自我调节，从而使个人的心理得到健康发展。

5. 小组辅导

小组辅导也称团体辅导，指一组学生在辅导教师的指导下，围绕他们面临的共同问题，通过讨论、训练等一定的活动形式，使团体成员之间相互启发、诱导，达成共识与共同目标，进而改变团体成员的观念和行为。

第二节 心理辅导

一、心理辅导及其目标

（一）心理辅导的内涵

1. 心理辅导的概念

心理辅导是指学校教育者根据学生心理发展的特征与规律，在一种新型的、建设性的人际关系中，运用心理学等专业知识技能，设计与组织各种教育性活动，以帮助学生形成良好的心理素质，充分发挥个人潜能，进一步提高心理健康水平的过程。

2. 理解心理辅导的概念

理解心理辅导的概念，要特别注意以下几点。

（1）学校心理辅导强调面向全体学生。

（2）辅导以正常学生为主要对象，以发展辅导为主要内容。

（3）心理辅导是一种专业活动，是专业知识和技能的运用。

3. 心理辅导的原则

要做好心理辅导工作，必须遵循以下几条原则。

（1）面向全体学生。

（2）预防与发展相结合。

（3）尊重与理解学生。

（4）发挥学生主体性。

（5）尊重每个学生的个性，因材施教。

（6）促进学生整体发展。

4. 心理辅导的目标

学校心理辅导的一般目标与学校教育目标是一致的，但心理辅导毕竟只是学校教育的一个方面，其目标应为两个方面：学会调适和寻求发展。

学会调适是基本目标，以此为主要目标的心理辅导可称为调适性辅导；寻求发展是高级目标，以此为主要目标的辅导可称为发展性辅导，简言之，这两个目标分别是引导学生达到基础层次的心理健康和高层次的心理健康。

二、影响学生行为改变的方法

（一）行为改变的基本方法

1. 强化法

强化法用来培养新的适应行为。根据学习原理，一个行为发生后，如果紧跟着一个强化刺激，这个行为就会再一次发生，例如，一个学生不敢同老师说话，学习上遇到了疑难问题也没有勇气向老师求教，当他一旦敢于主动向老师请教，老师就给予表扬，并耐心解答问题时，这个学生就能学会主动向老师请教。

2. 代币奖励法

代币是一种象征性的强化物，筹码、小红星、盖章的卡片、特制的塑料币等都可作为代币。当学生作出教师所期待的良好行为后，就发给他们数量相当的代币作为强化物，学生用代币可以兑换有实际价值的奖励物或活动。代币奖励的优点是可使奖励的数量与学生良好行为的数量、质量相适应，不会像原始强化物那样产生"饱和"现象而使强化失效。

3. 行为塑造法

行为塑造法是指通过不断强化逐渐接近目标的反应，来形成某种较复杂的行为。有时我们所期望的行为在某学生身上很少出现或很少完整地出现，此时，我们可以依次强化那些渐趋目标的行为，直到合意行为的出现。

4. 榜样示范法

观察、模仿教师呈现的范例（榜样），是学生学习社会行为的重要方式。由于范例的不同，示范法有以下几种情况。

（1）辅导教师的示范。
（2）他人提供的示范。
（3）电视、录像、有关读物提供的示范。
（4）角色的示范。

5. 处罚法

处罚的作用是消除不良行为，处罚有两种：

（1）在不良行为出现后，呈现一个厌恶刺激（如否定评价、给予处分）。

（2）在不良行为出现后，撤销一个愉快刺激。例如，有一种可以用来纠正儿童不良行为的方法叫暂时隔离法，当儿童不良行为发生后，教师可将他立即置于一个单调、乏味的地方，直到定时器响了以后才能离开，暂时隔离意味着奖励、强化、关注、有趣活动的终止，因而从性质上说，属于一种处罚。实施暂时隔离法有以下几个要点。

①此法适用于纠正2—12岁儿童的冲动性、攻击性、情绪性及充满敌意的不良行为。
②选择一个无聊的、刺激单调而又安全的地方作为隔离地点。
③使用定时器，隔离时间遵循"一岁一分钟"原则。
④暂时隔离期间不与儿童交谈和争吵。
⑤定时器响后，立即结束隔离，并询问儿童被隔离的原因，但不要求儿童道歉与作出保证。

6. 自我控制法

自我控制法是让当事人自己运用学习原理，进行自我分析、自我监督、自我强化、自我惩罚，以改善自身行为。从理论指导来说，它是一种经过人本主义心理学改善过的行为改变技术，其优点是强调当事人（学生）的个人责任感，增加改善行为的练习时间。

（二）行为演练的基本方法

1. 全身松弛法

全身松弛法，或称全身松弛训练，是通过改变肌肉紧张程度引起的酸痛，以应对情绪上的紧张、不安、焦虑和气愤。

2. 系统脱敏法

系统脱敏是指当某些人对某事物、某环境产生敏感反应（害怕、焦虑、不安）时，我们可以在当事人身上发展起一种不相容的反应，使其对本来可引起敏感的事物，不再发生敏感反应。例如，一个学生过分害怕猫，我们可以让他先看猫的照片，谈论猫；再让他远远观看关在笼子中的猫，然后让他靠近笼中的猫；最后让他摸猫、抱起猫，消除对猫的惧怕反应，这就是"脱敏"。系统脱敏法由沃尔帕首创，它包括以下几个步骤。

（1）进行全身放松训练。

（2）建立焦虑刺激等级表。焦虑等级评定以受辅导学生的主观感受为标准，排在最前面的是仅能引起最弱焦虑程度的刺激。

（3）焦虑刺激与松弛活动相配合。让受辅导学生轻松地坐在椅子上，闭上双眼做肌肉放松运动。等到完全放松后，要求学生想象焦虑刺激等级表上第一个刺激情境，然后转入想象第二个刺激情境；如果学生感到紧张，就留意肌肉紧张，同时做肌肉放松运动；然后再想象同一刺激情境，直到不再感到焦虑为止；进行30—40秒的肌肉放松运动后，转入想象等级表上第三个刺激情境。如此训练，直到通过等级表上的全部刺激情境，如果经过"放松-想象"过程训练有了一定成果，以后就可以在现实情境中加以验证。

3. 肯定性训练

肯定性训练也称自信训练、果敢训练，其目的是促进个人在人际关系中公开表达自己真实的情感和观点，维护自己的权益也尊重别人的权益，发展人的自我肯定行为，自我肯定行为主要表现在三个方面。

（1）请求他人为自己做某事，以满足自己合理的需要。

（2）拒绝他人的无理要求而不伤害对方。

（3）真实地表达自己的意见和情感。

实际生活中，许多学生表现出的是不肯定行为。例如，谈话时眼睛不敢看着对方；说话句子短；不敢说出合理要求，不敢拒绝别人的无理要求；不敢表达自己的不满情绪；与同学发生矛盾时，不敢正面解决问题，而是哭着找老师等。

肯定性训练是通过角色扮演以增强自信心，然后再将学到的应对方式应用到实际生活情境中。通过训练，当事人不仅降低了焦虑程度，而且提高了应对实际生活的能力。

（三）改善学生认知的方法

1. 认知疗法

认知疗法于20世纪六七十年代在美国产生，是根据人的认知过程及影响其情绪和行为的理论假设，通过认知和行为技术来改变求治者的不良认知，从而矫正不良行为的心理治疗方法。

认知疗法是新近发展起来的一种心理治疗方法，它把着眼点放在患者非功能性的认知问题上，意图通过改变患者对己、对人或对事的看法与态度来改变并改善所呈现的心理问题。

认知疗法一般分为四个过程。

（1）建立求助的动机。在此过程中，要认识适应不良的认知-情感-行为类型；患者和治疗医师对存在问题的认识要达成统一，对不良表现给予解释并且估计矫正所能达到的预期结果，比如，可让患者自我监测思维、情感和行为，治疗医师给予指导、说明和认知示范等。

（2）适应不良性认知的矫正。在此过程中，要使患者发展新的认知和行为来替代适应不良的认知和行为，应用新的认知和行为。

（3）在处理日常生活问题的过程中培养观念的竞争，用新的认知对抗原有的认知。在此过程中，要让患者练习将新的认知模式用到社会情境之中，取代原有的认知模式，例如，可使患者先用想象方式来练习处理问题，或模拟一定的情境或在一定条件下，让患者以实际经历进行训练。

（4）改变有关自我的认知。在此过程中，作为新认知和训练的结果，要求患者重新评价自我效能以及自我在处理认识和情境中的作用，例如，在练习过程中，让患者自我监察行为和认知。

2. 来访者中心疗法

来访者中心疗法又称患者中心疗法，是著名的人本主义心理学家罗杰斯于1938—1950年创立的一种独特的理论方法体系。多年来，这种方法对心理卫生的理论和实践，教育心理学和管理心理学的理论和实践，都产生了越来越广泛的影响。

每个人都具有生存、成长和促进自身发展的本能的自我实现倾向。罗杰斯认为，治疗者集中关注来访者此时此地的内部心理表现，对来访者始终坚持坦诚和谐、无条件积极关注和感情移入性理解的基本治疗态度，就能开发这种自我实现倾向，使之成为治疗资源，这是构成治疗有效性的必要和充分条件。因此，不必采用其他治疗技术，更不应采取直接指导的态度对待求助者。

3. 理性-情绪疗法

理性-情绪疗法（Rational-emotive Therapy，RET），又称合理情绪疗法，20世纪50年代由艾利斯在美国创立，它是认知疗法的一种模式。从整体上看，理性-情绪疗法具有以下几个特点。

（1）人本主义倾向。

理性-情绪疗法信赖、重视个人自己的意志、理性选择的作用，强调人能够"自己救自己"，而不必仰赖魔法、上帝或超人的力量。

（2）教育的倾向。

理性-情绪疗法有很浓厚的教育色彩，可以说它是一种教育的治疗模式，强调理性、认知的作用。在治疗途径上广泛采纳情绪和行动方面的方法，但它更突出理性、认知的作用，是所有认知疗法的一个最本质的特点。在理性-情绪疗法的治疗中，总是把认知矫治摆在最突出的位置，给予最优先的考虑。

艾利斯认为，人的情绪由他的思想决定，合理的观念导致健康的情绪，不合理的观念导致负向的、不稳定的情绪。人有许多非理性的观念，如我"必须"成功，并得到他人赞同；别人"必须"对我关怀和体贴；事情"应该"做得尽善尽美；课堂上回答问题出错是很糟糕的事等。人们持有的不合理信念总结起来有三个特征：绝对化的要求、过分概括化和糟糕至极。通过改变不合理信念调整自己的认知，是维护心理健康的重要途径。艾利斯提出了一个解释人的行为的 ABC 理论：

A. 个体遇到的主要事实、行为、事件。

B. 个体对 A 的信念、观点。

C. 事件造成的情绪结果。

我们的情绪反应 C 是由 B（我们的信念）直接决定的，可是许多人只注意 A 与 C 的关系，而忽略了 C 是由 B 造成的。B 如果是一个非理性的观念，就会造成负向情绪。若要改善情绪状态，必须进行劝导干预（D），建立新观念并获得正向的情绪效果（E），这就是艾利斯理性情绪治疗的 ABCDE 步骤。

三、中小学生常见的心理问题

（一）儿童多动综合征

1. 儿童多动综合征的概念

儿童多动综合征是小学生中最为常见的一种以注意力缺陷和活动过度为主要特征的行为障碍综合征。高峰发病年龄为 8—10 岁。

2. 儿童多动综合征的特征

（1）活动过多。这种儿童的多动与一般儿童的好动不同，他们的活动是杂乱无章的、缺乏组织性和目的性。

（2）注意力不集中。注意力集中困难是该类儿童突出的、持久的临床特征。

（3）冲动行为。儿童的行动多先于思维，即他们经常未考虑就行动。

3. 儿童多动综合征的产生原因

（1）先天体质上的原因。例如产前、产中和产后缺血、缺氧引起的轻微脑损伤和遗传因素的作用。

（2）社会因素。不安的环境可能引起他们的精神高度紧张，如父母的经常性批评等。

4. 儿童多动综合征的治疗方法

（1）药物疗法。可以在医生指导下采用药物治疗。

（2）行为疗法。采用各种行为疗法的重点在于培养和发展其自制力、注意力，可用强化奖励法、代币法等。

（3）自我指导训练的方法。即发展儿童的自我对话，加强内部言语对自身行为的引导和控制作用。

（二）学习困难综合征

1. 什么是学习困难综合征

学习困难又称学习障碍，即学习技能缺乏，在知识的获取、巩固和应用的过程中缺乏策略和技巧，也就是我们常说的没有掌握学习方法。这类人在学习上非常努力和勤奋，投入了大量的时间和精力，可是学习成绩不理想，由于学生在主观上搞好学习的良好愿望与客观上获得的学习效果之间存在着极大的反差，对他们心理的打击特别大，如果得不到正确的引导，很容易引发一系列的心理问题。

学习困难综合征是指某些智力正常或接近正常的儿童,因神经系统的某种或某些功能性失调,表现在阅读、计算或绘画等方面发展较慢,以至陷入学习困难境地。学习困难综合征在小学生中比较多见。

2. 儿童多动综合征与学习困难综合征的区别

在诊断学习困难综合征时,应当注意它与儿童多动综合征的区别。患有儿童多动综合征的学生可能有学习困难的表现,但儿童多动综合征学生的学习困难主要是由于好动、冲动、注意力缺陷和行为障碍造成的。而患有学习困难综合征的学生,则没有上述多动综合征的表现,他们在个体发展上是健康的,不存在多动综合征儿童所表现的情绪和行为问题。

3. 学习困难综合征的具体表现

(1) 学习困难综合征学生。在知识水平方面的主要表现是:①知识背景贫乏。②概念水平差。③基本知识技能的熟练程度差。④知识结构水平差。

(2) 在认知方面的主要表现是:①注意力差。②感知觉能力差、观察力差、感觉受损、感知觉统合困难。③记忆不良,逻辑记忆发展较差,偏向于动作记忆。学习困难学生在记忆广度、记忆速度、记忆精准度、短时记忆、长时记忆等方面都低于学优生,短时记忆差是一大特点。④阅读困难,朗读、默读困难,阅读理解水平低,阅读速度慢。⑤言语落后。⑥思维水平低,推理、概括、想象能力差,思维品质不良,思维缺乏监控。⑦学习策略与学习方式差。

4. 学习困难综合征的应对策略

(1) 多赞扬鼓励学生,培养学生的自信心。

(2) 进行学习法的指导,教会他们怎样找到自己所需要的信息,提高学生主动学习的热情。

(3) 注重培养学生的学习动机、学习兴趣、学习的情感、意志和态度。

(三) 焦虑症和考试焦虑

1. 什么是焦虑症

焦虑症是以与客观威胁不相适应的焦虑反应为特征的神经症。正常人在面临各种压力情境,特别是在个人自尊心受到威胁时,也会出现焦虑反应,但他们的焦虑与客观情境的威胁程度是相适应的。

2. 焦虑症的具体表现

(1) 情绪方面:紧张不安,忧心忡忡。

(2) 注意和行为方面:注意力集中困难,极端敏感,对轻微刺激作出反应。

(3) 躯体症状方面:心跳加快,过度出汗等。

学生中常见的焦虑反应是考试焦虑。考试焦虑是一种复杂的情绪现象,是在一定的应试情境下,受个体认知评价能力、人格倾向与其他身心因素影响,以担忧为基本特征,以防御和逃避为方式行为,通过一定程度的情绪反应所表现出来的心理状态。其表现是:随着考试临近,心情极度紧张;考试时注意力不集中,知觉范围变窄,思维刻板,表现慌乱,无法发挥正常水平。

3. 焦虑症的产生原因

(1) 学校的统考和应试教育体制使学生缺乏内在自尊。

(2) 家长对子女期望过高。

(3) 学生的个性过于争强好胜，缺乏对失败的耐受力，知识准备不足，缺乏相应的应试技能等。

4. 焦虑症的治疗方法

(1) 采用肌肉放松、系统脱敏等方法。

(2) 采用认知矫治程序，指导学生在考试中使用正向的自我对话，如"我能应付这个考试"。

(3) 锻炼学生的性格，提高挫折应对能力。

(4) 往最好处做，不要计较最后结果。

(5) 考前要注意调节情绪。

（四）儿童厌学症

1. 什么是儿童厌学症

厌学症又称学习抑郁症，是由于人为因素造成的儿童厌恶学习的一系列症状。

2. 儿童厌学症的主要表现

儿童厌学症的主要表现是对学习不感兴趣，讨厌学习。厌学的儿童对学习有一种说不出的苦闷感，一提到学习就心烦意乱、焦躁不安。他们对教师有抵触情绪，学习成绩不好，有的还兼有品德问题。儿童厌学情绪严重受到一定的诱因影响时，往往会发生旷课、逃学或辍学现象。

3. 儿童厌学症的产生原因

(1) 学校教育的失误，如填鸭式教育。

(2) 家庭教育的不当。

(3) 社会不良风气的影响，如一切向"钱"看、读书无用论等。

4. 儿童厌学症的治疗方法

(1) 教师通过灵活多样的课堂教学活动和丰富多彩的第二课堂活动来调动学生的学习积极性。

(2) 家长需要改变自己的教养态度，采用民主式教养方式，建立和谐的家庭气氛。

(3) 纠正一些不良的社会风气，尽量避免不良风气对儿童的影响。

(4) 学生要调整好心态，要有自信心，以坚毅的性格、乐观的态度为人处世，坚信付出必有收获。

(5) 要彻底遏制厌学的根源，还必须从根本上改造目前的应试教育体制，必须将素质教育落到实处，要让教育成为大众的、快乐的科学教育。

（五）学校恐惧症

1. 什么是学校恐惧症

恐惧症是对特定的无实际危害的事物与场景的非理性的惧怕，可分为单纯恐惧、广场恐惧和社交恐惧。学校恐惧症是指学生一进入学校就不由自主地产生一种严重的焦虑和恐惧感，在小学生中较为常见。

2. 学校恐惧症的主要表现

学校恐惧症主要表现为儿童害怕上学,严重者还会害怕与学校有关的东西,如怕老师、害怕去教室等,也有些儿童会产生上学前身体不舒服等保护性行为。学校恐惧症会导致儿童不能正常学习,成绩落后。

3. 学校恐惧症的产生原因

学校恐惧症产生的原因有以下三个。

(1) 直接经验刺激。

(2) 心理社会因素。

(3) 对某些事物或情境的危险作出了不切实的评估。

学校恐惧症产生的原因与儿童过分恋家、还没有适应学校生活、害怕学业失败、教师严厉的管教和处理问题不当以及家长过高的期望有关。

4. 学校恐惧症的治疗方法

(1) 系统脱敏法是治疗恐惧症最常用的方法。

(2) 改善人际关系,营造宽松、自由的氛围,适当减轻当事人的压力。

(六) 强迫症

1. 什么是强迫症

儿童正常的强迫行为包括反复玩弄手指、摇头、走路时喜欢反复数栏杆等,不应把儿童在特定发育年龄出现的这种现象视为异常行为,只有在这类呆板、机械地重复行为造成严重的适应不良时,才考虑是否属于强迫症。研究发现,7—8 岁是继两岁之后正常儿童出现强迫现象的又一高峰年龄。

2. 强迫症的具体表现

(1) 强迫性计数。

(2) 强迫性洗手。

(3) 强迫性自我检查。

(4) 刻板的仪式性动作或其他强迫行为。

3. 强迫症的产生原因

(1) 社会心理原因:包括学习过度紧张、家庭要求过于严格、学习困难、人际关系不良。

(2) 个人原因:胆小怕事、优柔寡断、偏执刻板。

4. 强迫症的治疗方法

(1) 药物治疗。

(2) 行为治疗,如暴露与阻止反应,主要用于控制当事人的刻板行为。

(3) 建立支持性环境。

(4) 森田疗法,强调放弃对强迫行为做无用控制的意图,而采取"忍受痛苦,顺其自然"的态度。

(七) 抑郁症

1. 抑郁症的概念

抑郁症是以持久的心境低落为特征的神经症,个体有过度的抑郁反应,通常伴随有严重的焦虑感。

2. 抑郁症的具体表现

(1) 情绪消极、悲观、颓废、淡漠、失去满足感和对生活的乐趣。
(2) 消极的认知倾向、低自尊、无能感，对未来没有期望。
(3) 动机缺乏、被动、缺乏热情。
(4) 肢体疲劳、失眠、食欲不振。

3. 抑郁症的产生原因

(1) 行为主义者认为抑郁症是由于多次不愉快的经历、生活中缺乏强化鼓励造成的。
(2) 精神分析学者认为抑郁来源于各种丧失和失落（失去爱、失去地位）。
(3) 认知学派认为抑郁源于个人自我贬低式的思维方式或不适当的归因方式。

4. 抑郁症的治疗方法

(1) 要给当事人情感支持与鼓励。
(2) 采用合理情绪疗法，调整当事人消极的认知状态。
(3) 积极行动起来，从活动中体验成功与愉快。
(4) 服用抗抑郁药物。

(八) 人际交往问题

1. 人际交往问题的概念

学生在人际交往方面主要存在一些心理问题：恐惧心理、自卑心理、孤僻心理、嫉妒心理、逆反心理、逃避心理以及放任心理等。

2. 人际交往问题的产生原因

(1) 受错误思想观念的影响，对人际关系缺乏正确的认识。
(2) 以往生活中遭到挫折，造成心理伤害。
(3) 个性上的缺陷，严重的表现为人格障碍。
(4) 缺乏人际交往的经验，尤其是成功愉悦的经验。

3. 人际交往问题的调适方法

(1) 克服怕羞的毛病。
(2) 学会清除误会。
(3) 正确对待被人嫉妒和嫉妒别人。
(4) 消除厌世心理。

(九) 自我意识偏差

中学生常见的自我意识偏差主要表现在过于追求完美、过度自我接受、过度自我拒绝等。

过度自我接受的人往往高估自己，对自己的肯定评价过高，盲目乐观，自以为是，他们容易在人际交往中受挫而产生消极情绪。过度自我拒绝的人往往自我否定，认识不到或贬低自己的价值，夸大自己的不足，感到自己处处不如别人，丧失信心。

(十) 网络成瘾

1. 网络成瘾的概念

网络成瘾又称网络成瘾综合征，临床上指由于患者对互联网过度依赖而产生的一种心理异常症状以及伴随的一种生理性不适。

2. 网络成瘾的产生原因

网络成瘾的原因很复杂，是成瘾个体、网络环境和外部环境多方面相互作用的结果。网络成瘾既取决于青少年自身成瘾的易感性特征，又取决于网络提供的内容及网络对现实社会生活环境的影响，前者是成瘾的内部原因，后者是成瘾的外部原因。

3. 网络成瘾的矫治方法

（1）当事人本身可采用行为疗法，通过控制上网时间和次数，形成良好的上网习惯。

（2）教师对网络成瘾的学生可以采用认知疗法，针对网络成瘾问题本身及背后的问题，如学业不良、自卑心理、人际交往障碍等，与当事人进行谈话沟通，探讨如何正确使用互联网，以及网络成瘾的危害。

（3）由于家庭功能失调造成的网络成瘾，还可以通过调整家庭成员间的关系，营造良好的家庭氛围，为矫治网络成瘾提供条件。

四、学生心理健康的维护

1. 学生个体进行积极的自我调适

自我调适的方法主要有放松训练、认知压力管理、时间管理、社交训练、态度改变、归因训练、加强身体锻炼等。

（1）观念改变。学生要学会正确看待学习，培养乐观的人生态度，树立信心，正确认识自己，勇于接纳自己。

（2）采取积极的应对策略和归因方式，努力使自己成为更加内控的人，把原因归结为个体可以控制的因素；积极认知，理智、客观地看待压力对自身的影响，形成面对压力的良好心态。

（3）合理的饮食和锻炼，保持身体健康。

2. 学校通过多种方式进行心理健康教育，维护学生心理健康

（1）学校积极开设专门的心理健康教育课和心理卫生教育课，教授学生心理健康的知识和调适心理的方法。

（2）学校组织专门的心理老师对学生进行个别心理辅导。

（3）课堂教学中注意穿插心理健康教育知识，培养学生积极的心理品质。

（4）改变传统应试教育的教学方式和教育理念，提高教师的素质，培养学生对学习的兴趣，杜绝教师伤害事件的发生。

3. 与家长合作构建社会支持网络

学校及社会的共同作用，主要表现在以下三个方面。

（1）学校积极与家长配合，通过班会形式，共同关注学生的心理健康问题，并且针对问题进行积极交流。

（2）学校专门的心理健康教育机构应为家长提供支持，对家庭教育中存在的问题及其解决提出建议。

(3) 国家采取切实措施，重视优化学校周围环境，打击不良媒体对学生心理健康的侵蚀，创造有利于学生心理健康发展的社会环境。

思考练习

单项选择题

1. （　　）是依据心理学方法和技术搜索得来的资料，对学生的心理特征与行为表现进行评鉴，以确定其性质和水平并进行分类诊断的过程。
   A. 心理评估　　B. 心理测验　　C. 心理诊断　　D. 心理干预
2. "防治心理疾病，增进心理健康"是心理健康教育的（　　）。
   A. 总目标　　B. 高级目标　　C. 中间目标　　D. 基础目标
3. 学校对学生进行心理辅导的基本目标是（　　）。
   A. 矫治行为　　B. 学会调适　　C. 开发潜能　　D. 寻求发展
4. 老师经常用发小红花、小卡片等方式鼓励学生的良好行为，这种改变学生行为的方法是（　　）。
   A. 示范法　　B. 系统脱敏法　　C. 代币奖励法　　D. 认知调适法
5. 在学校处理辅导的实践中，运用改变学生认知的技术来解决学生的心理问题的心理辅导方法是（　　）。
   A. 行为塑造法　　B. 团体处理辅导　　C. 系统脱敏法　　D. 理性情绪方法
6. 不属于学习障碍的是（　　）。
   A. 智力低下　　B. 阅读障碍　　C. 注意力缺陷　　D. 活动过度
7. 关于考试焦虑的处理，下列错误的说法是（　　）。
   A. 必要时，考试焦虑可以用心理治疗配合抗焦虑的药物来处理
   B. 学业压力和考试焦虑会形成恶性循环，令考试焦虑越来越严重
   C. 考试焦虑的形成原因主要是学生内部压力，所以只要处理好学生的心态和观念就可以了
   D. 系统脱敏法是治疗考试焦虑的方法之一
8. 恐惧症是对特定的无实在危害事物与场景的（　　）。
   A. 理性的惧怕　　　　　　B. 原因不明的惧怕
   C. 非理性的惧怕　　　　　D. 持久性的惧怕
9. 某学生性格过分内向，害怕在社交场合说话，觉得自己说话不自然，对话时不敢抬头，不敢正视对方的眼睛，这属于（　　）。
   A. 焦虑症　　B. 抑郁症　　C. 强迫症　　D. 恐惧症
10. 某同学是数学课代表，学习优秀，在一次课堂回答中，半天没有回答上来，旁边的同学就说："怎么这么笨。"从那以后某同学每次看到别人窃窃私语就以为大家在说她。这种现象说明某同学的心理属于（　　）。
    A. 焦虑　　B. 理想　　C. 强迫　　D. 抑郁

第十三章 教师职业心理

> 学习目标
> 1. 了解教师角色心理。
> 2. 掌握教师成长的阶段和成长的途径。

第一节　教师的职业角色心理和成长心理

一、教师的职业角色心理

（一）教师的角色心理

1. 教师角色的概念

教师角色是由教师的社会地位决定的，并为社会所期望的行为模式，即教师角色代表教师个体在社会团体中的地位和身份，同时包含着许多社会期望教师个体应表现的行为模式，包括社会对教师个人行为模式的期望和教师对自己应有行为的认识两方面。

2. 现代教师角色观

社会对每一种角色所规定的行为规范和要求，称为角色期待。现代教师角色观主要表现在以下几个方面。

（1）学习的引导者和促进者。

（2）行为规范的示范者。

（3）班集体的管理者。

（4）心理健康的管理者。

（5）学生成长的合作者。

（6）教学的研究者。

3. 教师职业角色的形成阶段

教师职业角色的形成是一个连续的过程，通过教学实践，从新手型教师逐渐成长为一个胜任教学工作的熟手型教师，其职业角色的形成主要经历以下三个阶段。

（1）教师角色的认知阶段。

（2）教师角色的认同阶段。

（3）教师角色的信念阶段。

（二）教师威信

1. 教师威信概述

（1）教师威信的概念及其作用。

教师威信是由教师的资历、声望、才能和品德等因素决定的，包括教师个人或群体在学生或社会中的影响力。教师威信实质上反映了一种良好的师生关系，是教师成功地扮演教育者角色、顺利完成教育使命的重要条件。社会对教师的角色期待，具体表现在以下三个方面。

①有利于教师作为学习的引导者和促进者角色的实现。

②有利于教师作为班集体管理者角色的实现。

③有利于教师作为行为规范的示范者角色的实现。

（2）教师威信的分类。

教师的威信有两种：一种是权力威信，另一种是信服威信。权力威信是教师根据教育法律法规、学校规章制度、教育传统以及社会心理优势建立起来的威信。信服威信是由教师良好的思想品德、教学能力、教学态度与民主作风而使学生自愿接受、内心佩服而树立起来的威信。教师应该树立信服威信，而不应该追求权力威信。

（3）教师威信的结构。

教师威信主要包括人格威信、学时威信和情感威信三个方面。

2. 影响教师威信形成的因素

（1）教师威信形成的客观条件。

①教师在全社会的政治和经济地位、全民族的道德文化素养和尊师重教的良好社会风气是教师威信形成的重要条件。

②教育行政机关和学校领导对教师工作的信任、关心和支持是提高教师威信的重要条件。

③家长对教师的态度也是影响教师威信的重要因素。

（2）教师威信形成的主观条件。

①教师的专业素质——教师高尚的思想道德品质、渊博的知识和高超的教育教学艺术是教师获取威信的重要基础。

教学业绩与教师威信之间成正比关系，即要想建立威信，教师一定要把课讲好。

②教师的人格魅力——教师的仪表、作风和习惯，是教师获得威信的必要条件。

教师的仪表指教师的仪容、教态、表情举止，它是教师精神面貌的体现。教师的仪表对学生的心理有一定影响，特别对幼儿、中小学生影响较大。利用"微格教学"，通过录像、录音等，让教师看到自己上课时的语言、教态、仪容、表情等，可有效地纠正教师的某些缺点和不良习惯。

③师生关系——师生平等交往是教师获得威信的重要条件。

师生关系良好时,教师所施加的影响即便是错误的,学生也乐意接受,尽管这种接受常带有盲目性;师生系恶化时,教师所施加的影响即便是正确的,学生也难以接受,甚至根本不接受,尽管这种不接受带有反抗性。

教师的威信是在长期与学生平等交往的过程中形成的。在平等交往过程中,一方面,学生容易产生敬师、亲师、信师的心理效应;另一方面,教师主动关心、爱护、体谅学生,满足学生理解和求知的需要,师生关系就会融洽,教师就能迅速在学生中建立威信。

另外,在师生交往过程中,教师给学生的第一印象对教师获得威信有较大影响。教师和学生第一次见面,特别是开始几节课会给学生留下深刻的印象,产生"首因效应"。因此,每个教师都要注意给学生留下一个良好的第一印象。

3. 教师威信的形成与发展

(1) 教师威信形成的过程。

教师威信形成的过程,一般来说是由"不自觉威信"向"自觉威信"发展。新教师在学生心目中是有一定吸引力的,是有一定威信的,但这种威信是短暂的"不自觉威信"。随着学生对教师德才方面逐渐了解,师生之间情感的日益加深和融洽,教师的威信就由"不自觉威信"发展成为"自觉威信",这才算是真正的威信。当然教师必须经过不断努力,"不自觉威信"才有可能发展为"自觉威信",否则"不自觉威信"也可能逐渐消失。

(2) 建立教师威信的途径。

①培养自身良好的道德品质。良好的道德品质是教师获得威信的基本条件,教师在日常生活和工作中,应当时时处处加强道德修养,从人格上赢得学生尊重。

②培养良好的认知能力和性格特征。良好的认知能力和性格特征是教师获得威信所必需的心理品质,教师要想有效地传授知识,就必须勤奋刻苦,好学多思,拥有渊博的知识和独到的见解以及精湛的教学技巧,能够给学生以深刻启迪并激发他们对问题的深入思考。这样的教师教学效果才好,威信才高。

③注重良好仪表、风度和行为习惯的养成。

④给学生以良好的第一印象。

⑤做学生的朋友与知己。

二、教师的职业成长心理

(一) 专家型教师和新手型教师的区别

研究者认为,教师的成长过程是一个由新手到熟手再向专家型教师发展的过程,专家型教师是有教学专长的教师。专家型教师和新手型教师有如下差异。

1. 课前计划的差异

对教师课时计划的分析表明,与新手型教师相比,专家型教师的课时计划简洁、灵活,以学生为中心,并具有预见性。

(1) 在课时计划的内容上,专家型教师的课时计划只是突出了课程的主要步骤和教学内容,并未涉及一些细节;相反,新手型教师却把大量的时间用在课时计划的一些细节上。专家型教师的课时计划修改与演练所需的大部分时间都是在正式计划的时间之外,自然地在一天中的某个时候发生；而新手型教师要在临上课之前针对课时计划做一些演练。在两个平行班教同样的课时，新手型教师往往利用课间来修改课时计划。

（2）在教学的细节方面，专家型教师认为，教学的细节方面是由课堂教学活动中学生的行为决定的，他们可以从学生那里获得一些有关教学细节的问题；而新手型教师的课时计划往往依赖于课程的目标，仅限于课堂中的一些活动或一些已知的课程知识，而不能够把课堂教学计划与课堂情境中学生的行为联系起来。

（3）在制订课程计划时，专家型教师能根据学生的先前知识来安排教学进度，他们认为实施计划要靠自己发挥，因此他们的课时计划就有很大的灵活性；而新手型教师仅仅按照课时计划去做，并想办法去完成它，却不会随着课堂情境的变化来修正计划。

（4）在备课时，专家型教师表现出一定的预见性，他们会在头脑中形成包括教学目标在内的课堂教学表象和心理表征，并且能预测执行计划时的情况；而新手型教师则认为自己不能预测计划执行时的情况，因为他们往往更多地想到自己要做什么，而不知道学生要做些什么。

2. 课堂教学过程的差异

（1）在课堂规则的制定与执行上，专家型教师制定的课堂规则明确，并能坚持执行；而新手型教师的课堂规则较为含糊，难以坚持执行。

（2）在维持学生注意上，专家型教师有一套完善的维持学生注意的方法；新手型教师则相对缺乏。

（3）在教材内容的呈现上，专家型教师注重回顾先前的知识，并能根据教学内容选择适当的教学方法；新手型教师则不能做到这些。

（4）在课堂练习方面，专家型教师将练习看作检查学生学习的手段；新手型教师仅仅把练习当作必经的步骤。

学生做练习时，专家型教师往往这样做：
①提醒学生在规定的时间内做完练习。
②帮助他们把握做作业的速度。
③在课堂上来回走动，以便检查学生的作业情况。
④对练习情况提供系统反馈。
⑤关心学生是否学懂了刚才教的知识，而不是纪律问题。

而新手型教师是这样做的：
①对课堂练习的时间把握不准，往往延时。
②容易照顾自己关心的学生，不顾其他学生。
③对练习无系统的反馈。
④要求学生做作业时安静，并把这看作是课堂中最重要的事情。

（5）在家庭作业的检查上，专家型教师具有一套检查学生家庭作业的规范化、自动化的常规程序；而新手型教师往往缺乏相应的规范。

（6）在教学策略的运用上，专家型教师具有丰富的教学策略，并能灵活运用；新手型教师则缺乏教学策略或不会运用教学策略。

3. 课后评价差异

在课后评价时，专家型教师和新手型教师关注的焦点不同，专家型教师则更多地谈论学生对新教材的理解情况和课堂中值得注意的活动；新手型教师的课后评价更多地关注课堂中发生的细节。

4. 其他差异

(1) 在师生关系方面，专家型教师能热情、平等地对待学生，师生关系融洽，具有强烈的成就体验。

(2) 在人格魅力方面，专家型教师具有注重实际和自信心强的人格特点，能更好地控制和调节情绪，理智地处理面临的教育教学问题，并在课后进行评估和反思。

(3) 在职业道德方面，专家型教师对职业的情感投入程度高，职业义务感和责任感强。

(二) 教师成长的阶段和途径

1. 教师成长的历程

福勒和布朗根据教师的需要和不同时期所关注的焦点问题，把教师的成长划分为关注生存、关注情境和关注学生三个阶段。

(1) 关注生存阶段。处于关注生存阶段的一般是新教师，他们非常关注自己的生存适应性，最担心的问题是"学生喜欢我吗""同事们如何看我""领导是否觉得我干得不好"等，因而，他们可能会把大量的时间花在如何与学生搞好个人关系上，想方设法控制学生，而不是更多地考虑如何让学生获得学习上的进步。

(2) 关注情境阶段。处于关注情境阶段的教师关心的是如何教好每一堂课，以及班级大小、时间压力和备课材料是否充分等与教学情境有关的问题，如"内容是否充分得当""如何呈现教学信息""如何掌握教学时间"等。传统教学评价集中关注这一阶段，一般来说，老教师比新教师更关注此阶段。

(3) 关注学生阶段。当教师顺利地适应了前两个阶段后，成长的下一个阶段目标便是关注学生，教师将考虑学生的个别差异，认识到不同发展水平的学生有不同的需要，根据学生的差异采取适当的教学方法，促进学生发展。能否自觉关注学生是衡量一个教师是否成熟的重要标志之一。

2. 教师成长的途径

教师成长与发展的基本途径主要有两个方面：

(1) 通过师范教育培养新教师作为教师队伍的补充；

(2) 通过实践训练提高在职教师的素质。

促进教师成长有以下几种方法。

(1) 观摩和分析优秀教师的教学活动。

课堂教学观摩可分为组织化观摩和非组织化观摩，组织化观摩是有计划、有目的的观摩，非组织化观摩则没有这些特征。

(2) 开展微格教学。

微格教学是指以少数的学生为对象，在较短的时间内（5到20分钟），尝试做小型的课堂教学，并把这种教学过程摄制成录像，课后再进行分析，这是训练新教师教学水平的一条重要途径。微格教学有许多特点，但最能体现其特点的是训练小单元。

(3) 进行专门训练。

教师的成长与发展也可以通过专门的教学能力训练来促进，如训练新教师掌握教学过程中有效的教学策略等。研究表明，专家型教师所具有的教学技能和教学策略可以教给新教师，新教师在掌握这些知识后，会在一定程度上促进其教学。但同时也要明白，仅仅通过学习专家型教师的经验远远不够，新教师还应注重对自身教学经验的反思，使两者有效结合，才能真正提高自己的教学水平。

（4）进行教学反思。

教学反思是指教师以自己的教学活动为意识对象，对自己的教育理念、教学行为、决策以及由此产生的结果进行认真的自我审视、评价、反馈、控制、调节、分析的过程，具体内容如下。

①教师选择特定问题加以关注，并从课程、学生等领域，收集关于这一问题的资料。

②教师分析收集来的资料，形成问题的表征，并利用自我提问的方式来帮助理解。

③教师建立假设以解释情境和指导行动，并且在内心对行动的短期和长期效果加以考虑。

④实施行动计划，当这种行动再次被观察和分析时，就开始了新一轮循环。

在以上四个环节中，反思最集中地体现在观察与分析阶段，但它只有与其他环节结合起来才会更好地发挥作用。教学反思的成分有认知成分、批判成分、教师的陈述。

布鲁巴奇等人认为教学反思的方法主要是：每一天教学工作结束后，要求教师写下自己的经验，并与指导教师共同分析。教师观摩彼此的教学，详细描述看到的情景，并对此进行讨论分析。来自不同学校的教师聚集在一起，主要的工作是：第一，提出课堂上发生的问题；第二，共同讨论解决问题的办法；第三，得到的方案为所有教师共享。为弄清课堂上遇到的问题的实质，探索用以改进教学的行动方案，教师以及研究者可以进行调查和实验研究，这不同于研究者由外部进行的旨在探索普遍法则的研究，而是直接着眼于教学实践的改进。

另外，教学反思的方法还有教学案例和教师成长档案袋。教师成长档案袋是一种教师成长的历史记录，是一种实质性的文档，是一种学习工具。教师成长档案袋包括以下内容。

①教师个人基本信息及分析。

②教师不同领域的工作进展情况。

使用教师成长档案袋应注意以下问题。

①教师本人是档案袋的主人。

②学校要为教师建立成长档案袋提供帮助。

③学校要恰当利用档案袋评价教师。

美国教育心理学家波斯纳提出了教师成长公式：经验+反思＝成长。

第二节 教师的职业期待与职业倦怠

一、教师的职业期待

（一）教师期待效应

教师期待效应也称罗森塔尔效应或皮格马利翁效应，即教师的期望或明或暗地传递给学生,会使学生按照教师所期望的方向来塑造自己的行为。教师期待效应的发生,既取决于教师自身的因素,也取决于学生的人格特征、原有认知水平、归因风格和自我意识等心理因素。

(二) 教师期待对学生的影响

多数心理学家认为,教师期待的自我实现预言效应确实是存在的。在日常教育中,如果教师喜欢某些学生,对他们抱有较高期待,一段时间后,教师会将自己暗含期待的感情微妙地传递给学生,使这些学生更加自尊、自信、自爱、自强,诱发出一种积极向上的激情,这些学生常常像老师所期待的那样有所进步。相反,如果教师厌恶某些学生,对学生期待较低,一段时间后,某些学生也会感受到教师的"偏心",一天天变差。教师的这种期待产生了相互交流的反馈,出现了教师期待的效果。

二、职业倦怠

(一) 职业倦怠的概念

长期的职业压力会导致教师的职业倦怠。职业倦怠是个体在长期的职业压力下,缺乏应对资源和应对能力而产生的身心耗竭状态。教师的职业倦怠是在长期工作压力和自身心理素质的互动下形成的,并带来生理、情绪、认知和行为等方面的问题,导致教师出现严重的身心疾病。

(二) 职业倦怠的特征

玛勒斯(Marian Males)等人认为教师职业倦怠主要表现为三个方面。

(1) 情绪耗竭,个体情绪、情感处于极度的疲劳状态,工作热情完全丧失。

(2) 去人性化,刻意在自身和工作对象间保持距离,对工作对象和环境采取冷漠和忽视的态度。

(3) 个人成就感低,表现为消极地评价自己,贬低工作的意义和价值。

(三) 倦怠的原因

教师职业倦怠产生的心理紧张有以下几点原因。

(1) 社会因素,即教师职业的声望压力。

(2) 职业因素,即教师担当的多种角色所产生的职责角色压力、角色冲突、学生问题、升学考试压力等。

(3) 工作环境,即教师与学生、家长、领导、同事之间的人际关系压力,学校的考评、聘任制度所带来的压力。

(4) 个人因素,教师个人的认知方式和应对紧张的策略与心理压力产生密切相关。

(四) 职业倦怠的干预

合理地预防、积极地应对,减少和消除职业倦怠的方法主要有以下三点。

(1) 个体的自我干预。

个体干预的目的是通过改变个体自身的某些特点来增强其适应工作环境的能力,个体干预的主要方法有放松训练、人际压力管理、时间管理、社交训练、压力管理和态度改变等。

以下是个体干预职业倦怠的几种有效建议。

①观念的改变。当个体认为自己的付出没有得到回报时,就会产生职业倦怠。因此,教

师要正确地看待自身价值的实现,并发现快乐。

②积极的应对策略和归因方式。努力使自己成为更加内控的人,把原因归结为个体可以控制的因素,如努力。当自己有职业倦怠的症状时,要勇于面对现实,反思自己的压力来源,主动寻求专业人士的帮助。

③合理的饮食和锻炼。教师要保持合理的饮食,积极锻炼,放松身体和调节节情绪。尤其是锻炼,作为一种精神娱乐法,可以很好地分散压力。

(2) 组织有效的干预。

组织干预的思路是通过削减过度的工作时间、降低工作负荷、明确工作任务、积极沟通等来防止和缓解职业倦怠。学校对教学的评价机制是影响教师工作积极性和创造性的重要因素,尊重教职工的合理诉求,积极解决他们高度重视的子女入学,合理分配单位住房等问题改善学校领导方式是缓解教师职业压力的有效途径。

(3) 构建社会支持网络。

学校应提倡过程性和发展性评价,为教师建立有效的社会认同支持系统。另外,要为教师提供深造及参与学校民主决策的机会,增强教师对学校的认同感和归属感。

思考练习

一、单项选择题

1. 下列不属于教师教学能力的是（   ）。
A. 教学认知能力　　B. 教学操作能力　　C. 自我反思能力　　D. 教学监控能力

2. 在教师的人格特征中,有两个重要特征对教学效果有显著影响:一是教师的热心和同情心;二是（   ）。
A. 教学效能感　　　　　　　　B. 教师富于激励和想象的倾向性
C. 职业性格　　　　　　　　　D. 职业信念

3. 小明学习非常努力和勤奋,投入了大量的时间和精力,可是学习成绩不理想。他存在的问题是（   ）。
A. 学习倦怠　　B. 厌学　　　　C. 学习困难　　D. 学习动机不足

4. 某教师具有敏锐的观察力、客观了解学生的能力,获取信息、传递信息和有效运用信息的能力,这说明该教师（   ）。
A. 能积极地悦纳自我　　　　　B. 有良好的教育认知水平
C. 热爱教师职业,积极地爱学生　D. 具有稳定而积极的教育心境

5. 张老师这段时间对工作失去了热情,觉得工作没意思,同时总是感觉很疲劳,工作效率不高。他目前的状态属于职业倦怠中（   ）方面的表现。
A. 去人性化　　B. 个人成就感低　　C. 情绪耗竭　　D. 缺乏工作动机

二、简答题

1. 如何促进教师的成长?
2. 如何建立教师威信?

参 考 文 献

[1] 冯忠良. 教育心理学 [M]. 北京：人民教育出版社，2000.
[2] 黄希庭，郑涌. 心理学导论 [M]. 北京：人民教育出版社，2015.
[3] 张大钧. 教育心理学 [M]. 北京：人民教育出版社，2015.
[4] 冯维. 小学心理学 [M]. 重庆：西南大学出版社，2016.
[5] 蔡笑岳. 心理学 [M]. 北京：高等教育出版社，2014.
[6] 常若松. 教育心理学 [M]. 沈阳：辽宁大学出版社，2009.
[7] 徐学俊. 心理学教程 [M]. 武汉：华中科技大学出版社，2017.
[8] 沈德立. 小学儿童发展与教育心理学 [M]. 上海：华东师范大学出版社，2016.
[9] 韩仁生. 教育心理学 [M]. 济南：山东人民出版社，2016.